Karsten Krogmann & Marco Seng
Der Todespfleger

Das Buch

Niels Högel gilt als größter Serienmörder der deutschen Nachkriegsgeschichte. Der Krankenpfleger hatte zu Beginn der 2000er nachweislich 91 Menschen in den Kliniken Oldenburg und Delmenhorst getötet. Ausgegangen wird jedoch von wesentlich mehr Opfern. Das verheerende Ausmaß seiner Taten wurde erst nach über 10 Jahren deutlich, 2019 wird Högel schließlich zu lebenslanger Haft verurteilt – bis heute laufen weitere Gerichtsprozesse gegen Mitarbeiter und Kollegen. In ihrem packenden Debüt rollen die preisgekrönten Journalisten Karsten Krogmann und Marco Seng die Mordserie von vorne auf und setzen einerseits das schockierende Psychogramm eines skrupellosen Serientäters zusammen; gleichzeitig gehen die Autoren der Frage nach, wie Högel so lange unbemerkt töten konnte, liefern erschütternde Einblicke in unser desolates deutsches Krankenhaussystem und geben nicht zuletzt den Angehörigen der Opfer eine Stimme.

Karsten Krogmann & Marco Seng

DER TODES-PFLEGER

Warum konnte Niels Högel
zum größten Serienmörder der deutschen
Nachkriegsgeschichte werden?

GOLDMANN

Dieses Sachbuch beruht auf Erlebnissen, umfassenden Recherchen und Aufzeichnungen. Alle Informationen und Angaben in diesem Buch wurden von den Autoren und vom Verlag sorgfältig erwogen und geprüft. Manche Personen wurden zum Schutz der Privatsphäre anonymisiert.

Sollte diese Publikation Links auf Webseiten Dritter enthalten, so übernehmen wir für deren Inhalte keine Haftung, da wir uns diese nicht zu eigen machen, sondern lediglich auf deren Stand zum Zeitpunkt der Erstveröffentlichung hinweisen.

Penguin Random House Verlagsgruppe FSC® N001967

4. Auflage
Originalausgabe September 2021
Copyright © 2021 by Wilhelm Goldmann Verlag, München,
ein Unternehmen der
Penguin Random House Verlagsgruppe GmbH
Neumarkter Straße 28, 81673 München
Copyright © 2021 by Karsten Krogmann und Marco Seng
Umschlaggestaltung: UNO Werbeagentur, München,
unter Verwendung eines Motivs von © FinePic®, München
Redaktion: Volker Kühn
MP · Herstellung: CF
Satz: Uhl+Massopust, Aalen
Druck und Bindung: CPI books GmbH, Leck
Printed in Germany
www.goldmann-verlag.de
978-3-442-31612-0

Besuchen Sie den Goldmann Verlag im Netz

»Ich kam mir vor wie ein Buchhalter des Todes.«

                    Richter Sebastian Bührmann

VORWORT

Zeitungsalltag. Ein Kollege kommt mit einer Pressemitteilung des örtlichen Landgerichts zu uns in die Reportageredaktion und fragt: »Könnt ihr das übernehmen?« Ein Krankenpfleger soll sich wegen des Todes von fünf Patienten verantworten, zehn Prozesstage sind angesetzt. Wir übernehmen.

Damals, im Spätsommer 2014, ahnen wir nicht, dass uns dieser Fall bis heute beschäftigen wird. Und dass er uns vermutlich nie wieder ganz loslassen wird.

Heute, sieben Jahre später, wissen wir: Der Krankenpfleger Niels Högel ist verantwortlich für die schlimmste Mordserie der deutschen Nachkriegsgeschichte. 91 Taten konnten ihm juristisch nachgewiesen werden. Es könnte aber auch sehr viel mehr Högel-Opfer geben, niemand kann es genau sagen. Vermutlich nicht einmal der Täter selbst, ein gutachterlich entlarvter Dauerlügner.

Ein Gerichtsverfahren soll eigentlich Antworten geben. Aber bereits die erste Zeugenaussage zum Auftakt am 11. September 2014 machte deutlich, dass dieser Prozess vor allem Fragen aufwerfen würde: Högel, erklärte ein Arzt vor Gericht, könnte nicht nur fünf, sondern auch 100 oder mehr Patienten auf dem Gewissen haben. Der Zeuge, ein Oberarzt aus Delmenhorst, berichtete von einer deutlich erhöhten Sterberate, von einem deutlich erhöhten Medikamentenverbrauch, von deutlichen Auffälligkeiten im Klinikum.

Uns war klar: Es würde nicht genügen, über die zehn Prozesstage zu berichten. Wir wollten mehr wissen. Was geschah wirklich auf der Intensivstation? Wie wurde aus einem beliebten Jungen aus Wilhelmshaven, Fußballer und Frauenschwarm, ein Serienmörder? Warum vergingen zwischen Mord und Prozess zehn Jahre? Weshalb schwiegen seine Kollegen im Krankenhaus so lang? Gab es Vertuschung, Behördenversagen, Systemfehler?

Live dabei, mit diesem Titel überschrieb ein bekannter Fernsehmoderator seine Memoiren. Journalisten und die Öffentlichkeit mögen das Bild des rasenden Reporters, der direkt daneben steht, wenn Geschichte geschrieben wird. Die Wahrheit aber ist, dass Journalisten selten live dabei sind. Sie stehen nicht daneben, wenn ein Verbrecher seine Tat begeht, wenn ein Handschlag ein verbotenes Geschäft besiegelt, wenn ein Geldkoffer seinen Besitzer wechselt. Journalisten müssen Geschichte mühsam recherchieren und rekonstruieren.

Wir waren nicht dabei, als der Krankenpfleger Niels Högel im Februar 2000 seinem vermutlich ersten Opfer die tödliche Spritze setzte. Wir waren auch nicht dabei, als in den Kliniken über die vielen Notfälle in Högels Schichten diskutiert wurde. Oder als er mit einem guten Zeugnis aus dem ersten Krankenhaus weggelobt wurde. Als er drei Jahre danach im zweiten Krankenhaus auf frischer Tat ertappt wurde. Als der Staatsanwalt sich weigerte, umfassende Ermittlungen aufzunehmen. Live dabei waren wir erst in den Högel-Prozessen 2014/15 und 2018/19.

Um Antworten auf unsere Fragen zu finden, sprachen wir seit 2014 mit Dutzenden Menschen: mit Angehörigen von Opfern, mit Überlebenden, mit Pflegekräften und Ärzten, mit Ermittlern, Gutachtern, Juristen. Wir lasen Zehntausende Dokumentenseiten. Wir protokollierten die Zeugenaussagen vor Gericht. Wir schrieben Hunderte Zeitungsartikel. Diese Recherche bildet die Grundlage unseres Buchs. Die Szenen, die wir schildern, sind Rekonstruktionen; sie basieren auf den Erinnerungen unserer Gesprächspartner und auf Dokumenten. Die meisten Orte, die wir beschreiben, kennen wir, viele konnten wir im Zuge unserer Recherchen besichtigen. Gelegentlich nehmen wir uns die Freiheit, Gespräche, die uns von Zeugen geschildert oder als Gesprächsnotiz in den Akten festgehalten wurden, in Dialogform wiederzugeben. Natürlich können wir nicht garantieren, dass jedes einzelne Wort genau so gefallen ist. Wir möchten den Leser, so oft und so gut es geht, in die Zeit und an den Ort des jeweiligen Geschehens mitnehmen, um den Fall Högel und die vielen Versäumnisse rundherum so nachvollziehbar zu erzählen, wie es nach unseren Recherchen möglich und zulässig ist.

In unserem Buch nennen wir die handelnden Personen bei ihrem richtigen Namen, wenn sie es uns ausdrücklich erlaubt haben. Oder wenn sie Personen der Zeitgeschichte sind und ihre Namen im Zuge der Prozessberichterstattung etliche Male gedruckt und gesendet worden sind. Die Opfer nennen wir, wie es auch in der Prozessberichterstattung üblich war, mit abgekürztem Nachnamen; in Einzelfällen verfremden wir sie, um die Privatsphäre ihrer Angehörigen noch besser zu schützen. Zeugen, allen voran den Pflegekräften und Ärzten, geben wir grundsätzlich Pseudonyme, um auch sie zu schützen, etwa im Kollegenkreis. Lediglich für die noch angeklagten Kollegen von Högel gilt das nicht, sie werden mit abgekürzten Nachnamen genannt.

Eine Grenze der Recherche haben wir uns selbst gesetzt: Wir sprechen nicht mit dem Mörder. Es gab 2015 einen kurzen Briefwechsel mit ihm. Wir hatten ihn damals, zu einem noch frühen Zeitpunkt der Recherche, im Gefängnis angeschrieben und gefragt, ob er mit uns sprechen würde. Högel antwortete uns auf knapp vier Seiten in krakeliger Jungenschrift: Er beschwerte sich über die »Hetzjagd«, die wir mit unseren Veröffentlichungen veranstaltet hätten. In seinem Umfeld sei »viel zu Bruch gegangen«, schrieb der Mörder: »Diese enorme Last ist manchmal kaum kompensierbar!« 54 Mal schrieb Högel die Wörter »ich«, »mich« oder »mir«. Die Wörter »Patient«, »Opfer« oder »Angehörige« kamen nicht einmal vor.

Schwerer aber wiegt für uns: Högel ist als Lügner entlarvt. Er hat immer nur das zugegeben, was zweifellos bewiesen war. Bis zum Schluss hat er im Gerichtssaal mit der Wahrheit gespielt, Auge in Auge mit den Angehörigen seiner Opfer. Er hat, nach unseren Informationen, Kontakt zu Medienanwälten aufgenommen und soll im Zusammenhang mit Interviewanfragen sogar Honorarforderungen gestellt haben. Er hat hinreichend Möglichkeiten gehabt, sich zu äußern: vor Gericht und in den polizeilichen Vernehmungen. Eine weitere Bühne für neue Lügen sollte man ihm nicht bieten. Er muss jetzt hinnehmen, dass andere die Geschichte erzählen.

Der Fall Högel ist beispiellos. Es ist keine zweite Mordserie in der bundesdeutschen Kriminalgeschichte bekannt, der ähnlich viele Menschen zum Opfer fielen. Es gibt auch keinen vergleichbaren Mordprozess, erst eine Festhalle bot ausreichend Platz für die gerichtliche Aufarbeitung. Beispiellos ist auch die Vorstellungskraft, die der Fall allen abverlangt. Fehlendes Vorstellungsvermögen und fehlender Vorstellungswille ermöglichten es Högels Kollegen und Vorgesetzten, sämtliche Alarmsignale zu ignorieren. Sie erlaubten es der Staatsanwaltschaft, die Ermittlung jahrelang schleifen zu lassen. So kam die Wahrheit nur zäh ans Licht. Zwischen Högels erstem nachgewiesenem Mord an Else S. am 7. Februar 2000 und der Rechtskraft seiner Verurteilung in diesem Fall am 1. September 2020 liegen zwanzigeinhalb Jahre.

Der Fall Högel ist aber auch beispielhaft. Als die Justiz endlich und viel zu spät ihren Job machte, zeigte sie, was sie kann. Nie zuvor in der Rechtsgeschichte hat sie sich so demonstrativ zur Fürsprecherin der Opfer gemacht. Die Soko Kardio, die vierzehneinhalb Jahre nach dem Tod von Else S. ihre Arbeit aufnahm, sollte keinen Täter finden, sondern Opfer. Sie ermittelte drei Jahre lang, obwohl der Mörder längst im Gefängnis saß, verurteilt zu lebenslanger Haft. Der Mordprozess begann achtzehneinhalb Jahre nach dem Tod von Else S., es ging darin nie um die Bestrafung des Täters. Eine höhere Strafe als »lebenslänglich« gibt es nicht. Es ging um die Angehörigen der Opfer, rund 120 von ihnen nahmen als Nebenkläger am Prozess teil. Sie sollten die Aufmerksamkeit bekommen, die ihnen jahrelang verwehrt geblieben war. Abgeschlossen ist der Fall Högel für das Gericht noch immer nicht: Zum ersten Mal nach einer Tötungsserie in deutschen Krankenhäusern werden sich auch Vorgesetzte des Täters in einem Prozess verantworten müssen – fürs Wegschauen. Der Prozess steht noch aus.

Tausende Pflegekräfte und Ärzte machen täglich einen großartigen Job, das hat die Coronakrise in aller Deutlichkeit noch einmal gezeigt. Keiner von ihnen kann etwas dafür, wenn neben ihm ein Kollege heimlich Verbrechen begeht. Trotzdem muss die Frage gestellt werden, wo es im Fall Högel an Zivilcourage gefehlt hat, wo bewusst weggeschaut und vertuscht worden ist und ob im profitorientierten Gesundheitswesen noch Platz bleibt für einen moralischen Kompass. Legt der Fall Högel systemische Fehler offen, die sich abstellen lassen?

Der Mörder Niels Högel hat Leid über Hunderte Familien gebracht. Das kann niemand ungeschehen machen. Es ist aber unser Wunsch, dass daraus die notwendigen Lehren gezogen werden, damit so etwas nie wieder geschehen kann. Wir wären stolz, wenn unser Buch einen kleinen Teil dazu beitragen könnte.

Oldenburg, im Juli 2021
Karsten Krogmann und Marco Seng

INHALT

Prolog 15

I   Ein Fall wie kein anderer: Erste Ermittlungen..   19
    1. 100 tote Patienten 21
    2. Ein furchtbarer Verdacht.............. 31
    3. Schrecklich normal 44

II   Ein Fall wie kein anderer: Zweite Ermittlungen   55
    4. Etwas stimmt nicht................... 57
    5. Die Tür öffnet sich 60

III   Das Versagen der Helfer: Klinikum Oldenburg   73
    6. Das Foto des toten Vaters 75
    7. Ein Lebensretter wird zum Mörder 81
    8. Ein schwarzes Wochenende 94
    9. Die Strichliste 102
    10. Der Rauswurf 113

IV   Das Versagen der Helfer:
    Klinikum Delmenhorst..................... 123
    11. Ein folgenschwerer Irrtum............. 125
    12. Wo ist das Gilurytmal?............... 133
    13. It's a long way to Tipperary 143

V	Das Versagen der Ermittler: Justiz Oldenburg	159
	14. Auf freiem Fuß	161
	15. Alte Bekannte	178
	16. Eine zielstrebige Frau	190
VI	Ein Fall wie kein anderer: Dritte Ermittlungen	195
	17. Der einzige Zeuge	197
	18. Zehn Jahre zu spät	214
	19. Alle Türen stehen weit offen	220
	20. Das Verhör	230
VII	Die Leiden der anderen	239
	21. Auf dem Friedhof	241
	22. Im Ungewissen	249
	23. Narziss und Lügner	259
	24. Das Urteil	267
	25. Die Überlebenden	275

Epilog	287
Anhang	293
A. Die Kliniken	295
B. Die Politik	303
C. Nachahmer	308
D. Chronologie	313

PROLOG

Klinikum Delmenhorst, Mittwoch, 22. Juni 2005

Auf der Intensivstation beginnt die Spätschicht. Der Krankenpfleger Niels Högel steht wie immer als Erster fertig angezogen auf der Station: blauer Kittel, weiße Hose, weiße Schuhe. Er will noch seine Runde drehen. Das macht er jedes Mal vor Dienstantritt. Högel will wissen, welcher Patient in welchem Zimmer liegt und wie es den Leuten geht.

Vom Flur gehen 16 Zimmer ab, Högel schaut durch jede Türöffnung. In Zimmer sechs liegt der ehemalige Justizvollzugsbeamte Dieter M. aus Bremen. M., 63 Jahre alt, Ehemann, Vater, hat Lungenkrebs. Er hat zwei mehrstündige Operationen überstanden, die Ärzte mussten einen Luftröhrenschnitt vornehmen. Wie die meisten auf der Station wurde M. in ein künstliches Koma versetzt. Er ist sehr krank, aber sein Zustand ist stabil.

Vier Pfleger haben Dienst: die Krankenschwestern Almut*[1] und Jasmin*, die Pfleger Niels und Torsten*, außerdem Torben*, der Praktikant. Sie verteilen die Aufgaben.

---

[1] Verfremdete Namen haben wir bei der ersten Nennung mit * gekennzeichnet.

Bei Dieter M. muss das Beatmungssystem ausgetauscht werden, das macht Pfleger Torsten. Er nimmt den Praktikanten mit, um ihm zu zeigen, wie das geht. Sie brauchen nur ein paar Minuten.

Als Dieter M. wieder allein ist, schleicht Högel ins Zimmer. In seiner Kitteltasche steckt eine Spritze. Högel stellt sich ans Krankenbett und spritzt Dieter M. 40 Milliliter des Herzmittels Gilurytmal, Wirkstoff: Ajmalin. Gilurytmal kommt in Delmenhorst nur selten zum Einsatz, die Ärzte meiden das Medikament. Im Notfall kann es Leben retten, eine falsche Dosis aber kann lebensbedrohliche Herzrhythmusstörungen und einen rapiden Blutdruckabfall verursachen.

Neben dem Krankenbett steht der Perfusor, eine Infusionspumpe. M. erhält darüber pro Stunde sieben Milliliter Arterenol, damit sein Blutdruck stabil bleibt. Högel dreht die Pumpe auf null. Als der Überwachungsmonitor einen Alarm auslöst, schaltet Högel den Ton ab.

Er weiß, ihm bleiben nur Sekunden, bis der Alarm wieder anspringt.

Er will gerade das Zimmer verlassen, als Schwester Almut vor ihm steht. Sie will die Verpackung des Beatmungssystems aus dem Mülleimer fischen; die Kollegen hatten vorhin vergessen, die Artikelnummer für die Nachbestellung zu notieren. Überrascht blickt sie Högel an.

Högel streicht sich verlegen über den Kopf. Er hat dunkle lockige Haare, er gilt als Frauentyp. Er sagt zu ihr: »Dein Patient hat keinen Druck mehr.«

»Wieso steht der Perfusor auf null?«, fragt Almut.

»Ich habe nichts gemacht«, antwortet Högel. »Glaubst

du, ich habe das Arterenol ausgemacht? Es hört sich so an!«

Bei Dieter M. setzt Herzkammerflimmern ein, sein Blutdruck fällt rapide. Der Alarm springt an. Schwester Almut ruft Pfleger Torsten zu Hilfe, gemeinsam leiten die beiden Wiederbelebungsmaßnahmen ein. Sie können den Kreislauf und Blutdruck von Dieter M. vorerst stabilisieren.

Seit Wochen schon gibt es auf der Intensivstation Gerüchte über Högel. Irgendetwas stimmt mit ihm nicht, sagen manche Kollegen. Da ist nicht nur dieser Tick, dass er immer vor allen anderen auf die Station kommt. Gibt es nicht viel zu viele Notfälle in letzter Zeit? Und ist es nicht Högel, der ständig als Erster vor Ort ist?

14.15 Uhr, Schwester Almut fasst sich ein Herz. Sie nimmt Dieter M. eine Blutprobe ab. Danach geht sie zur Stationsapotheke, um den Medikamentenvorrat zu kontrollieren. Das hatte sie auch zu Schichtbeginn getan und gesehen, dass dort sieben Ampullen Gilurytmal zu je zehn Milliliter standen. Jetzt zählt sie nur noch zwei Ampullen.

Die Schwester weiht ihren Kollegen Torsten ein. Er schlägt vor, die Mülleimer auf der Station zu durchsuchen. »Wetten, dass ich nichts finde?«, sagt er noch. Er ist mit Högel seit Jahren befreundet, auch wenn die Freundschaft zuletzt merklich abgekühlt ist. Dann sieht er im Abwurfbehälter der Stationszentrale vier leere Gilurytmal-Fläschchen. Sie liegen ganz oben, jemand muss sie erst vor Kurzem eingeworfen haben.

Die Blutprobe von Dieter M. geht nach Rücksprache mit der Stationsleitung an ein toxikologisches Labor. Die

Ärzte werden befragt, ob sie M. Gilurytmal verordnet hätten; alle Ärzte verneinen.

Dieter M. stirbt am 23. Juni 2005 um 19.30 Uhr.

Am nächsten Tag trifft gegen 13 Uhr das Laborergebnis ein. Die Toxikologen haben den Wirkstoff Ajmalin im Blut von M. gefunden.

Noch weiß niemand, dass der Mann, der in Zimmer sechs der Intensivstation Delmenhorst auf frischer Tat ertappt worden ist, für die größte Mordserie der deutschen Nachkriegsgeschichte verantwortlich ist. Es wird auch sehr lange niemand erfahren, es handelt sich nämlich auch um die Mordserie mit der zähesten Aufarbeitungsgeschichte.

Viermal wird Högel in den kommenden 15 Jahren vor Gericht stehen. Beim ersten und beim zweiten Mal geht es um einen einzigen toten Patienten, um Dieter M. Beim dritten Mal geht es um fünf tote Patienten. Beim vierten Mal geht es um 100 tote Patienten. Am Ende von vier Prozessen ist Niels Högel einmal zu siebeneinhalb Jahren und zweimal zu lebenslanger Haft verurteilt. In den einschlägigen Internetlisten mit den größten Serienmördern findet sich sein Name sehr weit oben.

Doch bis dahin wird es noch lange dauern. Denn ab jetzt geht erst einmal alles schief.

I

EIN FALL WIE KEIN ANDERER: ERSTE ERMITTLUNGEN

»Das ist hier anders als in den USA, wo die Strafen addiert werden. Würden wir für jeden Fall die lebenslange Freiheitsstrafe mit der Mindestdauer von 15 Jahren berechnen, 85 mal 15 ... Herr Högel, das wären 1275 Jahre!«

Richter Sebastian Bührmann

KAPITEL 1

100 TOTE PATIENTEN

Weser-Ems-Halle Oldenburg, Dienstag, 30. Oktober 2018

Frank Brinkers ist früh aufgestanden an diesem Morgen, er will auf keinen Fall zu spät kommen. Um 5.40 Uhr steigt er in seinen Opel und fährt auf die nahe Bundesstraße. Noch sind nur wenige Lastwagen unterwegs, er braucht kaum eineinhalb Stunden für die 111 Kilometer aus dem Lingener Ortsteil Laxten nach Oldenburg.

Brinkers, 43 Jahre alt, ist ein großer, schwerer Mann, er arbeitet als Schlosser im Maschinenbau. Die Haare sind ihm früh ausgegangen, geblieben ist das jungenhafte Gesicht. Heute hat der Chef ihm freigegeben, Überstunden.

Er fährt auf die Autobahn, zunächst auf die A1, dann auf die A29. Vor Oldenburg breitet sich plattes Land aus, der Blick reicht kilometerweit, kaum ein Baum verstellt die Sicht. Von der fast 30 Meter hohen Huntebrücke aus kann er die Stadt sehen: den Fluss, ein paar Hafenkräne, schließlich Wohnbebauung, eher Häuschen als Häuser. Die einzigen echten Erhebungen vor dem Horizont sind ein Futtersilo, ein alter Wasserturm und ganz hinten die spitzen Backsteintürme der Lambertikirche.

Er hasst diese Stadt. Erst einmal war er dort, vor 17 Jahren. Das Krankenhaus hatte ihn angerufen, nachdem sie seinen Vater mit dem Hubschrauber in die Herzklinik geflogen hatten. Als er spätabends in Oldenburg ankam, zeigten sie ihm den toten Vater.

Um kurz nach sieben Uhr biegt Brinkers vom Autozubringer in Richtung Zentrum ab, es ist immer noch dunkel. Er ist viel zu früh dran.

Schilder weisen ihm den Weg zu den »Weser-Ems-Hallen«. Eine seltsame Stadt ist das, wenn man zum ersten Mal die Donnerschwcer Straße hinauffährt, vorbei an Ein- und Zweifamilienhäusern, einer Stadtteilkirche, einer kleinen Schule, dunklen Ladengeschäften. 170 000 Einwohner, Universitätsstadt, Oberzentrum, aber irgendwie viel zu klein für eine Großstadt: einspurige Straßen, alles flach, Häuser wie bei Brinkers zu Hause auf dem Dorf im Emsland. Ein Riesendorf, das Unglück bringt.

Brinkers muss links abbiegen, er hat die Halle erreicht. Vor dem Haupteingang stehen die Übertragungswagen der Fernsehteams, auf den Autos und auf den Kameras sieht er die bekannten Logos: ZDF, RTL, NDR. Die Techniker sind vor dem Regen in die Wagen geflüchtet. Brinkers parkt seinen Opel ein Stück abseits an der Zufahrtsstraße.

Vorhin war ihm ein kleines Café aufgefallen, »Der Bäckerladen«. Dorthin läuft er jetzt zurück. Er zieht seine Jacke zu, es ist kalt, es regnet. Am Tresen bestellt er einen Latte macchiato. Schweigend wartet er darauf, dass die Zeit vergeht.

Nach einer Stunde beschließt er, dass er lange genug gewartet hat. Er geht zurück zur Halle.

Im Festsaal feiern die Oldenburger sonst Abiturbälle oder die »Top Party« zum Kramermarkt, dem größten Volksfest der Region. Die Esoterikfreunde haben hier getagt und der Blindenverein, der Stadtsportbund kürte seine Sportler des Jahres. Jetzt steht eine Richterbank am Kopfende des Saals. Davor, auf 700 Quadratmetern frisch geöltem Parkett, sind Hunderte von rot gepolsterten Stühlen aufgereiht. Justizbeamte und Hallentechniker haben die Festhalle in den größten Gerichtssaal Deutschlands verwandelt. Sie haben mobile Aktenschränke aufgebaut, sie haben Sicherheitsschleusen in den Eingang gestellt, sie haben draußen das Amtsschild mit dem Niedersachenross angebracht: »Landgericht Oldenburg, Nebenstelle Weser-Ems-Hallen«.

Im ganzen Oberlandesgerichtsbezirk Oldenburg gab es keinen Gerichtssaal, der groß genug gewesen wäre für diesen Prozess: 126 Nebenkläger haben sich dem Verfahren angeschlossen, ihnen steht an jedem Verhandlungstag ein Sitzplatz zu, ebenso ihren 17 Anwälten, den Richtern und Ersatzrichtern, Schöffen und Ersatzschöffen, Staatsanwälten, Verteidigern, Gutachtern. Es gibt Plätze für 80 Journalisten und 112 Zuschauer. 400 Menschen in einem Gerichtssaal: Einen größeren Mordprozess gab es in Deutschland seit den NS-Prozessen nicht.

Frank Brinkers atmet tief durch. Dann schiebt er sich an den frierenden Fernsehjournalisten vorbei. Ein Justizbeamter öffnet ihm die Tür. Im Saal sucht sich Brinkers einen Platz vorn rechts. Er hat sich etwas vorgenommen: Er will dem Kerl in die Augen schauen!

Um 8.50 Uhr wird es still in der Halle, Wachtmeister

führen den Angeklagten durch einen Seiteneingang zu seinem Platz. Den Kerl. Niels Högel trägt eine schusssichere Weste unter der Camp-David-Jacke, sein Gesicht versteckt er hinter einer Aktenmappe. Er wird es erst zeigen, wenn die Fotografen und Kamerateams den Saal verlassen haben.

4878 Tage sind vergangen, seit ihn seine Kollegin, Schwester Almut, im Klinikum Delmenhorst auf frischer Tat ertappt hat. Högel ist jetzt 41 Jahre alt, ein massiger Mann mit Bart, die kurzen Haare anrasiert.

Die Anklagebank steht links im Saal. Högel sitzt neben seinen Pflichtverteidigerinnen Ulrike Baumann und Kirsten Hüfken, er muss den Zuschauern sein Profil zuwenden; jeder kann sein seit der Geburt verkümmertes rechtes Ohr sehen. Zwei große Leinwände übertragen das aufgequollene Gesicht Högels in den Saal. Es braucht Fantasie, um hinter den schweren Tränensäcken den jungen Mann zu erahnen, der so viel Schlag bei Frauen hatte. Im Saal werden die Zuschauer später immer wieder den Kopf schütteln, wenn von seinen Affären mit Kolleginnen im Krankenhaus die Rede ist.

Niels Högel ist angeklagt wegen Mordes an 100 Patienten. Oberstaatsanwältin Daniela Schiereck-Bohlmann wird über eine Stunde brauchen, die Anklageschrift zu verlesen: 100 Mordvorwürfe; 100 Namen, Geburtstage, Todestage; 100 Trauerfälle.

Vorher aber macht der Vorsitzende der 5. Strafkammer des Landgerichts, Richter Sebastian Bührmann, etwas Ungewöhnliches: Er bittet die Menschen im Saal, sich für eine Schweigeminute zu erheben. Es ist eine Geste, die bei den Angehörigen der toten Patienten und in der Öffentlichkeit sehr gut ankommt, die Bührmann in Justizkreisen aber auch Kritik einbringt.

Bührmann ist 54 Jahre alt, er ist gläubiger Katholik, Sportler, Fußballfan. Mit Freunden ist er 2014 zur Fußballweltmeisterschaft nach Brasilien gereist, die Fußballabende bei ihm zu Hause haben den Ruf, kleine Nachbarschaftsfeste zu sein. Er ist ein fröhlicher, zugänglicher Mann, gesellig, emphatisch.

Vor allem aber ist er ein erfahrener Richter, er gilt in Oldenburg als Mann für die spektakulären Fälle. Er verhandelte im festungsgleich gesicherten Landgericht gegen wütende Mitglieder einer Rockergang und ließ gleich bei der ersten Geste der Provokation demonstrativ den Saal räumen; es sollte erst gar kein Zweifel aufkommen, wer hier das Sagen hat. Er verurteilte einen Vater, der vor einer Schule aus kürzester Entfernung auf die Mutter seiner Kinder schoss. Sein bekanntester Fall war der sogenannte Holzklotzmord: Ein 30-Jähriger hatte am Ostersonntag 2008 von einer Autobahnbrücke einen sechs Kilogramm schweren Holzklotz auf das fahrende Auto einer vierköpfigen Familie geworfen, die junge Mutter starb vor den Augen ihrer Kinder. Bührmann sprach das Urteil »lebenslänglich«, und er tat etwas, das zu seinem Markenzeichen werden sollte: Er nahm sich Zeit für die Opfer. Er richtete mitfühlende und aufbauende Worte an den Ehemann der getöteten Frau: »Herr K., wir, das Gericht und viele Menschen in Deutschland, fühlen tief mit Ihnen. Wenn Sie nicht so fantastisch reagiert hätten, wären auch Ihre Kinder tot. Sie haben Ihre Kinder gerettet! Sie haben das Leben Ihrer Kinder gerettet! Bei Ihrer Frau allerdings hatten Sie keine Chance.«

Zweimal saß Bührmann in einem Gerichtsaal auch schon dem Angeklagten Högel gegenüber, 2008 und 2014/15. Dies ist sein dritter Högel-Prozess. »Herr Högel, wir kennen uns«, wird er später sagen.

Im Festsaal schaut Bührmann jetzt aber nicht den Angeklagten an, sondern die vielen Angehörigen der Toten. Er sagt: »Wir wollen an die denken, die auch im Raum sind, aber nicht körperlich.« Bührmann spricht nicht von »Opfern«. Er riskiert keinen Befangenheitsantrag, er vorverurteilt den Angeklagten nicht. Er möchte den Angehörigen der toten Patienten nur zeigen: Dieser Prozess ist für euch.

Die Oberstaatsanwältin liest den ersten Namen vor: Else S., geboren am 2. August 1922, verstorben am 7. Februar 2000 im Klinikum Oldenburg. »Das Versterben der Frau S. nahm der Angeklagte zumindest billigend in Kauf«, sagt Daniela Schiereck-Bohlmann. Sie wiederholt diesen Satz noch 99 Mal, nur die Namen der Toten wechseln.

Frank Brinkers kennt die Akten, er hat auch die Anklageschrift gelesen. Dennoch wird ihm kalt, als die Oberstaatsanwältin zu Nummer 27 kommt und laut den Namen seines Vaters vorliest: Bernhard Brinkers, verstorben am 14. September 2001 um 21.30 Uhr im Klinikum Oldenburg.

Der Vater war 63 Jahre alt, als er starb. Die Arbeit in der Lackiererei hatte er schon länger aufgegeben, er war nierenkrank, ein Dialysepatient. Aber es ging ihm gut als Rentner. Er unternahm weiter seine Fahrradtouren, er las seine Krimis und Westernromane, er gab im Spielmannszug den Takt vor. Bernhard Brinkers schlug die Pauke.

Dann kam der Herzinfarkt. Auch den überstand er, aber als sich in beiden Herzkammern Blutgerinnsel bildeten, schlugen die Ärzte im Krankenhaus Lingen Alarm: Das sei ein Fall für die Spezialisten. Ein Rettungshubschrauber brachte Brinkers nach Oldenburg ins städtische Klinikum, die Herzchirurgie dort hatte einen tadellosen Ruf im Nordwesten. Gleich am nächsten Tag kam Bernhard Brinkers unters Messer.

Frank Brinkers war unruhig. Immer wieder rief er am Abend in Oldenburg an. Die Pfleger vertrösteten ihn, »Ihr Vater befindet sich noch im Aufwachraum, wir rufen zurück«. Gegen 22 Uhr meldete sich endlich die Klinik. Es wurde ein Gespräch, das Brinkers später immer wieder an den schlechten Operation-gelungen-Patient-tot-Witz erinnern sollte: Die Operation sei sehr gut verlaufen, das Herz habe kräftig geschlagen, aber, leider, der Kreislauf, wir können uns das überhaupt nicht erklären. Ein schockierender Satz: »Ihr Vater ist verstorben.«

Noch in der Nacht fuhr der Sohn mit der Mutter nach Oldenburg. Hätte er stutzig sein müssen? Hätte er Fragen stellen müssen? Was bedeutete das: »Wir können uns das überhaupt nicht erklären«? »Natürlich hätte ich Fragen stellen müssen!«, sagt Frank Brinkers heute. Aber damals hatte er keine Fragen, vor ihm lag der tote Vater.

15 Jahre später, im Dezember 2016, klingelte bei Frank Brinkers in Lingen das Telefon. Ein Beamter der Sonderkommission Kardio stellte sich vor und sagte: »Wir haben den Verdacht, dass Ihr Vater eines nicht natürlichen Todes gestorben ist.« Ja, ja, dachte Frank Brinkers und legte auf. Wer macht solche Anrufe?, fragte er sich.

Er recherchierte die Telefonnummer im Internet, sah, dass der Anschluss tatsächlich zur Polizei gehörte. Er rief zurück, wieder war der Beamte am Apparat. »Jetzt höre ich Ihnen zu«, sagte Brinkers.

Die Stimme der Oberstaatsanwältin dringt nüchtern aus den Saallautsprechern. »Das Versterben des Herrn Brinkers nahm der Angeklagte zumindest billigend in Kauf«, sagt sie in ihr Mikrofon. Sie setzt ihren Vortrag fort, weitere 73 Namen folgen.

Der Richter entschuldigt sich bei den Angehörigen der toten Klinikpatienten im Saal für die Zumutungen, die sie ertragen mussten. Das jahrelange Leben in Ungewissheit. Das Warten auf Antworten. Die Exhumierungen ihrer längst begrabenen Verwandten. Die erneute Auseinandersetzung mit dem Tod. Er entschuldigt sich auch für die Zumutungen, die noch kommen werden. »Sie sitzen hier sicher wie auf einem heißen Stuhl«, sagt er, »mit klopfendem Herzen.« Die Sprache der Justiz sei manchmal hart, warnt er die Angehörigen. Mordangriffe mit der Giftspritze heißen vor Gericht »Manipulationen«, die verstorbenen Patienten werden zu »Fällen«. »Wir sprechen von Tatbestand, dabei geht es um den Tod eines Menschen«, sagt Bührmann. »Bitte verstehen Sie das nicht als despektierlich.« Der Richter hat dafür gesorgt, dass Vertreter von Opferschutzorganisationen bei jedem Prozesstag im Saal sein werden, außerdem Sanitäter. »Sie können jederzeit den Saal verlassen«, sagt er. »Bitte geben Sie auf sich acht.«

4878 Tage nachdem Niels Högel am Bett des Patienten Dieter M. auf frischer Tat ertappt wurde, lässt der Richter keinen Zweifel zu: Dieser Prozess in der sonst so täterfixierten Strafjustiz richtet sich an die Opfer und ihre Angehörigen. An Menschen, die von der Justiz jahrelang im Stich gelassen wurden.

Vordergründig geht es in einem Mordprozess um einen Mörder. In diesem Strafprozess geht es um sehr viel mehr. Warum dauerte es 15 Jahre, bis Frank Brinkers erfuhr, dass sein Vater mutmaßlich nicht an seiner Herzkrankheit verstorben ist, sondern von einem geltungssüchtigen Krankenpfleger ermordet wurde? Warum konnte der Mörder fünf Jahre lang in zwei verschiedenen Krankenhäusern morden, ohne dass ihn jemand stoppte? Merkte niemand etwas, die Kollegen nicht, Vorgesetzte, Angehörige? Wollte niemand etwas merken? Warum wurde der Mörder versetzt, mit einem guten Zeugnis weggelobt, und konnte an anderer Stelle weitermorden? Als nach fünf Mordjahren endlich jemand etwas merkte, warum liefen die Ermittlungen nur zäh und kamen zeitweise ganz zum Stillstand? Warum wurde dem Mörder nur schrittweise der Prozess gemacht, erst in einem Fall, dann in fünf Fällen, erst jetzt in 100 Fällen? Dies ist der größte Mordprozess Deutschlands, aber er kann gar nicht groß genug sein, um den Angehörigen der 100 Toten und dem Rest der Welt alle Fragen zu beantworten.

Frank Brinkers nimmt sich fest vor, an jedem Prozesstag dabei zu sein. 24 Mal wird er in den kommenden acht Monaten nach Oldenburg fahren. Zunächst wird er seine Überstunden abbauen. Wenn keine Überstunden mehr übrig sind, wird er seinen Jahresurlaub aufbrauchen. Der Chef wird das schon mitmachen.

Im Festsaal erhebt sich Richter Bührmann zur Schweigeminute. 400 Menschen tun es ihm gleich. Vorn rechts steht Frank Brinkers, er heftet den Blick fest auf den Angeklagten. Niels Högel steht auf, die Hände vor dem Bauch verschränkt. Er senkt seinen Kopf. Brinkers muss sich gedulden. Erst am dritten Prozesstag wird er die Gelegenheit haben, dem mutmaßlichen Mörder seines Vaters in die Augen zu blicken.

KAPITEL 2

EIN FURCHTBARER VERDACHT

Polizeiinspektion Delmenhorst, Freitag, 1. Juli 2005

Kriminaloberkommissar Oliver Lenz ist an diesem Nachmittag einer der Letzten auf der Dienststelle, als sein Chef ins Büro platzt. »Olli«, sagt er, »wir müssen ins Krankenhaus fahren. Die wollen eine gefährliche Körperverletzung anzeigen.« Lenz wundert sich kurz über den juristischen Fachbegriff, die wenigsten Menschen zeigen konkret eine »gefährliche Körperverletzung« an, dann packt er sein Schreibzeug ein. Wenn er mit dem Chef fährt, sind Vernehmung und Protokoll sein Job.

Die Polizisten brauchen nur ein paar Minuten von der Dienststelle an der Marktstraße zu den städtischen Kliniken an der Wildeshauser Straße. Lenz, ein schlanker Mann von 42 Jahren, kennt das 80 Jahre alte Krankenhaus gut. Wie oft war er schon dort? Seine beiden Kinder sind in der Klinik auf die Welt gekommen, er hat Freunde und Verwandte besucht, er musste sich schon selbst in der Ambulanz behandeln lassen. Noch öfter war er dienstlich hier: um Opfer zu befragen, Anzeigen aufzunehmen, zur Leichenschau unten im Kühlraum.

Die Klinik ist ein typisches Mittelzentrumskrankenhaus, 280 Betten, 630 Mitarbeiter, immer wieder erweitert und längst völlig verbaut, eigentlich dauerhaft in finanzieller Schieflage. Gerade erst stand in der Zeitung, dass wieder ein Wechsel in der Geschäftsführung bevorsteht. In wenigen Wochen soll der Chef des mehr als dreimal so großen Klinikums in Oldenburg zusätzlich die Leitung des kriselnden Hauses in Delmenhorst übernehmen. Der Stadtrat hofft, dass der erfahrene Manager die Klinik endlich aus den roten Zahlen herausholt.

Am Haupteingang fängt ein Arzt die beiden Polizisten ab und führt sie in einen Besprechungsraum im Erdgeschoss. Dort wartet bereits die komplette Führungsebene des Krankenhauses, der ärztliche Direktor, der Verwaltungschef, die Pflegedirektorin, der Leiter der Intensivstation. Und noch jemand sitzt am Konferenztisch: Erich Joester, ein bekannter Rechtsanwalt aus Bremen.

Joester ergreift das Wort, die Klinikmitarbeiter sprechen nur auf Nachfrage. Lenz ist ein erfahrener Kriminalbeamter, er spürt sofort, dass dies keine gewöhnliche gefährliche Körperverletzung ist.

Der Anwalt berichtet den Polizisten, was am 22. Juni in der Spätschicht auf der Intensivstation vorgefallen ist. Ein Pfleger namens Niels Högel sei dabei ertappt worden, wie er einem Patienten ein Medikament spritzte, das er ihm nicht hätte spritzen dürfen.

»Was ist mit dem Patienten?«, fragt Lenz.

Der ist verstorben, antwortet der Anwalt.

»Wann?«, will Lenz wissen.

Am 23. Juni, einen Tag nach dem Vorfall auf der Intensivstation.

Lenz wundert sich wieder. Sollte das unerlaubt gespritzte Medikament den Patienten getötet haben, dann hätte man es hier nicht mit einer gefährlichen Körperverletzung zu tun, sondern mit einem Tötungsdelikt. »Das müssen wir klären«, sagt er den Männern und Frauen im Konferenzraum.

»Wo ist der Pfleger jetzt?«, fragt er dann.

Zurzeit im Urlaub, lautet die Antwort.

»Weiß er von dem Vorwurf gegen ihn?«

Ja, sagt der Anwalt, es habe ein Personalgespräch gegeben. Dass die Polizei informiert sei, wisse der Pfleger aber nicht.

Die Polizisten erledigen die Routineaufgaben. Sie lassen sich die persönlichen Sachen des Pflegers zeigen. Sie melden »Gefahr in Verzug«, öffnen seinen Spind und stellen sicher, was sie dort finden. In den Notizen steht später:

- Unordentlicher Spind (nach »Messie«-Manier)
- 2 leere Wodkaflaschen à 0,5 L
- Arzneimittel: 1x leere Ampulle Pancuronium, 2x Ampulle Atropin, 1x Ampulle Adrekar, 1x leere Packung Sotalex.

Das Medikament Pancuronium ist ein Muskelrelaxans. Von einem Mediziner erfährt Lenz später, dass es in den USA bei Hinrichtungen mit der Giftspritze verwendet wird, um den Verurteilten zu paralysieren. Todesursache: Herzstillstand. Nach der Spinddurchsuchung gehen die Polizisten auf die Intensivstation und lassen sich den Perfusor erklären, die Medikamentenpumpe.

Wenn ein Autoknacker auf frischer Tat ertappt wird,

gehen Polizisten davon aus, dass er nicht zum ersten Mal ein Auto geknackt hat. Wenn ein Ladendieb beim Klauen erwischt oder ein prügelnder Ehemann angezeigt wird, rechnen sie ebenfalls mit Wiederholungstätern. Bei Tötungsdelikten verhält es sich anders, Serientäter sind äußerst selten. Die meisten Tötungen sind Beziehungstaten. Der Täter tötet ein einziges Mal, er tötet einen einzigen Menschen, der ihm zumeist sehr nahestand.

Dieser Fall hier ist anders, denkt Lenz. Er stellt sich auf ein langes Wochenende ein: Berichte schreiben, Zeugen aufspüren, Strategien für das weitere Vorgehen entwickeln.

Am Montag vernehmen die Fahnder die Kollegen des Pflegers, die ihn ertappt haben. Sie schildern, wie sie dem Patienten Dieter M. umgehend die Blutprobe abgenommen haben, wie sie die Stationsapotheke kontrolliert haben, wie sie die Abwurfbehälter durchsucht haben. »Das klang ja fast wie ein Ballett«, sagt Lenz später zu seinen Kollegen. Durchchoreografiert. Die hatten doch einen Verdacht, sagt er. Sie hatten offenbar besprochen, wie sie vorgehen würden, wenn es wieder zu einem Vorfall kommen sollte. Die Delmenhorster Fahnder sind sich sicher: Der Fall Dieter M. ist kein Einzelfall.

Noch am selben Tag meldet sich Lenz bei der Staatsanwaltschaft in Oldenburg. »Wir müssen den verstorbenen Patienten exhumieren und den Leichnam obduzieren«, sagt er. Er will auch das Wohnhaus des Pflegers durchsuchen lassen. Der zuständige Oberstaatsanwalt zögert, eine Exhumierung ist eine schwere Belastung für die Angehörigen. Er will zuerst die Ermittlungsakte sehen. Lenz stellt alles zusammen, am nächsten Tag fährt er nach Oldenburg und berichtet. Der Staatsanwalt stimmt zu. Lenz fährt weiter zum Amtsgericht, ein Richter ordnet die Exhumierung an und stellt den Durchsuchungsbeschluss aus.

Die Ermittler arbeiten auf Hochtouren. Am Mittwoch, Tag fünf nach der Anzeige, informiert die Polizei die Angehörigen des verstorbenen Patienten Dieter M., am späten Nachmittag graben sie auf dem Friedhof Heiligenrode bei Delmenhorst den Leichnam aus. Am Donnerstag wird er in der Oldenburger Rechtsmedizin untersucht, Gewebeproben gehen in die Toxikologie der Medizinischen Hochschule Hannover. Zeitgleich fahren zwei Streifenwagen nach Ganderkesee, knapp zehn Kilometer von Delmenhorst entfernt, wo Högel mit seiner Frau und der gemeinsamen kleinen Tochter eine Doppelhaushälfte in der Tilsiter Straße bewohnt. Högel ist allein zu Hause. Er wirkt überrascht, aber gefasst. Während ein Fahndungsteam das Haus durchsucht, fährt ihn ein zweites Team zur Vernehmung in die Polizeiinspektion an der Marktstraße. Er wird erkennungsdienstlich behandelt, danach bringen ihn die Polizisten in das Büro von Oliver Lenz.

Lenz' Büro, 1. Fachkommissariat, Zimmer B/303, liegt am Ende eines langen Ganges, zweitletzte Tür hinten links. Korkpinnwände, Zweckmöbel, zwei Schreibtische stehen Kopf an Kopf. Zwei Polizisten sitzen sich gegenüber, Högel nimmt auf einem Stuhl neben den Schreibtischen Platz. Er gibt sich selbstsicher, überlegen, regelrecht überheblich. Es ist das erste und letzte Mal für mehr als zehn Jahre, dass er sich gegenüber Ermittlern äußert.

Im Jahr 2005 laufen Vernehmungen bei der Polizei in

Delmenhorst gewöhnlich so ab: Der Polizist stellt eine Frage, der Beschuldigte antwortet, der Polizist diktiert die Antwort in vollständigen Sätzen in das Mikrofon eines Kassettenrekorders. Aber das ist bei dieser Vernehmung nicht möglich. Högel prahlt mit medizinischen Fachbegriffen, er wirft mit Namen von Diagnosen, Arzneimitteln und Therapien nur so um sich. Lenz schüttelt den Kopf, so geht das nicht. Er tut etwas Ungewöhnliches: Er stellt den Kassettenrekorder auf den Tisch und lässt das Band einfach mitlaufen. Das hat seine Tücken, einmal gibt die Batterie den Geist auf, mehrfach muss Lenz die Kassette umdrehen oder wechseln. Doch so kommt es, dass heute drei Audiokassetten mit Bandaufnahmen von der ersten Vernehmung Högels existieren.

Högel gibt zu, dass er dem Patienten Dieter M. vier Ampullen des Herzmittels Gilurytmal gespritzt hat. Aber doch nicht, weil er ihn habe töten wollen! Es habe einen akuten Notstand gegeben, »tachykarde Herzrhythmusstörungen«, fachsimpelt Högel. Der Arzt sei so schnell nicht greifbar gewesen, deshalb habe er eben selbst entschieden, dem Mann das Medikament zu geben. Überhaupt habe ein erfahrener Intensivpfleger wie er doch viel mehr Ahnung als ein grüner Assistenzarzt! Dem mangele es an Fachkompetenz, »der ist dann halt auch überfordert«. »Ich habe das dann entschieden«, spricht Högel den Polizisten aufs Band.

Lenz klemmt sich ans Telefon. Er will von Medizinern hören, was ein erfahrener Pfleger hätte wissen müssen über Gilurytmal. Was passiert, wenn man einem Patienten 40 Milligramm davon spritzt? Es dauert eine Weile, bis Lenz einen Spezialisten findet, der sich mit dem Antiarrhythmikum auskennt. Der Mediziner klärt ihn auf: Gilurytmal sei ein tückisches Zeug, das Leben retten, aber eben auch beenden könne. Wenn man es einem Notfallpatienten wie Dieter M. gebe, dann zunächst nur als winzige Dosis, um abschätzen zu können, wie der Patient darauf reagiert. Man müsse warten, den Monitor beobachten, könne dann vielleicht noch einmal weitere 15 Milligramm verabreichen. Wer 40 Milligramm spritze und das auch noch schnell, der bringe den Patienten um. »Vier Ampullen Gilurytmal verabreicht man nicht, wenn man einen Patienten retten will«, sagt der Experte.

Aus Sicht von Lenz hat es die Polizei spätestens jetzt nicht mehr mit einer gefährlichen Körperverletzung zu tun, sondern mit einem versuchten Tötungsdelikt, vielleicht sogar mit versuchtem Mord. Am liebsten würde er Högel gleich in Untersuchungshaft nehmen, aber er hat keinen Haftbefehl. Der Staatsanwalt hatte auch hier gezögert, ihm sei das alles »zu dünn«, erklärte er Lenz.

Es ist schon 18.30 Uhr, als Högel etwas sagt, das Lenz aufhorchen lässt: Der Pfleger, offiziell ja noch im Urlaub, will mit seiner Frau und Tochter verreisen, nach Holland in den »Center Parc«. Der Urlaub sei schon lange gebucht, sagt Högel, »wir bleiben dort eine Woche«.

Ein mutmaßlicher Mörder oder Totschläger will das Land verlassen? Lenz reicht es, gleich am nächsten Morgen macht er Druck bei der Staatsanwaltschaft. Diesmal bekommt er den Haftbefehl. Lenz schickt die Kollegen von der Fahndung los. Um 11.10 Uhr am Freitag stoppt wieder ein Streifenwagen in der Tilsiter Straße in Ganderkesee. Högels Ehefrau öffnet die Tür. Die Polizisten müssen zehn Minuten warten, bis ihr Mann von einem

Kurzbesuch bei seinen Schwiegereltern zurückkehrt. Sie nehmen ihn fest, führen ihn dem Haftrichter vor, fahren ihn nach Oldenburg in die Justizvollzugsanstalt. Oliver Lenz ist zufrieden. Die Polizei hat alles getan, um einen Tatverdächtigen aus dem Verkehr zu ziehen.

Aber was genau hatte dieser Tatverdächtige getan? Lässt sich die Tötung von Dieter M. beweisen? Gab es weitere Taten? Und falls ja, wie viele?

Lenz braucht einen Ermittlungsansatz, einen Anfang, um tiefer bohren zu können. Er fährt mit einem Kollegen noch einmal ins Klinikum, wieder versammelt sich die Führungsspitze des Hauses um den Tisch im Konferenzraum. Lenz gibt einen groben Überblick über die bisherigen Ermittlungen und erklärt, dass die Polizei prüfen müsse, ob es weitere Tötungsdelikte gebe. Er fordert eine Liste der Verstorbenen der vergangenen drei Monate an, inklusive Todesdatum und Todeszeitpunkt. Er fragt nach dem Dienstplan des Pflegers Högel. Und er verlangt eine Inventur der Stationsapotheke.

Die Führungskräfte diskutieren. Eine Inventur sei unmöglich, lautet dann die Antwort. Dazu müsse man jedes Medikament mit den in der Zeit behandelten Patienten abgleichen. Das sei nicht zu leisten. Klinikleitung und Polizei einigen sich schließlich darauf, die Inventur auf das Medikament Gilurytmal zu beschränken.

Lenz meldet sich erneut beim Oberstaatsanwalt in Oldenburg. Er sagt: »Im Grunde müssten wir alle Toten exhumieren, die während der Dienstzeiten Högels gestorben sind.« Der Oberstaatsanwalt antwortet: »Herr Lenz, dann machen wir ein Fass auf, da kriegen wir keinen Deckel mehr drauf!«

Er erklärt Lenz, dass sich die Ermittler juristisch auf dünnem Eis bewegten. Lassen sich die Taten überhaupt beweisen, selbst wenn man die Patienten obduzieren würde? Findet man in toten Körpern Medikamentenreste? Falls ja, welche Aussagekraft hat das? Und vor allem, welches Motiv soll der Täter gehabt haben? Retten wollte er den Patienten Dieter M. offenbar nicht. Braucht nicht jedes Gericht ein Motiv, um einen Täter verurteilen zu können? »Wir bringen jetzt diesen einen Fall vor Gericht durch und gucken, was passiert«, entscheidet der Staatsanwalt.

Lenz ist Profi. Er weiß, dass Juristen anders denken als Polizisten. Aber er weiß auch: Aufhören kommt für ihn und seine Kollegen nicht infrage.

Die Klinik schickt ihm die Ergebnisse der Apothekeninventur. Bei der letzten Bestandsaufnahme am 31. Dezember 2004 zählten die Pfleger 30 Ampullen Gilurytmal. Jetzt, am 11. Juli 2005, waren es 51 Ampullen. Zwischenzeitlich geliefert wurden 185 Ampullen. Was ist mit dem ganzen gefährlichen, angeblich nur selten verwendeten Gilurytmal passiert?

Die Liste mit den Sterbefällen lässt auf sich warten. Lenz soll zum 1. August vorübergehend versetzt werden, eine sogenannte Personalentwicklungsmaßnahme, es geht um seinen nächsten Schritt auf der Karriereleiter. Er versucht abzusagen, er will den Fall Högel nicht loslassen, die Krankenhaustoten sind ihm wichtig – vergeblich, die Versetzung ist beschlossen und geplant, der Fall Högel hat keine Priorität in der Behörde. Manfred »Manni« Borchers übernimmt die Ermittlungen, ein kompakter Mann mit Bürstenschnitt, 51 Jahre alt, seit

32 Jahren Polizist. Und genauso bissig wie sein Kollege Lenz.

Borchers hakt beim Krankenhaus nach, fordert bei der Gelegenheit gleich weitere Zahlen an. Er will alle Todesfälle aus den Jahren 2003, 2004 und 2005 sehen, sämtliche Dienstpläne, den Gilurytmal-Verbrauch seit 1998. Die Klinik meldet Bedenken an, macht Datenschutzgründe geltend. Es zieht sich.

Wieder kommen zuerst die Gilurytmal-Zahlen bei der Polizei an. Borchers staunt: Bevor Högel in Delmenhorst anfing, wurde auf der Intensivstation jährlich eine maximal zweistellige Zahl an Ampullen verbraucht. Mal 40 Fläschchen, mal fünf, die höchste Zahl war 95. Högel fing am 15. Dezember 2002 in Delmenhorst an. 2003 stieg der Verbrauch von Gilurytmal auf 225 Ampullen an, 2004 sogar auf 380. Das ist mehr als das Siebenfache des Verbrauchs von 2002.

Manni Borchers ist ein Computerfan, er hat ein Faible für Datenbanken. Er tippt sämtliche Zahlen in Excel-Tabellen ein. Als nach Wochen endlich die ersten Sterbefälle und Dienstpläne bei der Polizei eintrudeln, trägt er auch die ein. Zunächst die Zahlen für das erste Halbjahr von 2005: 64 Patienten starben, 40 davon während der Dienstzeit von Högel. 62 Prozent der Todesfälle ereigneten sich, wenn der Pfleger Högel Dienst hatte, weitere elf Prozent in enger zeitlicher Nähe zu Högels Dienst.

Am 3. Februar 2006 erhebt die Staatsanwaltschaft Oldenburg Anklage gegen Niels Högel. Der Vorwurf: versuchter Mord in einem Fall – im Fall Dieter M.

Die Klinik liefert weitere Zahlen. Borchers pflegt auch die in seine Tabellen ein. Im Jahr 2000 starben 76 Patienten, im Jahr darauf 79 Patienten, 2002 waren es 98 Tote. Am 15. Dezember 2002 fing Högel im Krankenhaus an. 2003 stieg die Zahl der Toten auf 177. 2004 starben 170 Patienten. Eine Verdopplung. Weshalb starben plötzlich so viele Patienten?

Sterbefälle auf der Intensivstation in Delmenhorst

Sterbefälle	76	79	98	177	170	64	32	43
Jahr	2000	2001	2002	2003	2004	2005 1. Hj.	2005 2. Hj.	2006 (bis 21.6.).

Niels Högel trat am 15. Dezember 2002 in den Dienst ein. Sein letzter Arbeitstag war der 24. Juni 2005.

Die Klinik liefert auch die Zahl der verbrauchten Gilurytmal-Ampullen für das zweite Halbjahr 2005, also nach der Festnahme Högels: eine einzige.

Im Juli 2006 ist die Datenbank vollständig. Borchers gibt die Zahlen weiter an die Staatsanwaltschaft, sie werden Bestandteil der Akte Dieter M.

Am 6. Oktober 2006 beginnt vor dem Landgericht Oldenburg der Prozess gegen Högel wegen Mordversuchs an Dieter M. Högel ist nach einer Haftbeschwerde längst wieder auf freiem Fuß. Das Landgericht und das Oberlandesgericht haben keine Haftgründe gesehen, Högel habe ein stabiles soziales Umfeld, heißt es in der Begründung. Der Angeklagte fährt selbst zu den Sitzungsterminen.

Im Prozess sagen Ärzte und Pfleger als Zeugen aus. Die Lokalzeitung berichtet darüber. Von einer »Häufung von ungeklärten Vorfällen« ist die Rede und davon, dass die »Vorkommnisse, in denen schwerkranke Patienten hätten wiederbelebt werden müssen, stark zugenommen« hätten. Im Dezember 2006 heißt es sogar in der Zeitung: »Zeugen hatten von Gerüchten berichtet, wonach im Umfeld des Angeklagten eine Vielzahl von Patienten gestorben sein soll.«

Auch die Polizisten sagen vor Gericht aus. Manfred Borchers nimmt kein Blatt vor den Mund: »Wir haben den Verdacht, dass Högel weitere Patienten getötet hat«, sagt er. Högels Strafverteidiger, ein Bremer Anwalt, reagiert empört. »Das gehört nicht in dieses Verfahren!«, ruft er, Borchers schüttelt bei der Erinnerung daran heute noch den Kopf.

Wenige Tage später verurteilt die 5. Strafkammer den Pfleger wegen versuchten Totschlags in Tateinheit mit gefährlicher Körperverletzung zu fünf Jahren Haft, außerdem verhängt das Gericht ein fünfjähriges Berufsverbot. Ob Dieter M. tatsächlich an der Überdosis Gilurytmal gestorben ist, kann das Gericht nicht feststellen. Alle Prozessparteien legen Revision gegen das Urteil ein: die Angehörigen, der Angeklagte, die Staatsanwaltschaft. Letztere zieht ihren Revisionsantrag nach nur einer Woche wieder zurück. Für sie scheint der Fall Högel abgeschlossen zu sein.

Es ist keine Rede mehr davon, dass es weitere Tote geben könnte. Niemand leitet weitere Ermittlungen ein. Kein Journalist recherchiert den Zeugenaussagen hinterher.

In Delmenhorst ist Oliver Lenz an seinen alten Arbeitsplatz zurückgekehrt. Er ist wütend und ungeduldig, er schläft nachts schlecht, er will weiterermitteln. »Da sterben doppelt so viele Patienten auf der Intensivstation!«, sagt er zu Manni Borchers. »Welche logische Erklärung soll es für die plötzliche Verdopplung der Sterberate geben... außer, dass diese Menschen ebenfalls getötet wurden?«

Manfred Borchers beruhigt ihn. Er sagt: »Wir brauchen einen Türöffner, und wir werden ihn bekommen. Dann stellen wir den Fuß in die Tür.«

Er ahnt nicht, dass es noch fast zwei Jahre dauern wird, bis sich die Tür endlich einen Spaltbreit öffnet.

KAPITEL 3

SCHRECKLICH NORMAL

Weser-Ems-Halle Oldenburg, Dienstag, 30. Oktober 2018

In der Weser-Ems-Halle schalten die Techniker die beiden Leinwände an, jeder im Saal soll den Angeklagten sehen können: Niels Högel, 41 Jahre alt, mutmaßlicher Mörder von 100 wehrlosen Krankenhauspatienten. Sein Gesicht ist aufgequollen, die Augen starren über schwere Tränensäcke hinweg ins Leere.

»Herr Högel, wollen Sie zur Sache Angaben machen?«, fragt Richter Sebastian Bührmann.

»Ja, ich möchte zur Sache Angaben machen«, antwortet Högel. Seine Stimme ist angenehm, der Tonfall ruhig, sein Auftreten höflich und zurückhaltend.

Högel spricht zum ersten Mal in einem Gerichtssaal. Er schwieg, als ihm 2006 und 2008 zum ersten und zweiten Mal der Prozess gemacht wurde, wegen versuchten Mordes an Dieter M. Er schwieg, als er 2014/15 zum dritten Mal vor Gericht stand, diesmal wegen Mordes an fünf Patienten. Lediglich mit seinem psychiatrischen Gutachter sprach er während dieses dritten Prozesses, mit Dr. Konstantin Karyofilis. Er sprach mit ihm über sich und über sein Leben. Der Gutachter wird so etwas wie ein Vertrauter von Högel. Vieles von dem, was er Karyofilis berichtete, wiederholt Högel jetzt in der Halle.

Wer ist dieser Mann, der vermutlich mehr Menschen auf dem Gewissen hat als jeder andere Mörder im Nachkriegsdeutschland?

Er ist vor allem schrecklich normal. Fürchterlich unauffällig. Beängstigend durchschnittlich.

Högel wurde am 30. Dezember 1976 in Wilhelmshaven geboren. Sein Elternhaus sei »warmherzig und tragfähig« gewesen, sagt er. Högels Vater ist Krankenpfleger aus Überzeugung, er arbeitet viel, ist gebildet, politisch organisiert in der SPD. Die Mutter ist gelernte Anwaltsgehilfin, nebenbei arbeitet sie als Putzkraft. Högel hat eine ältere Schwester, die Zahnarzthelferin wird. »Eine durch und durch helfende Familie«, sagen Bekannte. Niemand äußert sich abfällig über die Högels.

Wilhelmshaven ist keine reiche Stadt in Högels jungen Jahren, aber noch nicht so abgehängt wie heute. Es ist eine Arbeiterstadt, geprägt durch die Industrie, das Meer und die Marine. Spätestens mit der Schließung einer großen Schreibmaschinenfabrik 1992 beginnt der Abstieg. Die Arbeitslosenquote ist inzwischen doppelt so hoch wie im Bundesdurchschnitt, die Geburtenrate hat sich seit Anfang der 90er-Jahre fast halbiert. Die Einwohnerzahl sinkt seither kontinuierlich, mittlerweile leben kaum noch 79 000 Menschen in der Stadt. Die Kaufkraft ist im Vergleich zu anderen Kommunen gering, auch das Bildungsniveau ist unter den Bundesdurchschnitt gesunken. Es gibt nur noch zwei Gymnasien in Wilhelmshaven. Die Menschen ziehen eher weg als zu, neue Jobs entstehen fast nur im Niedriglohnsektor, die geringen Wohnkosten locken vor allem Rentner und Hartz-IV-Empfänger.

In den ersten Lebensjahren läuft es bei Högel so, wie Eltern es sich wünschen, ohne medizinische oder psychologische Auffälligkeiten. Krabbeln, Stehen und Laufen lernt er wie andere Kinder auch. Anders als manchen Jungen überkommt ihn später keine Zerstörungswut. Einmal stiehlt er ein paar Panini-Sammelbilder, da ist er zwölf oder 13 Jahre alt. So zumindest berichtet er es dem Gutachter, als er längst im Gefängnis sitzt. Eine Glasscheibe hat er mit einem Fußball eingeschossen. Und betrunken war er mal, mit 14, sagt er. Da war er mit seiner Mutter in einer Kneipe, und die Leute hätten ihm immer wieder heimlich einen Kurzen zugeschoben.

Eine Erzieherin von Högel beschreibt ihn später so: »Ein Kind, bei dem man sagen würde, mit Liebe zu Hause behütet, sehr gut erzogen, sehr ordentlich, einfach unauffällig.«

Weil er sich in der Schule schlecht konzentrieren kann, ist etwas Nachhilfe nötig. Högel hat keine engen Freunde, aber zu Kindergeburtstagen wird er genauso häufig eingeladen wie andere. Högels eigene Bilanz von Kindheit und Jugend: »völlig normal, glücklich und komplikationslos«.

Mit elf hat er seine erste Krise, wie er es nennt: Die Eltern trennen sich für einige Zeit, er ist sehr traurig, entwickelt Ängste. Der Junge will beim Vater bleiben, der für ihn die wichtigere Bezugsperson ist. Mehr noch, er ist das Vorbild, dem der jugendliche Högel nacheifern wird. Die Eltern kommen wieder zusammen, er hört von einer Affäre, das Thema wird nie wieder angesprochen.

Seine Leistungen an der Integrierten Gesamtschule sind durchschnittlich. Mitschüler und Lehrer haben ihn als nett, fröhlich und hilfsbereit in Erinnerung. Kein Einzelgänger, kein Außenseiter, sondern immer mittendrin. »Es gab doch gar keine Anzeichen!«, sagt ein ehemaliger Klassenlehrer, der sich voller Selbstzweifel fragt, warum er denn nicht merkte, dass er einen späteren Serienmörder unterrichtete.

Högel selbst erinnert sich, dass er lange der Klassenclown gewesen sei, dass er im Mittelpunkt der Aufmerksamkeit stehen wollte, dass er »immer einen flotten Spruch auf den Lippen« hatte. Der Klassenlehrer beschreibt ihn als unkomplizierten Schüler.

Der schlanke und sportliche Junge mit den dunklen lockigen Haaren spielt Fußball beim WSC Frisia in Wilhelmshaven. Als Rechtsaußen schafft er es bis in die Niedersachsen-Auswahl. Den Traum vieler junger Kicker von der großen Fußballkarriere träumt er trotzdem nicht. Eine normale Berufsausbildung sei ihm wichtiger gewesen, um sich ein solides wirtschaftliches Standbein zu verschaffen, sagt Högel.

Wie so viele Kinder will er zunächst Feuerwehrmann werden und Abenteuer erleben, vor allem will er »ein Held sein«. Etwa in der achten Klasse platzt dieser Traum. Als er von der Kaiser-Wilhelm-Brücke, dem Wahrzeichen der Stadt, aufs Wasser hinunterblickt, merkt Högel, dass er es nie auf einer Feuerwehrleiter aushalten würde. Er hat extreme Höhenangst. Högel meidet auch später als Autofahrer luftige Brücken, wann immer es möglich ist.

Zweimal fliegt er in den Urlaub nach Mallorca. Auf

einem der Rückflüge gerät die Maschine in ein Gewitter. Högel bekommt Angst, er verzichtet fortan auf Flugreisen. Im Heidepark in Soltau, dem bekanntesten Vergnügungspark in Niedersachsen, steigt er einmal in eine Achterbahn. Als sie oben anlangt und er nach unten blickt, denkt Högel, er müsse sterben. Er betritt nie wieder ein Fahrgeschäft.

Höhenangst ist nichts Ungewöhnliches. Auffällig ist allenfalls, wie viel Drama darin steckt, wenn der erwachsene Högel im Gefängnis dem Gutachter davon erzählt.

Die Oberstufe der Schule besucht Högel nicht mehr, sein Berufswunsch steht nun fest: Er will Krankenpfleger werden so wie sein Vater. Mit 17 beginnt er die Ausbildung im Wilhelmshavener St.-Willehad-Hospital. Als Sohn von »Didi«, dem beruflich und menschlich so kompetenten Pfleger, kennt ihn dort jeder. Er eifert ihm nach, er setzt sich selbst unter Druck. Der Vater arbeitet ständig mehr als 40 Stunden pro Woche und macht im Anschluss an die Nachtdienste noch als Werkssanitäter weiter.

Högel denkt kurz über ein Medizinstudium nach. Der Vater hätte den Sohn gern als Arzt gesehen. Intellektuell hätte er das sicherlich bewältigen können, »das war nicht das Problem«, erklärt Högel seinem Gutachter. Aber damals ist er nicht bereit, mehr Zeit und Aufwand als nötig zu investieren. Eine Entscheidung, die er nach eigener Aussage später bereut, als Unzufriedenheit, Enttäuschung und Langeweile Einzug in sein Leben halten. »Wie blöd warst du, dass du das nicht gemacht hast!«, sagt er. Aber da befindet er sich schon lange in Haft.

Als Krankenpflegeschüler in Wilhelmshaven wird sein Leben plötzlich turbulenter, ausschweifender, so erzählt er es zumindest. Aus dem Typen, der zwar eine große Klappe hatte, sich Mitschülern zufolge aber nicht traute, Mädchen auf dem Schulhof anzusprechen, wird ein Frauenschwarm. Die erste große Liebe kommt und geht. Mit 18 zieht er mit einem Freund in eine Wohngemeinschaft im Schwesternwohnheim des katholischen Krankenhauses.

Högel erzählt seinem Gutachter später von der Freizügigkeit dort, die ihn überrascht habe. Er berichtet von Alkohol, Drogen und Sex. Keine Zeit für feste Bindungen. Seinen ersten One-Night-Stand findet er »ziemlich toll«. Zwei Jahre lang sei »richtig viel abgegangen«. Bis er Christiane B. im Schwesternwohnheim kennenlernt. Kurze Zeit später wird sie seine Partnerin.

Högel experimentiert in jener Zeit erstmals mit Medikamenten, zu denen er im Krankenhaus leicht Zugang hat: Valoron, Tilidin, Tramal. Letzteres erzeuge ein »warmes und angenehmes Gefühl«, erklärt Högel später dem Gutachter. Man erlebe einen physischen Vollrausch ohne motorische Auffälligkeiten. Högel gefällt das. Er bedient sich immer wieder in den Stationsapotheken der Klinik – um Stress abzubauen, zur Entspannung, für ein gutes Gefühl, so schildert er es.

Högel ist ein ängstlicher Mensch, aber der Wunsch, ein Held zu sein, steckt tief in ihm. Schon als kleiner Junge interessierte er sich für Rettungswagen. Wenn sie mit Blaulicht und Martinshorn durch Wilhelmshaven rasten, jagte er ihnen auf dem Rad hinterher. Parallel zur Ausbildung tritt er mit 17 in den Arbeiter-Samariter-Bund ein, kurz ASB. Er nimmt an Fortbildungen teil, bald fährt er als dritter Mann auf einem Rettungswagen mit. Die Einsätze geben ihm ein gutes Gefühl, ähnlich wie die Medikamente. Selbst wenn er nur in der Rettungswache sitzt und auf den Alarm wartet, ist da diese Spannung, dieses Kribbeln. Was wird wohl als Nächstes passieren?

Ein junger Mann sucht Spannung, Action, Drama. Ist das ungewöhnlich? Die Rettungskräfte auf der Wache ticken alle wie er, so will es Högel jedenfalls wahrgenommen haben. Er sei da »unter seinesgleichen« gewesen.

Später, im Klinikum Oldenburg, schaut er sich in den Dienstpausen Rettungsvideos aus dem Internet an: Filme über Einsätze bei Verkehrsunfällen und Bränden, die der Boulevard-Nachrichtenkanal »Nonstop News« ins Netz stellt. Oft sind die Reporter schon vor dem Rettungswagen vor Ort. Högel fragt sich, über welche Kanäle sie ihre Informationen beziehen. Ihn fasziniert, mit welcher Skrupellosigkeit sie ihre Kamera auf die menschlichen Dramen halten.

Das Examen fällt mittelmäßig aus, eher Note drei als zwei, aber das St. Willehad übernimmt Högel als Pfleger. Er erlebt die »beste Phase seines Lebens«, sagt er später. Sein Gutachter Karyofilis beschreibt Högel als kleinbürgerlichen Menschen, der seine Heimatstadt eigentlich nie verlassen wollte. Högel geht trotzdem. Eines Abends fängt ihn der Pflegedirektor des St.-Willehad-Hospitals an der Klinikpforte ab. »Herr Högel«, sagt er, »Sie haben ein derartiges Potenzial, Sie müssen weg aus Wilhelmshaven. Sie versauern hier auf Dauer!«

Högel will aufsteigen, er will Intensivpfleger werden. Das katholische Pius-Hospital in Oldenburg würde ihn nehmen. Doch der ehrgeizige Jungpfleger entscheidet sich für die Städtischen Kliniken in Oldenburg-Kreyenbrück, das größte und bekannteste Krankenhaus der Region. Er hat das Gefühl, die Welt stehe ihm offen. Aber auch kleinbürgerliche Motive spielen offenbar bei der Wahl eine Rolle: Im Stadtteil Kreyenbrück gibt es mehr Parkplätze für pendelnde Mitarbeiter als rings um das Pius-Hospital in der verbauten Oldenburger Innenstadt.

Eine fatale Entscheidung? Wäre die Geschichte anders abgelaufen, wenn Högel sich für das Pius-Hospital entschieden hätte? Oder doch ganz ähnlich, nur in einem anderen Krankenhaus, mit anderen Toten? Als Högel die Pius-Episode 2018 vor Gericht erzählt, durchfährt viele Zuhörer ein Schaudern.

Am 15. Juni 1999 fängt Högel auf der herzchirurgischen Intensivstation des Klinikums Oldenburg an. Das Haus ist angesehen in der Region, die Herzchirurgie ihr Aushängeschild. Högel fühlt sich geschmeichelt vom Interesse des Klinikums.

An seinem ersten Tag auf der Intensivstation, so erzählt es Högel später, kommt ihm ein Pfleger entgegen, sein Kittel ist über und über mit Blut bespritzt. Er schaut den jungen Pfleger aus der Provinz lässig an und sagt: »Wir haben da gerade einem Patienten 100 Blutkonserven reingedrückt.« Drama! Action! Högel ist beeindruckt. So ein Hardcoretyp will er auch werden. Ein »Rettungsrambo«, wie solche Pfleger oft genannt werden.

Aber schnell machen sich auch andere Gefühle bemerkbar. Högel ist angewidert, gestresst, überfordert. Vor Gericht erzählt er von seiner ersten Nachtschicht. Ein Notfall: Ein Patient, beatmet, im Koma, beginnt massiv zu bluten. »Es ging alles ganz schnell, alles wurde alarmiert«, sagt er: Ärzte, Chirurgen, alle standen an dem Bett, »und ehe ich mich versah, war der Brustkorb geöffnet«. Högel muss Handschuhe anziehen und das blutige Herz greifen, um es mechanisch in Bewegung zu halten. Mit seinen Händen.

Am Morgen nach der Schicht sitzt er im Auto und kann nicht heimfahren nach Wilhelmshaven. Später erzählte er seinem Vater davon, so berichtet er es vor Gericht in der Weser-Ems-Halle. Der habe gefragt: Bist du dir sicher, dass du da richtig bist?

»Wissen Sie, ob Sie geweint haben?«, fragt Richter Bührmann.

»Während des Gesprächs? Nein«, sagt Högel.

»Hinterher?«

»Ja.«

In der Weser-Ems-Halle zeigen die Leinwände Högels gesenkten Kopf. Dramatische Pause. Dann schaut er auf und blickt den Richter an: »Heute weiß ich: Ich hätte aufhören sollen. Ich hätte gar nicht nach Oldenburg gehen sollen.«

Aber er ging nach Oldenburg, und er blieb. Acht Monate nach seinem ersten Dienst tötet er die Patientin Else S., 77 Jahre alt. Angeblich die erste Tat. Es gibt Zweifel an dieser Darstellung, aber keine Beweise. Dutzende Morde folgen, zunächst in Oldenburg, ab Dezember 2002 dann auf der Intensivstation des Klinikums im benachbarten Delmenhorst. Wie viele Morde? Mordete er monatlich? Wöchentlich? In jeder Schicht? Vor Gericht sagt Högel über die sogenannten Manipulationen: »Ich kann mich nicht erinnern, eine Pause gemacht zu haben.«

II

EIN FALL WIE KEIN ANDERER: ZWEITE ERMITTLUNGEN

»Übst du jetzt Kritik? Klein-Gaby aus Delmenhorst gegen die große Staatsanwaltschaft?«

Rechtsanwältin Gaby Lübben

KAPITEL 4

ETWAS STIMMT NICHT

Klinikum Delmenhorst, Donnerstag, 27. März 2003

Gibt es so etwas wie Vorahnungen? Kathrin Lohmann glaubt nicht daran, aber was ist es dann, das ihr so eiskalt den Rücken hinunterkriecht? »So ein Schaudern«, sagt sie später immer wieder, wenn sie an diesen Tag zurückdenkt: Lohmann, 26 Jahre alt, steht unten auf dem Krankenhausparkplatz, und dieses Gefühl schüttelt sie, »ein Gefühl, als hätte ich meine Mutter heute zum letzten Mal gesehen«.

Sie gibt sich einen Ruck und steigt in ihr Auto. Sie redet sich selbst gut zu: Ihrer Mutter geht es viel besser, oben auf der Intensivstation hat sie ihr munter hinterhergewinkt. Natürlich, Brigitte A., 60 Jahre alt, von Beruf Krankenschwester, ist schwer lungenkrank. Aber sie hat das Koma gut überstanden, sie freut sich auf ihr Zuhause in Berne in der Wesermarsch. Dort wartet ihr neues Traumauto auf sie, das sie sich endlich geleistet hat. Ihre Kinder haben ihr versprochen, sie damit aus dem Krankenhaus abzuholen. Nein, Kathrin Lohmann schüttelt das Gefühl ab: Ihre Mutter ist doch keine alte Frau, sie hat Pläne, bald wird sie wieder zu Hause sein!

Am Abend ruft Kathrin Lohmann auf der Intensivstation an, das macht sie jeden Tag so. Sie fragt: »Wie geht es meiner Mutter?« Ein Mann ist dran, er antwortet: »Im Moment gut.«

Im Moment? Da ist es schon wieder, dieses Gefühl. Kathrin Lohmann weiß jetzt, was es für ein Gefühl ist: Angst.

In der Nacht, es geht auf halb drei zu, reißt das Telefon Lohmann aus dem Schlaf. Es ist das Krankenhaus. Wieder ist dieser Mann dran. Er sagt: »Der Kreislauf Ihrer Mutter ist instabil, kommen Sie bitte her.« Kathrin Lohmann springt ins Auto und eilt nach Delmenhorst. Als sie auf der Intensivstation ankommt, ist alles wie im Film, so wird sie es später immer wieder beschreiben. Sie steht im Flur, zwei Ärzte reden auf sie ein, »wir konnten nichts mehr tun«. Ihre Mutter ist tot, Lohmann bricht zusammen, sie weint, sie schreit.

Danach passiert das, was in solchen Fällen fast immer passiert: Kathrin Lohmann macht sich Vorwürfe. Hätte. Wäre. Könnte. Hätte sie ihre Mutter doch nicht überredet, ins Krankenhaus zu gehen! Wäre sie doch, wie zunächst geplant, ins Oldenburger Pius-Hospital gegangen statt ins Delmenhorster Klinikum! Dann könnte sie noch leben! Kathrin Lohmann findet keinen Schlaf mehr.

Und da ist wieder ein unbekanntes Gefühl: »Irgendwas stimmt nicht.« In ihrem Kopf hämmern Fragen: Haben die Ärzte einen Fehler gemacht? Oder die Pfleger? Haben sie vielleicht ein Medikament vergessen? Wer war dieser seltsame Mann am Telefon?

Oft sind solche Gefühle eine vorübergehende Phase nach einem Verlust. Trauerarbeit. Bei Kathrin Lohmann ist es anders, die Phase endet nicht. Sie kann nicht loslassen. Sie kennt nur noch ein Thema: Warum musste ihre Mutter sterben? Was stimmt da nicht?

Das will natürlich niemand hören, jedenfalls nicht auf Dauer. Familie, Freunde, nach und nach wenden sich alle von ihr ab. »Jetzt finde dich endlich damit ab«, sagen sie. Aber das kann Kathrin Lohmann nicht.

Sie wird depressiv. Sie kann zeitweise nicht mehr arbeiten. Sie erlebt das, was man sozialen Abstieg nennt. Das Geld geht ihr aus, sie muss in eine Einzimmerwohnung ziehen. Eine schwierige Wohngegend in Oldenburg, etwas anderes kann sie sich nicht leisten.

Es hört trotzdem nicht auf. In ihrem Kopf kreisen die Gedanken nur um ein Thema.

Kathrin Lohmann ist eine eher kleine Frau, zurückhaltend, geradezu leise. Aber sie ist zäh. Sie muss herausfinden, was passiert ist in der Nacht, als ihre Mutter starb. Und eines Morgens im Mai 2008, mehr als fünf Jahre nach dem Tod ihrer Mutter, glaubt sie es plötzlich zu wissen. Sie liest in der Zeitung vom Prozess gegen einen Delmenhorster Pfleger, der einen Patienten auf der Intensivstation mit einem Herzmittel getötet haben soll. Sie sieht die Antwort auf ihre Fragen schwarz auf weiß vor sich. »Der war es!«, sagt sie zu sich selbst. Sie greift zum Telefon.

KAPITEL 5

DIE TÜR ÖFFNET SICH

Polizeiinspektion Delmenhorst, Freitag, 16. Mai 2008

Es ist 13.05 Uhr am Mittag, als im 1. Fachkommissariat der Polizeiinspektion Delmenhorst das Telefon läutet. Kathrin Lohmann ruft an, 30 Jahre alt, von Beruf Altenpflegerin, wohnhaft in Oldenburg. Sie möchte einen Mord anzeigen, verübt am 28. März 2003 im Klinikum Delmenhorst.

Oliver Lenz, nach einer Personalentwicklungsmaßnahme inzwischen ins Fachkommissariat zurückgekehrt, ist auch an diesem Freitag wieder einer der Letzten in der Dienststelle. Er horcht auf.

Fast drei Jahre ist es mittlerweile her, dass Högel auf der Intensivstation des Klinikums dabei ertappt wurde, wie er Dieter M. eine Überdosis Gilurytmal spritzte. Högel wurde angeklagt wegen versuchten Mordes, es gab einen Prozess, am 22. Dezember 2006 verurteilte ihn das Landgericht Oldenburg zu fünf Jahren Haft wegen versuchten Totschlags. Sämtliche Prozessbeteiligten beantragten Revision. Am 18. Oktober 2007 hob der Bundesgerichtshof das Urteil teilweise wieder auf. Die Bundesrichter stimmten den Feststellungen des Landgerichts zum Tatablauf zu, sie sahen aber den »subjektiven Tatbestand und die Frage des Vorliegens von Mordmerkmalen« nicht hinreichend geklärt. Sie verwiesen den Fall zurück ans Landgericht, seit dem 7. Mai 2008 wird der Fall Dieter M. in Oldenburg erneut verhandelt.

Kathrin Lohmann hat in der Zeitung von der zweiten Auflage des Prozesses gelesen: vom Pfleger Högel, vom plötzlichen Notfall, vom Medikament Gilurytmal. Am Telefon berichtet sie Lenz nun, dass ihre Mutter ebenfalls auf der Delmenhorster Intensivstation gestorben sei. Die 60-Jährige habe sich angeblich bereits auf dem Weg der Besserung befunden, sie sollte sogar auf die Normalstation verlegt werden. Dann starb sie plötzlich. Lohmann sagt, sie halte es für möglich, dass Högel ihre Mutter ebenso wie Dieter M. mit Gilurytmal getötet habe. »Bitte«, drängt sie den Polizisten, »Sie müssen das überprüfen!«

Lenz verspürt ein Kribbeln. Ist dies der Anruf, der die Tür aufstoßen wird für weitere Ermittlungen? Brigitte A. starb, als Högel gerade einmal vier Monate in Delmenhorst arbeitete – 27 Monate, bevor Dieter M. umkam. Wenn ein Gilurytmal-Fall im Jahr 2003 nachgewiesen werden könnte, müssten dann nicht sämtliche Todesfälle überprüft werden, die sich während Högels Dienstzeiten in Delmenhorst ereignet hatten? Lässt sich aus dem Fall M. dank dieses Anrufs endlich die lang ersehnte Serienmordermittlung machen?

Mehrfach hatte es Versuche der Delmenhorster Polizei gegeben, die Ermittlungen auszuweiten. Kurz nach Beginn schien sich die Tür einen Spalt zu öffnen: Als die Polizisten im Juli 2005 nach der Festnahme Högels die

Kollegen von der Intensivstation vernahmen, berichtete Schwester Jasmin vom plötzlichen Tod der Patientin Katharina F., die sie im Spätdienst betreut hatte. Jasmin hatte an diesem 30. März 2005 nur kurz das Zimmer verlassen, »für einen Toilettengang«, wie sie der Polizei sagte. Als sie »nach zwei oder drei Minuten« zurückkam, habe Högel neben dem Bett gestanden und die Patientin reanimiert. Erfolglos, Katharina F. starb mit 70 Jahren. Wie Dieter M. habe Katharina F. über eine Medikamentenpumpe Arterenol bekommen, wie bei Dieter M. sei ihr Zustand zuvor stabil gewesen.

Die Delmenhorster Polizisten leiteten ein Todesermittlungsverfahren ein, das Amtsgericht Delmenhorst ordnete wegen Mordverdachts die Exhumierung und Obduktion der Leiche von Katharina F. an. Die Toxikologen fanden aber keine Spuren des Wirkstoffs Ajmalin im Körper der Toten. Die Akte F. wurde geschlossen.

Im März 2006 nahmen Oliver Lenz und Manfred Borchers einen weiteren Anlauf. Marga G., 57 Jahre alt, hatte nach langem Ringen Anzeige erstattet. Sie sei als Patientin des Klinikums Delmenhorst schon auf dem Weg der Besserung gewesen, als sie am 5. Dezember 2004 nach Kammerflimmern plötzlich einen Herzstillstand erlitt und wiederbelebt werden musste. Kurz zuvor habe sie den Pfleger Högel an ihrem Bett bemerkt; sie habe den Verdacht, dass er ihr ein Medikament verabreicht habe. Marga G. identifizierte Högel anhand seines verkümmerten Ohres, sie nannte es »Schweineohr«. Aber die Ermittlungen blieben ergebnislos; ob Högel der Patientin ein Medikament gegeben hatte oder nicht, konnte nicht nachgewiesen werden. Ein lebendiger Organismus baut den Wirkstoff Ajmalin innerhalb weniger Stunden ab. Marga G. überlebte die Reanimation zum Glück, mögliche Beweismittel taten es nicht. Auch die Akte G. wurde geschlossen.

Diesmal würde sich Lenz die Tür nicht vor der Nase zuschlagen lassen, diesmal würde er den Fuß in den Türspalt stellen. »Bitte sprechen Sie weiter«, sagt er zu Kathrin Lohmann am Telefon.

Am anderen Ende der Leitung hat Kathrin Lohmann zum ersten Mal seit fünf Jahren das Gefühl, dass ihr jemand zuhört.

Nach dem Telefonat öffnet Lenz die alten Akten. Er schaut sich noch einmal die Sterbezahlen während der Dienstjahre Högels an. Lenz erinnert sich an seine Worte von damals: Welche Erklärung sollte es für die Verdopplung der Todeszahlen geben... außer die, dass diese Menschen getötet wurden?

Lenz vereinbart einen Termin mit Oberarzt Dr. Kurt S., dem Leiter der Intensivstation des Delmenhorster Klinikums. Zehn Tage später fährt er am frühen Nachmittag mit einem Kollegen beim Krankenhaus vor. Auch Dr. S. hat die Sterbezahlen noch einmal ausgewertet, unabhängig von der Polizei. Er bestätigt, dass die Zahlen während der Dienstzeit Högels »sprunghaft« angestiegen seien. Nach Högels Weggang hätten sie sich wieder auf dem üblichen Niveau »eingependelt«. »Da sind mehr als 100 Patienten zu viel gestorben«, sagt der Arzt. Lenz bittet den Mediziner um die Krankenakten im Fall Brigitte A.

Er sieht das Licht durch den Türspalt fallen, auf das er seit drei Jahren wartet. Aber es ist eben nur ein Spalt, aufstoßen kann er die Tür erst, wenn er die entscheidende Frage nach einem gerichtsfesten Mordbeweis beantworten kann: Lässt sich ein Medikament, das einer Patientin unerlaubt und heimlich in Überdosis gespritzt wurde, Jahre nach ihrem Tod noch im Körper nachweisen? Bei Dieter M. fand sich der Wirkstoff in der Blutprobe, die Schwester Almut ihm abnahm, als er noch lebte. In seinem Leichnam entdeckten die Gerichtsmediziner später aber nichts.

Am Tag nach seinem Besuch im Klinikum ruft Lenz im Institut für Rechtsmedizin der Medizinischen Hochschule Hannover an. Der Toxikologe Dr. Jörg Teske sagt ihm, dass eine Untersuchung von Gewebeteilen des Leichnams »nicht von vornherein aussichtslos« sei. Lenz ruft bei der Staatsanwaltschaft an. Der Oberstaatsanwalt will eine Exhumierung erst beantragen, wenn eine schriftliche Erklärung zu den Erfolgsaussichten der toxikologischen Untersuchung vorliegt. Zwei Tage später liefert Teske das gewünschte Dokument. Wenn bei der Obduktion des exhumierten Leichnams »geeignete Gewebsanteile oder Flüssigkeiten« gewonnen werden können, wäre eine entsprechende Untersuchung »aussichtsreich«, bestätigt er per Fax.

Im Juni liefert Dr. S. die ausgewerteten Krankenakten. Brigitte A. hatte kein Gilurytmal ärztlich verordnet bekommen. Högel hatte in der fraglichen Nacht Dienst. Es ist alles wie damals bei Dieter M. Lenz schreibt umgehend seinen Bericht für die Staatsanwaltschaft und beantragt die Exhumierung des Leichnams von Brigitte A.

»Fängst du schon wieder damit an?«, fragen Bekannte Kathrin Lohmann, als sie von den neuen Ermittlungen erzählt. »Das ändert doch nichts!« Doch, für Lohmann ändert es sehr viel. Sie schöpft daraus Mut, Hoffnung, Kraft.

Der Bericht geht zur Staatsanwaltschaft, doch deren Mühlen mahlen weiter langsam. Schriftsätze wandern hin und her, Dokumente werden nachgefordert, Besprechungen angesetzt. Es wird Juli. September. November. Kathrin Lohmann ist ungeduldig, immer wieder ruft sie bei der Staatsanwaltschaft an und fragt nach. Einmal, so erinnert sie sich später, sagt jemand am Telefon zu ihr: »Was wollen Sie denn, der sitzt doch schon im Gefängnis.« Was nicht einmal stimmt. Högel ist zwar zwischenzeitlich zum zweiten Mal verurteilt worden, diesmal nicht wegen versuchten Totschlags, sondern wegen versuchten Mordes an Dieter M., Strafmaß: siebeneinhalb Jahre Haft, lebenslanges Berufsverbot. Aber noch ist das Urteil nicht rechtskräftig. Högel, der mutmaßliche Serientäter, befindet sich auf freiem Fuß.

Ein anderes Mal belehrt ein Mitarbeiter der Staatsanwaltschaft Kathrin Lohmann: »Exhumierungen sind teuer!« Es wird Januar, bis endlich ein Exhumierungsbeschluss im Fall Brigitte A. vorliegt. Acht Monate nachdem Lohmann bei der Polizei angerufen hat.

19. März 2009, ein Donnerstag. Auf dem Friedhof von Warfleth in der Wesermarsch schaufelt ein Bagger das Grab von Brigitte A. frei. Oliver Lenz schaut frierend zu. Der Friedhof liegt am Weserdeich, Sarg und Leichnam schwimmen im Grundwasser. Im Hintergrund steht Kathrin Lohmann, allein. Erst Jahre später, als die Polizei immer mehr Leichen exhumieren muss, wird sich so etwas wie eine professionelle Betreuungsstruktur für Angehö-

rige von Exhumierungsfällen entwickelt haben. Seelsorger werden vor Ort sein, es wird Betreuungsangebote für Angehörige geben und große dunkle Tücher, die die Grabstätten vor neugierigen Blicken schützen. Aber an diesem frostigen Märztag kümmert sich niemand um die Tochter der Toten.

Das Wasser hat der Leiche schwer zugesetzt. Lohmann fragt sich, ob die Gerichtsmediziner überhaupt eine Chance haben werden, etwas zu finden. Sie merkt, wie ihr Mut schwindet.

Im August 2009, 15 Monate nach Lohmanns Anruf bei der Polizei und fast sechseinhalb Jahre nach dem Tod der Mutter, geht das Gutachten der Medizinischen Hochschule Hannover bei der Staatsanwaltschaft ein. Die Toxikologen haben etwas gefunden. Schon im Wasser, das sich im eingebrochenen Sarg gesammelt hatte, ließen sich Spuren von Ajmalin nachweisen. Die Ergebnisse der Gewebeuntersuchungen sind eindeutiger: »deutlicher Nachweis von Ajmalin«, »zweifelsfrei«, heißt es im Bericht der Toxikologen immer wieder. Lohmann wird von der Staatsanwaltschaft nicht über den Befund informiert; sie erfährt erst davon, als sie wieder einmal ungeduldig nachhakt.

Jetzt sollte man annehmen, dass die Tür weit offen steht für die Delmenhorster Ermittler. Dass nicht nur ein Fuß im Türspalt steht, sondern dass dort Platz ist für mehrere Polizisten und Staatsanwälte. Das toxikologische Gutachten legt den dringenden Verdacht nahe, dass Högel nicht erst im Juni 2005, sondern bereits im März 2003 Patienten tötete. Was tat er in den 27 Monaten dazwischen? Was davor? Was tat er vor dem Davor, in seiner Zeit im Klinikum Oldenburg? Starben auch dort 100 Menschen »zu viel«? Könnte dieser junge Pfleger aus Wilhelmshaven Dutzende Menschen ermordet haben, vielleicht sogar Hunderte? Kann es sein, dass ein Krankenpfleger jahrelang Patienten umbringt, ohne dass es jemand merkt? Müssen all diese Fragen, die im Spätsommer 2009 auf dem Tisch liegen, nicht dringend beantwortet werden, am besten durch eine Sonderkommission?

Es kommt anders.

Wieder vergeht Zeit, wieder wandern Schriftstücke zwischen Polizei und Staatsanwaltschaft hin und her. Es wird Herbst, es wird Winter, es wird Frühjahr, es wird Sommer 2010. Keine der Fragen wird beantwortet.

Oliver Lenz und Manfred Borchers sind keine Männer, die schnell aufgeben. Sie fordern die Staatsanwaltschaft auf, weitere Ermittlungen zuzulassen. Insgesamt gab es während der Beschäftigungszeit von Niels Högel in Delmenhorst 411 Sterbefälle, 321 davon während seiner Schichten oder unmittelbar im Anschluss. Von diesen 321 Menschen wurden 191 erdbestattet. Diese Leichen könnten für weitere Untersuchungen exhumiert werden, drängt Borchers. Ach was, könnten: Sie müssen untersucht werden!

Über sein Gespräch mit dem Staatsanwalt wird Borchers später sagen: »Das war wie auf einem orientalischen Basar.« Der Staatsanwalt verhandelt unerbittlich. Am Ende entscheidet er, acht Leichen exhumieren zu lassen.

»Warum acht?« Diese Frage stellt Richter Sebastian Bührmann Manni Borchers 2014 vor Gericht. Der Polizist zuckt mit den Schultern. »Das kam so von der Staatsanwaltschaft«, sagt er knapp. Ja, warum acht? Vielleicht, weil es mit den Fällen Katharina F. und Brigitte A. insgesamt zehn waren. Zehn ist eine runde Zahl.

Die deutsche Strafjustiz denkt erstens arbeitsökonomisch und zweitens täterorientiert. Wenn es darum geht, einen Mörder zu überführen und zu bestrafen, dann muss sie ihm einen Mord nachweisen. Sie braucht dafür nicht zehn oder gar hundert bewiesene Morde, für eine Mordverurteilung genügt ein Mord. Wenn dieser Pfleger tatsächlich weitere Patienten mit Gilurytmal getötet haben sollte und sich der Wirkstoff auch nach dem Tod nachweisen lässt, ist bei acht Exhumierungen die Wahrscheinlichkeit groß, dass es hinreichend Beweismaterial für eine Mordverurteilung geben wird. Und auf Mord steht die Strafe lebenslänglich, egal ob es sich um einen Mord, um zehn Morde oder um hundert handelt.

Acht Exhumierungen. Acht Chancen für die Ermittler, eine Mordserie aufzudecken. Lenz und Borchers fordern im Klinikum weitere Krankenakten und Dienstpläne an. Wochenlang durchforsten die Polizisten die Akten nach exemplarischen Fällen und schreiben Berichte. Im Spätsommer 2010 stellt das Amtsgericht die acht Exhumierungsbeschlüsse aus. Im Herbst 2010 finden die Exhumierungen statt. Bis Mai 2011, drei Jahre nach Lohmanns Anruf bei der Polizei und mehr als acht Jahre nach dem Tod ihrer Mutter, liegen alle toxikologischen Gutachten vor. Das Ergebnis: In vier Fällen konnten die Rechtsmediziner keine Spuren von Ajmalin finden. In vier Fällen aber schon.

Hans S., verstorben am 22. September 2003.

Christoph K., verstorben am 11. Juni 2004.
Gesine B., verstorben am 5. April 2005.
Josef Z., verstorben am 1. Juni 2005.
Und Brigitte A., verstorben am 28. März 2003.
Dringender Mordverdacht in fünf Fällen. Die Tür steht vielleicht nicht sperrangelweit offen, aber sehr viel weiter als bei Ermittlungsbeginn im Sommer 2006. Jetzt muss nur noch ein Staatsanwalt seinen Fuß hineinstellen.

Zwischenzeitlich, im Mai 2009, tritt Högel nach langen Monaten auf freiem Fuß in der Justizvollzugsanstalt Lingen, Emsland, seine Haftstrafe an, siebeneinhalb Jahre wegen versuchten Mordes an Dieter M.

Jahre später wird das Landgericht Oldenburg eine »Zeitschiene« erstellen, um die Verzögerungen im Fall Högel zu dokumentieren. Die Liste hat 97 Einträge: Akteneinsichtsgesuche, Dokumentenanforderungen, richterliche Verfügungen, Zeugenvernehmungen, so geht das 17 Druckseiten lang. Im Rückblick liest sich das schnell, doch für Kathrin Lohmann fließt die Zeit dickflüssig und zäh, es wird 2012, 2013, 2014.

Lohmann geht es wieder schlechter. Sie hat kaum noch Kraft, Hoffnung sowieso nicht. Anfang des Jahres 2014 liest sie in der Zeitung, dass es einen neuen Prozess gegen den Pfleger aus Delmenhorst geben soll. Die Staatsanwaltschaft habe Anklage in fünf Fällen erhoben, steht dort. Sie schreckt auf. Geht es dabei auch um ihren Fall? Um den Tod ihrer Mutter? Sie ruft bei der Polizei an. »Ja, das stimmt«, lautet die Antwort.

»Was kann ich tun?«, fragt Lohmann einmal. »Nehmen Sie sich eine Anwältin«, rät ihr Oliver Lenz. Als

Nebenklägerin könne sie Einfluss nehmen auf das Verfahren. Die Delmenhorster Polizisten nennen ihr einen Namen, auch wenn sie das eigentlich nicht dürfen. Aber auch ihre Geduld ist erschöpft. Sie empfehlen ihr eine Anwältin, die sich mit Opferschutz auskennt.

Im Februar 2014 betritt eine erschöpfte und verunsicherte Frau die kleine Kanzlei der Rechtsanwältin Gaby Lübben in der Delmenhorster Innenstadt. Lübben, 36 Jahre alt, hat sich gleich nach dem zweiten Staatsexamen selbstständig gemacht, seit knapp zehn Jahren führt sie ihr eigenes Büro. Im Studium hatte sie einen Schwerpunkt auf Arbeitsrecht und Steuerrecht gelegt, seit Kurzem ist sie zudem Fachanwältin für Familienrecht. Ihre wichtigste Qualifikation ist aber vermutlich Empathie. Lübben lassen andere Menschen und ihre Sorgen nicht kalt. In ihrer Freizeit engagiert sie sich im Stadtrat und im Ortsverein, seit ein paar Jahren arbeitet sie als ehrenamtliche Opferhelferin für den Weißen Ring. Die beiden Frauen sind gleich alt, sie verstehen sich auf Anhieb. Kathrin Lohmann erzählt der Anwältin vom Tod ihrer Mutter im nahen Krankenhaus, gestorben mit nur 60 Jahren, für die Tochter unerwartet und unerklärlich. Jetzt, elf Jahre danach, habe die Staatsanwaltschaft Mordanklage erhoben gegen einen früheren Mitarbeiter der Klinik. »Was soll ich tun?«, fragt Lohmann.

Lübben zuckt kurz zusammen. Mit Erbstreit oder Räumungsklagen kennt sie sich aus, aber Mord? Kriege ich das hin? Sie schaut die kleine Frau an, die da vor ihr sitzt, müde, ausgelaugt geradezu, zermürbt vom jahrelangen Kampf gegen die Mühlen der Justiz. Doch, sagt sich Lübben: Ich kriege das hin, ich muss das hinkriegen, diese Frau braucht meine Hilfe! Die Anwältin weiß, wann sie einfach nur zuhören muss, und sie weiß, wann sie Kampfgeist zeigen muss. Sie übernimmt das Mandat, sie sagt: »Ich bereite die Nebenklage vor.«

In dem kleinen Anwaltsbüro bricht Kathrin Lohmann in Tränen aus. Sie ist nicht mehr allein.

Die Anwältin macht in den nächsten Tagen, was Anwälte so machen: Sie beantragt die Zulassung als Nebenklagevertreterin beim Landgericht, sie fordert Akteneinsicht. Auf der 97 Punkte langen »Zeitschiene« des Gerichts zu den Verzögerungen im Högel-Verfahren ist der Eingang des Lübben-Schriftsatzes Punkt 93. Es geht jetzt voran, die Zeit fließt schneller.

Als Gaby Lübben die Fallakte Brigitte A. liest, ist sie fassungslos. Sie sieht, was die Delmenhorster Polizisten in den vergangenen Jahren zusammengetragen haben: die Auflistung der Sterbefälle, die Schichtpläne, die Tabellen zum Gilurytmal-Verbrauch. Tortendiagramme, Balkendiagramme, Strichlisten. Belastende Zeugenaussagen. Lübben sieht keinen Fall, in dem es um den Mord an einer 60-jährigen Patientin geht. Sie sieht eine ungeklärte Mordserie, sie sieht Hunderte mögliche Mordopfer. Sie sieht einen mutmaßlichen Serienmörder, der nach einer Haftstrafe, die er wegen einer einzigen Tat absitzen muss, vermutlich in Kürze wieder auf freiem Fuß sein wird und weitermorden könnte. Sie sieht eine jahrelang untätige Staatsanwaltschaft, der sie schon bald öffentlich eine »neunjährige Ermittlungsblockade« vorwerfen wird. Gaby Lübben ist eine junge, strafrechtlich unerfahrene Anwältin, vor ihrem Vorwurf wird sie zweifelnd zu Hause sitzen und sich fragen: Kann das alles sein? Sie wird Angst bekommen, Existenzangst, sie wird sich fragen: »Übst du jetzt Kritik? Klein-Gaby aus Delmenhorst gegen die große Staatsanwaltschaft?« Sie hat drei Kinder, einen Mann, Verantwortung für eine Mitarbeiterin in der Kanzlei.

Aber Gaby Lübben stößt die Tür auf. Neun Jahre, nachdem der Krankenpfleger Niels Högel auf frischer Tat am Bett des schwerkranken Patienten Dieter M. ertappt wurde.

III

DAS VERSAGEN DER HELFER: KLINIKUM OLDENBURG

»Wer glaubt, dass der Kollege Woche für Woche, Monat für Monat, Jahr für Jahr Menschen umbringt? Diese Menschen sind ihren Dienst angetreten, um Leben zu retten! Was wäre das für eine furchtbare Gesellschaft, in der wir immer nur das Schlechteste vom Menschen denken! Tatsache ist aber auch: Manchmal reicht das Schlimmste nicht aus, um die Wahrheit zu denken.«

Richter Sebastian Bührmann

KAPITEL 6

DAS FOTO DES TOTEN VATERS

Weser-Ems-Halle Oldenburg, Donnerstag, 22. November 2018

Am dritten Prozesstag kann Frank Brinkers dem Kerl endlich in die Augen schauen. So hatte er sich das allerdings nicht vorgestellt.

Gerechtigkeit ist ein mühsames Geschäft, kleinteilig geht das Gericht seit zwei Prozesstagen mit dem Angeklagten jeden einzelnen der 100 Mordvorwürfe durch, Krankenakte für Krankenakte. Am Tag der Urteilsbegründung wird Richter Sebastian Bührmann sagen: »Ich kam mir vor wie ein Buchhalter des Todes.« Noch aber steht der Prozess weit am Anfang, Bührmann befindet sich mitten in der grausigen Buchhalterarbeit: bei Nummer 27, Bernhard Brinkers, verstorben am 14. September 2001 um 21.30 Uhr.

Wenn Bührmann am ersten Gerichtstag von den Zumutungen gesprochen hatte, die die Angehörigen der toten Patienten in diesem Prozess erwarten würden, meinte er sicherlich so etwas wie das hier: Hilfestellung für das Gedächtnis eines Mörders. Der Angeklagte soll sich zu den Vorwürfen äußern, aber was weiß er überhaupt fast 20 Jahre nach der Tat? Woran erinnert sich ein Mörder, wenn er 100 Menschen getötet hat, vielleicht sogar 200? An ihre Namen? An ihre Gesichter? An Krankheitsbilder? An Raum, an Zeit? Kann er sich überhaupt an irgendetwas erinnern?

Die Staatsanwaltschaft hat Niels Högel ein spezielles Notebook in die Gefängniszelle bringen lassen. Strafgefangene dürfen keine Computer benutzen, aber dieser außergewöhnliche Fall erfordert außergewöhnliche Maßnahmen. So bekommt Högel einen Rechner, verplombt, kein Internetzugang, die Festplatte fast leer. Zugriff hat er nur auf Krankenakten, auf Dienstpläne, Zeiten, Orte. Die Akten sollen Högel helfen, sich zu erinnern. Er erinnert sich tatsächlich: an offene Brustkörbe, schwere Gesichtsverletzungen, ausgeprägte Fettleibigkeit, an seltene Verbandstechniken, ungewöhnliche Medikamentengaben, aufwendige Medizinapparatur. Er erinnert sich an Krankheitsbilder, an Diagnosen, an Technik.

Viel öfter aber erinnert er sich nicht. Die meisten der Toten waren als Patienten zu normal für seine Erinnerung. Sie waren Menschen mit Ehepartnern, Kindern, Eltern, einem Leben und vermutlich auch Wünschen und Träumen, die über den Krankenhausaufenthalt hinausragten, aber ohne besondere medizinische Merkmale.

Im dritten Stock des Polizeihauptgebäudes am Oldenburger Friedhofsweg, im »Audiovisuellen Vernehmungszimmer«, wie das Protokoll vermerkt, hatten sich Polizei und Staatsanwaltschaft am 25. Mai 2016 mit Högel auf das meistversprechende Vorgehen geeinigt, um seinem Gedächtnis auf die Sprünge zu helfen.

Oberstaatsanwältin: Ich kann mir vorstellen, dass es von der Erinnerung einfacher ist, wenn man das chronologisch macht. Wenn Sie sagen, Sie können sich besser an die Namen und alphabetisch erinnern, dann sind wir da flexibel.

Kriminaloberrat: Unsere Vorstellung war, dass es für Sie einfacher ist, den Zeitablauf nachzuvollziehen.

Högel: Ja.

Kriminaloberrat: Erste Tat, letzte Tat.

Högel: Jap.

Oberstaatsanwältin: Okay. Also wollen wir chronologisch anfangen.

Högel: Wobei die Jahreszahlen für mich nicht so relevant waren, mir geht es primär um den Ablauf der Tat.

Oberstaatsanwältin: Okay.

Högel: Kann ich mich überhaupt an diesen Patienten erinnern? Was darüber geholfen hat, waren auch die Patientenzimmer.

Bei Bernhard Brinkers, Nummer 27, lässt sich das Patientenzimmer nicht mehr nachvollziehen. Er war der erste Tote an einem Wochenende im September 2001, das die Ermittler das »schwarze Wochenende« nennen, weil es an diesen beiden Tagen zahlreiche Reanimationen und mehrere Tote gab.

»Erinnern Sie sich an dieses Wochenende?«, fragt Richter Bührmann den Angeklagten am dritten Prozesstag 2018.

»Ja«, antwortet Högel, »ich erinnere mich an dieses Wochenende und die sogenannte Nacht der Reanimationen. Es ging morgens tumultartig zu, weil das wirklich für alle auffällig war.«

»Erinnern Sie sich auch an Manipulationen?«, fragt der Richter weiter.

»Zwei Manipulationen«, sagt Högel. Und Bernhard Brinkers? »An den Fall habe ich keine Erinnerung«, sagt Högel.

Frank Brinkers lässt den Angeklagten nicht aus den Augen. Aber Högel schaut ihn nicht an. Er hat nur Augen für den Vorsitzenden Richter und für den Monitor mit den Krankenakten, der vor ihm auf dem Tisch steht.

Der Richter wendet sich dem nächsten Fall zu, Nummer 28, Johann L., verstorben am 15. September 2001 um 1.30 Uhr. Da leuchtet in der Reihe der Nebenklagevertreter eine Mikrofonlampe auf. Sabrina Lindwehr meldet sich zu Wort, die Anwältin von Frank Brinkers.

Lindwehr ist 30 Jahre alt. Sie ist in Lingen geboren und aufgewachsen, nach dem Jurastudium im nahen Münster ging sie zurück nach Lingen und heuerte in einer Kanzlei an. Ihre Fachgebiete sind Arbeitsrecht, Mietrecht und Verkehrsrecht, aber eines Tages fand sie diesen ungewöhnlichen Eintrag im Terminkalender: ein Mordfall. Ein großer, schwerer Mann aus Lingen-Laxten stand vor ihr und wollte sie in einer Mordsache sprechen, Tod im Krankenhaus. Mord?, dachte Lindwehr. Krankenhaus? Dieser Klinikmordfall, über den in den vergangenen Wochen so viele Medien berichtet haben? Lindwehr ist forsch und selbstbewusst, sie traut sich auch so einen Fall zu. Während ihre Delmenhorster Kollegin Gaby Lübben ihre Mandanten sorgfältig abschirmt vor der Presse, schickt Sabrina Lindwehr nach der Mandatsübernahme eine Pressemitteilung an die lokalen Medien und kündigt die Vertretung eines Angehörigen in der Klinikmordserie an.

»Herr Högel«, hebt die junge Anwältin nun mit fester Stimme an, »ich würde gern eine Erinnerungshilfe schaffen. Ich würde Ihnen gern ein Foto des Verstorbenen vorlegen.«

Im Saal schreckt Frank Brinkers hoch. Das war nicht abgesprochen, davon weiß er ja nichts! Die Anwältin bringt das Foto zur Anklagebank. Högel betrachtet es lange, er schüttelt den Kopf, er betrachtet es noch einmal. »Nein«, sagt er, »tut mir leid.«

Sabrina Lindwehr lässt nicht locker. »Was fühlen Sie, wenn Sie dieses Foto sehen?«

»Traurigkeit. Und Schuld.« Högel macht eine Pause, dann spricht er mit fast sanfter Stimme weiter. »Natürlich ist es so, wenn ich Fotos sehe von Menschen, die durch mich... durch meine Hand... das Leben verloren haben... dann sind da Gefühle: Traurigkeit, Schmerz, Leid.«

»Herr Högel, möchten Sie vielleicht ein Wort an den Sohn von Herrn Brinkers richten, der sitzt hier neben mir?« Sie zeigt auf Frank Brinkers. Brinkers richtet sich auf in seinem Sitz, er ist stolz auf seine Anwältin.

Im Saal ist es mucksmäuschenstill. Högel richtet den Blick fest auf Brinkers, die Männer sehen sich in die Augen. »Herr Brinkers«, sagt Högel, »ich kann nichts gutmachen. Es ist schwer nachzuvollziehen, was passiert ist. Ich entschuldige mich in aller Form bei Ihnen. Wenn es irgendeinen Weg geben würde zu helfen, ich würde das tun.«

Brinkers läuft es kalt den Rücken herunter. In seinem

Kopf dreht sich alles. Der Angeklagte erinnert sich nicht? Aber er entschuldigt sich? Was passiert hier?

Högel dreht den Kopf zur Richterbank. »Ich sitze hier aus voller Überzeugung, jedem einzelnen Angehörigen eine Antwort geben zu wollen«, beteuert er.

Aber eine Antwort wird nicht genügen, es sind zu viele Fragen offen. Wie viele Reanimationen es an diesem Septemberwochenende gab, als Bernhard Brinkers starb, kann niemand mehr genau nachvollziehen. Zu mindestens acht Reanimationen kam es allein bei fünf Patienten. Vier von ihnen starben noch an diesem Wochenende, einer wenige Tage später. Fiel das niemandem auf? Fiel der Pfleger Högel niemandem auf, der bei den Reanimationen immer dabei war?

»Es war grauenvoll.« So fasst Alice M.*, 54 Jahre alt, ehemalige Krankenschwester auf der herzchirurgischen Intensivstation, die Geschehnisse 2018 als Zeugin vor Gericht zusammen. Alice M., inzwischen Heilpraktikerin, ihren Beruf als Krankenschwester hat sie aufgegeben, ist etwas Besonderes in den Högel-Prozessen: eine Zeugin, die sich erinnert.

KAPITEL 7

EIN LEBENSRETTER WIRD ZUM MÖRDER

Klinikum Oldenburg, Montag, 7. Februar 2000

Wie man intubiert und reanimiert, weiß Högel aus der Zeit im Rettungsdienst, als er nach Oldenburg kommt. Das Krankenhaus in Wilhelmshaven bescheinigt ihm im Hospitations-Zeugnis für ein praktisches Jahr auf einem Notarzt-Einsatzfahrzeug (Juni 1998 bis Mai 1999) gute theoretische Kenntnisse der Anatomie, Physiologie, Pathologie und Pharmakologie.»Bemerkenswert waren die ebenfalls guten Kenntnisse bei der Patientenbeobachtung und der daraus folgenden notfallmedizinischen Relevanz«, heißt es da.

Bei Intubation, Beatmung, Schockbehandlung, Reanimation bei Herzkreislaufstillständen sowie der Punktion von peripheren Venen habe er manuelles Geschick bewiesen.»Daher können wir Herrn Högel grundlegende Kenntnisse und praktische Erfahrungen bei vital bedrohlichen Zuständen sowie der Aufrechterhaltung und Wiederherstellung bedrohter Vitalfunktionen mit den Maßnahmen der Notfallmedizin bescheinigen.«

Wie man Medikamente verwendet, hat der Pfleger

in der Ausbildung gelernt. Högel ist ein wissbegieriger Schüler; vermutlich weiß er auch schon, was passiert, wenn man Medikamente in Überdosis einsetzt. Im Beurteilungsbogen der psychiatrischen Abteilung des Rochus-Hospitals im nordrhein-westfälischen Telgte, wo Högel einen sechswöchigen Kurs absolviert, heißt es unter Punkt sechs, »Umgang mit Medikamenten, Erfassung der Reaktion auf Medikamente«: »Großes Interesse zeigt er für die Wirkung und Nebenwirkung der Medikamente.« Näheres dazu wird in der kurzen Beurteilung nicht erwähnt. Für den Kurs erhält er die Note sehr gut.

»In einer personellen Notsituation konnte ihm mit gutem Gewissen an einem Vormittag die Überwachung des Aufwachraumes anvertraut werden«, schreibt Steffen D.[*], Chefarzt am St.-Willehad-Hospital, 1999 in einer Referenz für Högel. Zeilen, die mit dem Wissen von heute irritieren. Hinweise auf Taten von Högel in Wilhelmshaven gibt es allerdings nicht.

Nach den Erkenntnissen der Ermittler beginnt Högel erst im Klinikum Oldenburg, Patienten zu manipulieren, in Not zu bringen und Reanimationen auszulösen. An seine erste Tat kann oder will er sich nicht erinnern. Högel bestreitet sogar jahrelang, in Oldenburg überhaupt manipuliert zu haben. Erst in den polizeilichen Verhören ab 2016 kommt nach und nach die grausame Wahrheit ans Licht.

Im Klinikum Oldenburg empfängt man den neuen Pfleger im Juni 1999 mit offenen Armen. Schon beim Vorstellungsgespräch werden ihm alle Intensivstationen gezeigt, erinnert er sich bei einer polizeilichen Vernehmung. »Dann sollte ich mir quasi aussuchen, wo ich arbeiten möchte.« Högel entscheidet sich für die Herzchirurgie und wird von einer Schwester mehrere Monate lang in die Hightech-Intensivmedizin eingearbeitet. Die Dinge laufen allem Anschein nach zunächst reibungslos. Högel zeigt sich engagiert, er ist bereit, sich insbesondere um schwierige Fälle zu kümmern. Das sind nicht wenige auf der Station 211, denn mit dem Eintreffen eines neuen Chefarztes im gleichen Jahr steigt die Zahl schwieriger Herzoperationen. Die Belastung auf der herzchirurgischen Intensivstation erhöht sich. Da kommt so einer wie Högel gerade recht, der bei Reanimationen schnell reagiert, der besser intubieren kann als mancher Assistenzarzt. Wenn es Patienten maximal schlecht ging, »habe ich immer als Erstes ›Hier!‹ geschrien«, sagt Högel. Viele Kollegen und Ärzte loben seine Arbeit. Seine Vorgehensweise bei Reanimationen wird als »offensiv und zupackend« beschrieben.

Der Pfleger Benno O.* schildert es so: »Aufgrund seiner allgemein bekannten Kompetenz war Herr Högel sicherlich oft an Notfallsituationen beteiligt. Insbesondere unerfahrenere Kollegen waren sicherlich froh, ihn bei Notfallsituationen unterstützend mit am Bett zu haben.«

Högel sei ein »junger Wilder« gewesen, so drückt es ein erfahrener Kollege aus. Vor allem in Notfallsituationen dreht er auf, ist oft der Erste am Notfallwagen. Die Krankenschwester Nele G.* erinnert sich 2015 bei ihrer polizeilichen Vernehmung, dass Högel bei Reanimationen »immer sehr präsent« gewesen sei. Mehr noch: »Es hätte auch die Situation entstehen können, dass Niels versucht hätte, mich von meinem Patienten zu verdrängen.«

»Was heißt ›könnte‹? Ist das passiert?«, hakt ein Vernehmungsbeamter nach.

»Ich kann mich nicht wirklich erinnern, ob das ein Patient von mir war«, antwortet sie, »aber ich kenne diese Situation, dass er das Management übernommen hat.«

Sie meint eine Situation wie diese, an die sich der Krankenpfleger Frank Lauxtermann erinnert: Notfallalarm im Aufenthaltsraum, Högel sprintet los. »Ich nehm den!«, ruft er und reißt der Kollegin den Notfallwagen aus der Hand.

Oder eine Situation wie diese, die die Krankenschwester Ursula F.* erlebt hat: Frühstückspause, der Alarm schrillt, F. springt auf und rennt los. Högel kommt von der Seite angelaufen, schubst sie beiseite und ruft: »Jetzt muss ich mich erst mal um deinen Patienten kümmern!«

»Beiseitegeschoben und vorgedrängelt«, das kennt auch Tamara W.* von Högel, »und das bei den eigenen Patienten«. Cornelia F.* sagt es allgemeiner: »Wo Reanimationen waren, da war Niels auch, ob es nun seine Patienten waren oder nicht.« Manchmal, so erinnert sich der Stationsleiter Bernd N., habe sich Högel nach Reanimationen »wie auf dem Fußballplatz« feiern lassen.

Aber nicht immer gibt es Anlass zum Feiern, häufig stirbt ein Patient. Einmal, nach einer Nachtdienstreihe mit fast täglich einem Todesfall, kommt der Kollege Torsten J. aus einem der Krankenzimmer und spricht Högel als »Sensen-Högel« an. Högel findet den Spitznamen nicht witzig. Nele G. steht daneben, sie erinnert sich an den Beschwichtigungsversuch der Kollegen: »Immer, wenn du dabei bist, haben wir hier Action.«

Im Herbst 1999 verändert sich etwas bei Högel, das nur schwer zu fassen ist. Er habe sich an den falschen Leuten orientiert, sagt er im Rückblick. Er spricht von Kollegen, die über viel Fachwissen und große Routine verfügten, aber »psychisch auffällig« gewesen seien. Worin diese Auffälligkeiten bestehen, erläutert Högel nicht. »Ich sehe nur, da ist so viel falsch gelaufen«, sagt er vor Gericht. Die Herzchirurgie ist so etwas wie die Vorzeigeabteilung im Klinikum, hier gibt es besonders anspruchsvolle Fälle, hier wird viel Geld umgesetzt. Zahlreiche Pflegekräfte sind aus anderen Kliniken nach Oldenburg gekommen, um hier arbeiten zu können. Die Mitarbeiter empfinden sich teilweise selbst als eine Art Elite, sie werden aber auch von außen oft als Elite wahrgenommen.

Er habe den Ehrgeiz verspürt, Teil dieser Elite zu sein, sagt Högel. Deshalb will er möglichst schnell eine Fachausbildung zum Intensivpfleger absolvieren. Er möchte einer der Besten sein und weit oben in der Hierarchie der Pflegekräfte stehen.

Irgendwann habe er erstmals den Gedanken gehabt, Reanimationen selbst herbeizuführen – und diesen sofort umgesetzt. Zwischen der Idee und der Tat sei nur eine halbe Stunde vergangen, behauptet er. Als die ersten Reanimationen gelingen, habe er sich gut gefühlt, »wie ein Held«.

In solchen Situationen habe er »viel Adrenalin« gehabt, habe hinterher Lob und Anerkennung bekommen, sich stark fühlen können, schreibt Susanne B. von der Justizvollzugsanstalt Hannover im Jahr 2011 in einem psychologischen Gutachten über Högel. Dieser »angenehme Erschöpfungszustand« habe seinen »Akku aufgeladen«, er habe nichts anderes mehr zur Bestätigung gebraucht. Eine gelungene Reanimation sei für ihn wie ein schönes Tor im Fußball gewesen, die Arbeit eine »Aufladestation« für Anerkennung und Stolz.

B. kann zu diesem Zeitpunkt das Ausmaß der Taten nicht annähernd abschätzen. Man muss davon ausgehen, dass Högel auch sie nach Strich und Faden belogen hat. »Gern hat er sich als besonders kompetent hervorgetan, hat kaum noch einen Unterschied zwischen seiner Tätigkeit und der Arbeit der Ärzte gesehen«, notiert die Psychologin.

Högel habe die Anerkennung der Kollegen gebraucht, er habe gewollt, dass die Leute Respekt vor ihm bekommen, so stelle er es immer wieder dar. Die Manipulationen seien so etwas wie »ein kleiner Wettkampf« für ihn gewesen, sagt er einmal.

Doch was Högel als Wettkampf verharmlost, ist in Wahrheit ein Spiel um Leben und Tod – mit der bedeutenden Einschränkung, dass es nicht sein eigenes Leben ist, mit dem er spielt. Sondern das wehrloser Menschen.

Wie oft Högel Patienten in den ersten Monaten in Oldenburg durch Medikamente in Not gebracht und selbst gerettet hat, ist unbekannt. Nach den Erkenntnissen der Ermittler siegt der Tod erstmals am 7. Februar 2000. Es ist ein Montag. Auf der Intensivstation des Klinikums Oldenburg versorgt die Frühschicht seit Stunden die wenigen Patienten. Alles geht seinen gewohnten Gang. Gegen elf Uhr steht Högel am Bett der Patientin Else S., die nach einer Operation schon seit Anfang Januar auf der Station 211 liegt. Er verabreicht der 77-Jährigen ohne ärztliche Anordnung und ohne Indikation das Medikament Lidocain. Der Herzschlag verlangsamt sich, der Kreislauf versagt, so wie es Högel beabsichtigt. Was er vermutlich nicht beabsichtigt hat, ist der Ausgang der Reanimation. Sie misslingt ihm, Else S. stirbt unter seinen Händen. Ihr Tod wird mehr als 18 Jahre später Anklagepunkt Nummer eins im vierten Prozess gegen den Todespfleger sein. Högel, so heißt es in der Mordanklage, habe ihren Tod billigend in Kauf genommen.

»Wenn es die Polizei so ermittelt hat, dann gehe ich davon aus, dass es sich hier um den ersten Sterbefall handelt«, sagt Högel bei Vernehmungen. Eine konkrete Erinnerung daran habe er allerdings nicht. Vermutlich habe er Kalium genommen, denn am Anfang habe er immer Kalium verwendet. Bei Frau S. sei aber Lidocain nachgewiesen worden, halten die Ermittler ihm vor. Kein Arzt habe dieses Mittel verordnet. Wenn sich Högel daran erinnert, bei seiner ersten Manipulation Kalium verwendet zu haben, nicht aber im Fall von Else S. – war S. dann gar nicht sein erstes Opfer? Diese Frage ist bis heute nicht beantwortet.

Als es das erste Mal schiefging, habe er sich schlecht gefühlt, »ohnmächtig und ängstlich«, sagt Högel. Er habe sich bis dato nicht vorstellen können, die Lage nicht im Griff zu haben. »Das kann doch gar nicht sein, dass man das jetzt nicht beherrschen konnte.« Doch wenn es stimmt, dass Högel ein ungutes Gefühl hatte, verschwindet es schnell wieder. Der Drang nach Anerkennung und Respekt ist größer.

Högel will mit gelungenen Reanimationen auch Frauen

imponieren. Mit zwei Kolleginnen hat er in dieser Zeit Beziehungen. Ihm ist wichtig, gut dazustehen, begehrt und bewundert zu werden. Er wollte seine Kollegin Ilona* beeindrucken, begründet er einmal die Motivation für eine Tat: »Das war dieses Imponiergehabe gegenüber Schwester Ilona.«

Wie Högel sich verhält, wenn er einmal nicht die Hauptrolle spielt, daran erinnert sich Schwester Petra*, die zweite Kollegin, mit der er zusammen war. Sie erzählt von gemeinsamen Besuchen von Freunden oder ihrer Familie. Wenn Högel nicht im Mittelpunkt stehen konnte, »dann wurde ihm schlecht, schwindlig, ihm ging's auf einmal gar nicht mehr gut, er musste sich hinlegen«. Organisch habe man bei Högel nichts feststellen können, aber ein Arzt haben ihm ein Antidepressivum verschrieben.

Högel selbst bringt immer wieder Medikamente und Alkohol ins Spiel, um sein Verhalten zu erklären und vermutlich auch zu rechtfertigen. Allerdings gibt es keine Zeugenaussage von Kollegen, die ihn im Dienst alkoholisiert erlebt hätten. Im Gegenteil: Der Richter, der diese Frage im Prozess immer wieder stellt, hört stets, dass Högel voll einsatzfähig gewesen sei. Dem Missbrauch von Alkohol und Tramal, einem verschreibungspflichtigen Schmerzmedikament, gibt Högel auch die Schuld für das Ende seiner Beziehung mit einer Krankenschwesternschülerin, mit der er vor dem Wechsel nach Oldenburg zusammen war. Die Ausbildung zum Rettungsassistenten, gleichzeitig die Arbeit im Krankenhaus, viele Nachtdienste – in dieser Situation habe er immer mehr geschluckt, sei »tranig« und »reizbar« geworden.

Im Anschluss an die Nachtdienste fährt Högel nach

eigener Schilderung meist zu einer Tankstelle, kauft sich etwas zu essen und Bier, Alkopops oder Flachmänner. Er habe in diesem Lebensabschnitt »gut getrunken« beziehungsweise sich nach der Arbeit »vollgedröhnt«. Die Schwesternschülerin trennt sich von ihm.

Solche Lebensabschnitte kommen in den Erzählungen von Högel immer wieder vor. Man gewinnt den Eindruck, dass er hier an einer Legende strickt. Es ist die Legende vom unbedarften jungen Pfleger, der gestresst und gehetzt ist durch die herzlose Hochleistungsmedizin, der unter Liebeskummer leidet und sich in der fremden Stadt verloren fühlt. Aushalten kann er das nur durch innere Betäubung. Vielleicht erhofft er sich davon eine mildere Beurteilung durch das Gericht oder in der Öffentlichkeit.

Doch Högel war nie ein Opfer, er war nie psychisch krank, er hat nicht mehr getrunken als viele andere in seinem Alter. Högel war immer voll schuldfähig. Das haben mehrere Gutachten bestätigt. Er selbst sieht sich so: Zwischen 1994 und 2004, zwischen seiner Schulzeit und der Zeit als Intensivpfleger, sei er abgestumpft und »mutiert«. »Warum ich letzten Endes so empathielos war und so eiskalt, ich weiß es einfach nicht. Zumal ich so ja auch nicht aufgewachsen bin, ohne menschliche Wärme«, sagt er.

Im Kreis der Kollegen dagegen ist Högel durchaus in der Lage, Wärme zu zeigen und Empathie zu entwickeln. Die meisten in Oldenburg beurteilen ihn positiv, sie mögen ihn. Högel wird als hilfsbereit und freundlich beschrieben. Denen, die ihn unsympathisch finden, ist er vor allem zu laut, extrovertiert und angeberisch.

Pfleger Rüdiger A.* erinnert sich an einen sportlichen,

sympathischen und hilfsbereiten jungen Mann, charmant gegenüber Frauen und vor allem sehr lernfähig. Die Ärztin Milena S.* beschreibt ihn als »Heißdüse«, so wie viele junge Mitarbeiter, die in diesem apparatetechnisch sehr geprägten Bereich arbeiteten.

Der Pfleger Robert H.* fand Högel sehr lustig, aber auch rast- und ruhelos. H. erinnert sich an die Rückfahrt von einem gemeinsamen Fußballturnier in Kassel, bei der Högel die ganze Zeit geredet habe. »Jeder dachte wahrscheinlich nur: Halt doch mal die Klappe.«

So menschlich wie der Kontakt zu den Kollegen ist, so entmenschlicht ist Högels Umgang mit den Patienten in der Intensivmedizin. Auf seine Station seien die frisch Operierten gekommen, typischerweise intubiert, sediert und »jenseits von Gut und Böse«, jedenfalls nicht ansprechbar. So beschreibt Högel gegenüber dem Gutachter Karyofilis 2014 seine Arbeitsbedingungen auf der Station 211.

Patienten, die länger als 24 Stunden in seinem Bereich lagen, hätten als »Langlieger« gegolten. Eine persönliche Beziehung zu Patienten habe er nicht aufgenommen. Ziel sei es gewesen, dass die Patienten möglichst schnell aufgeweckt, extubiert und weiterverlegt werden konnten, um den Intensivplatz für den nächsten frisch operierten Patienten freizumachen. »Ich habe den Monitor behandelt und gepflegt«, erzählt Högel. Es ging ihm um die Technik. Der Mensch, der hilfsbedürftige Patient, stand bei ihm nicht im Vordergrund.

Schwester Steffi L.*: »Niels war gut. Medizinisch gesehen hat er alles gemacht, pflegerisch nicht. Er hat beispielsweise die Patienten einfach liegen gelassen, sie nicht gewaschen oder auch mal kein Essen gebracht. Das weiß ich, weil wir morgens beispielsweise die Patienten zunächst waschen, für die wir zuständig sind, Niels war dann immer schon nach fünf oder zehn Minuten fertig und saß am Schreibtisch.«

Schwester Nicole M.*: »Brigitte hatte mir erzählt, dass Niels den Patienten nach seinem Versterben sofort aus dem Zimmer geschoben und anschließend in diesem Zimmer Fernsehen geschaut hat.«

Gutachterin B. schreibt, Högel habe als »Hardcore-Intensivpfleger unmerklich seine Berufsauffassung verändert«. Die Patienten hätten für ihn bald »keine menschlichen Attribute« mehr gehabt. Ein guter Patient sei für ihn einer gewesen, bei dem ein »grünes OP-Tuch drüberliegt«. Es sei so weit gekommen, dass es ihn schon genervt habe, wenn Patienten ihn nur ansprachen.

Auch mit 18 Jahren Abstand hat sich an Högels Blick auf seine früheren Patienten offenbar nichts geändert. Bei seiner Vernehmung nennt er eine übergewichtige Patientin einmal »quadratisch, praktisch, gut«. Andere Krankenpfleger würden sich vielleicht an die Ängste oder Schmerzen ihrer Patienten erinnern. Vielleicht an ihre Gesichter. Oder sie hätten Bilder besorgter Angehöriger vor Augen, von Kindern und Enkeln, die Trostkarten oder Blumen mitbringen. Högel nicht, wie sich bei seiner Aussage im Prozess 2018 zeigt. Er erinnert sich nicht an Menschen oder Schicksale, sondern bestenfalls an Fälle. An außergewöhnliche Behandlungstechniken, die sein medizinisches Interesse weckten, oder an besonders eindrucksvolle Szenen an den Krankenbetten.

Wie bei Margaretha E.* zum Beispiel, gestorben am 26. Juli 2000 durch eine Überdosis Lidocain im Klinikum Oldenburg. Als Högel auf sie angesprochen wird, sieht er einen offenen Brustkorb vor sich, den Vakuumverband, »diesen speziellen Verband«, und die intraaortale Ballonpumpe, »ich hatte davon schon gehört«. Högel kann sich auch an Antonius R.* erinnern, gestorben am 27. Dezember 2000 an einer Überdosis Kalium: Bei R. gab es diese »massive Durchblutungsstörung im Gehirn«, »das hatte ich so vorher auch noch nicht gesehen«.

An Anton G.*, gestorben am 17. April 2001 nach einer Überdosis Ajmalin, erinnert sich Högel ebenfalls: G. wurde mit Elektroschocks reanimiert, zuerst über Elektroden am Kopf, dann per Elektrosonde direkt am Herzen, eingeführt über die große Vene. »Das habe ich vorher wohl schon mal gesehen, aber noch nie mitgemacht.«

Högel erinnert sich auch eine Patientin, die beatmet werden muss, ihren Namen weiß er angeblich nicht mehr. »Sie war noch nicht mal ganz im Zimmer, und ich habe das EKG angeschlossen.« Ihr Allgemeinzustand sei erschreckend schlecht gewesen. In solchen Fällen sei es ihm leichter gefallen, sich für eine Manipulation zu entscheiden.

Nachdem das Töten einmal begonnen hat, ist Högel nicht mehr zu stoppen. Weil es niemand bemerkt? Weil es niemand wahrhaben will? Als er immer weitere Patienten manipuliert, als die Stimmung im Klinikum im September 2001 gereizter und die Chefetage nervöser wird, als Gerede aufkommt, steigert sich Högel in einen wahren Mordrausch. »Ich war damals der Meinung, das passt. Wenn eh jetzt schon so viel los ist, dann setzen wir noch mal einen obendrauf.«

So kommt es zum »schwarzen Wochenende«.

KAPITEL 8

EIN SCHWARZES WOCHENENDE

Klinikum Oldenburg, Freitag, 14. September 2001

»Wir mussten fast von Zimmer zu Zimmer springen... jemand war hergestellt oder verstorben, dann ging es schon wieder los. Jemand sagte: Jetzt fehlt nur noch Zimmer neun, dass da auch noch die Reanimation losgeht... in dem Moment passierte es... ich dachte, hier spukt's.« Kein Husten oder Räuspern, kaum ein Atmen ist zu hören im Festsaal der Weser-Ems-Halle, als sich die Zeugin fast 18 Jahre danach an jene gespenstische Nacht auf Station 211 erinnert.

37 Jahre alt ist Alice M. im September 2001, seit 16 Jahren Krankenschwester, eine erfahrene Kraft. Sie hat in Kliniken im Rheinland gearbeitet, in Berlin und am Bodensee, bevor sie in den Norden zog, sie hat eine respektable Zahl an Intensivstationen gesehen. Aber so etwas wie in Oldenburg sah sie noch nie: sechs Reanimationen in einer einzigen Nacht, »hintereinander weg«, erinnert sie sich.

Eine Intensivstation ist ein sachliches Arbeitsumfeld. Die Wände sind weiß, in Oldenburg kommt in manchen

Räumen ein wenig Gelb hinzu, an Betten und Schränken mitunter ein Blauton. Vor dem nackten Weiß steht Medizintechnik, Kabel hängen herunter, Monitore spenden kaltes Licht. Von der Schleuse am Eingang führt ein langer Flur zum Tresen der zentralen Überwachung der Station 211, rechts liegen die Bettplätze der frisch operierten Patienten. Schräg gegenüber dem Überwachungstresen hängen Röntgenbilder an der Wand, darunter steht der Notfallwagen.

Auf einer herzchirurgischen Intensivstation liegen schwerkranke Menschen, der Tod gehört für Pflegekräfte und Ärzte zum Alltag. Ebenso wie lebensrettende Maßnahmen, die manchmal gelingen und manchmal vergeblich bleiben. Als die Polizei ab 2014 Hunderte Krankenhausmitarbeiter vernimmt, fragt sie, wie viele Reanimationen in einer einzigen Nacht sie als normal empfinden würden. Eine Zeugin meint: »Eine am Tag vielleicht.« Eine zweite Zeugin sagt: »Mehr als zwei Reanimationen pro Schicht habe ich persönlich noch nicht erlebt.« Ein dritter Zeuge hält »eine Dreierserie« schon für viel – er meint drei Reanimationen in einer Woche. Sechs Reanimationen, so wie in der Nacht vom 14. auf den 15. September 2001, findet keiner der Befragten normal.

Am Ende dieser Nacht empfangen Högel und Torsten J. den Frühdienst zur Übergabe – »schweißgebadet im Türrahmen«, so erinnert sich die Krankenschwester Petra E. Sie fühlt sich wie eine Zuschauerin in einem Theaterspiel, als die beiden ihr vorstöhnen: »Was für ein Nachtdienst! Wir hatten sechs Reanimationen!«

Reanimationen werden nicht zentral dokumentiert in

der Klinik, deshalb lassen sich die Geschehnisse des Wochenendes nicht lückenlos rekonstruieren. Die Ermittler gehen nach Auswertung der Krankenakten davon aus, dass in den beiden Nächten mindestens fünf Patienten insgesamt acht Mal reanimiert wurden. Vier Patienten starben an dem Wochenende, ein fünfter starb knapp eine Woche später.

Alice M. ist eine nüchterne Erzählerin. Sie hat den Pflegeberuf vor vielen Jahren aufgegeben, heute arbeitet sie als Heilpraktikerin. Zu den Kollegen von damals hat sie keinen Kontakt mehr, mit einer Ausnahme, von der sie als Freundin spricht und nicht als Kollegin. Vor Gericht und bei den polizeilichen Vernehmungen wirkt sie weder wie eine Frau, die Rücksicht nehmen möchte, noch wie jemand, der Rechnungen offen hat, sie wirkt nicht ängstlich, nicht nervös, nicht wie auf der Suche nach öffentlicher Aufmerksamkeit. Als die Polizei sie bei einer Vernehmung mit Gerüchten über Högel konfrontierte, die angeblich auf der Station kursierten, antwortete sie knapp: »Ich bin ein Mensch, der auf Geschwätz nichts gibt.«

Alice M. wirkt wie eine Frau, die einfach ihren Job erledigt, ob auf der Intensivstation oder jetzt im Zeugenstand. Sachlich beschreibt sie Högel: »hilfsbereit, arbeitstüchtig, pünktlich, ein freundlicher Mensch«. Für sie war er »ein unauffälliger Mann«, ein junger Kollege halt. Dass er bei Notfällen häufig der Erste am Bett war, stets bereit zum Reanimieren, nun ja: »Junge Leute tun das ja immer gern, auf Intensivstationen«, sagt sie.

Aber dann kam diese Nacht, »wo ich stutzig wurde«, wie Alice M. sagt.

Sechs Reanimationen sind so besonders, »dann läuft

ja nichts mehr regelgerecht«, sagt sie, »das ist dann nur noch Reagieren auf die Situation«. Wer bei welcher Reanimation wo am Bett stand in dieser Nacht, welcher Arzt dabei war und welcher Pfleger, das weiß sie alles nicht mehr. »Jemand holt Spritzen, jemand holt den Defibrillator, jemand geht an die Geräte, jemand macht Herzdruckmassage, jemand holt den Arzt«, sagt sie. Ausnahmezustand.

Nichts läuft mehr regelgerecht, aber auffällig regelfern verhält sich nach ihrer Schilderung in dieser Nacht der junge Kollege Högel: Er steht an einem Patientenbett, Kopfende, in der Hand hält er eine Spritze, er setzt sie an den zentralen Venenkatheter.

»Was willst du da spritzen?«, fragt Alice M. überrascht.

»Xylocain«, antwortet Högel.

M.: »Nein, wir müssen auf den Arzt warten!«

Högel: »Das dauert doch, bis der hier ist!«

M., bestimmt: »Nein, wir warten auf ihn! Die Zeit haben wir! Und er sagt uns dann, was zu tun ist!«

Xylocain ist ein Anästhetikum und ein Antiarrythmikum, wie Gilurytmal kann es Leben retten oder Leben beenden – je nachdem, wann und in welcher Dosierung es gespritzt wird. Vielleicht hat Alice M. einem Patienten mit ihrer Beharrlichkeit in dieser Nacht das Leben gerettet. Nachvollziehen lässt sich das anhand der Krankenakten nicht mehr, M. erinnert sich nicht mehr an den Patienten oder sein Zimmer.

Sechs Reanimationen in einer einzigen Nacht, das ist so besonders, dass ein erfahrener Oberarzt mittleren Alters morgens plötzlich an einem der Betten stehen bleibt und sagt: »Mein Gott, was ist hier bloß los?« Der

Pfleger Rainer O., noch neu auf der Station, fragt sich: »Wo bist du hier gelandet?« Sechs Reanimationen und fünf Tote, das ist sogar für erfahrene Mordermittler so besonders, dass sie später nicht mehr das Datum nennen, wenn sie von dieser Nacht und diesem Wochenende sprechen. Sie haben neue Namen gefunden: »die Nacht der Reanimationen«, »das schwarze Wochenende«, »das Horrorwochenende«.

Dieses Wochenende ist so besonders, dass es auffällt. Der Arzt Tarek A.* sagt 2015: »Ich weiß noch, dass ich von einem zum nächsten Patienten gerufen wurde und man die ganze Nacht kein Auge zumachen konnte.« Der Arzt Sören A.* erinnert sich an sein Mitleid mit dem diensthabenden Assistenzarzt auf der Station: »Er wirkte sehr niedergeschlagen, weil ihm ein Patient nach dem anderen verstarb.« Angehörige müssen informiert werden. Fassungslose Menschen kommen in der Nacht ins Krankenhaus. Kinder der Toten, so wie Frank Brinkers, der Sohn des um 21.30 Uhr verstorbenen Bernhard Brinkers. Noch 14 Jahre danach erinnert sich Tarek A., »dass wir bei der Übergabe am Morgen im großen Kreis besprochen haben, dass aufgrund der besonderen Situation der letzten Nacht durch das Pflegepersonal Gedächtnisprotokolle gefertigt werden sollten. Ich kann mich aber nicht mehr daran erinnern, ob das gemacht worden ist und wo diese Protokolle gelandet sind«.

Kein Geschäftsführer oder Verwaltungsmitarbeiter, kein Arzt, kein Pfleger kann etwas dafür, wenn ein Krankenpfleger in seiner Klinik, auf seiner Station, in seiner Schicht heimtückisch Patienten tötet. Sie sind angetreten, um Menschen zu helfen, Krankheiten zu heilen,

Leben zu retten. Keiner von ihnen hat einem der verstorbenen Patienten unerlaubt ein gefährliches Medikament gespritzt, keiner von ihnen hat gar einen der Patienten getötet. Im Gegenteil: Viele Ärzte und Pflegekräfte haben alles getan, um die plötzlich in eine Notlage geratenen Patienten zu retten, sie waren bei den Reanimationen dabei. Aber auch wenn keiner von ihnen für die Mordtaten eines Kollegen verantwortlich ist, bleibt doch die Frage, ob sie die Taten hätten verhindern können. Genau genommen sind es drei Fragen, die dafür beantwortet werden müssen:
1. Gab es Hinweise, dass ein Kollege Patienten schädigte?
2. Falls ja, hätten die Kollegen die Hinweise sehen können, sehen müssen?
3. Ergab sich aus den Hinweisen eine Verpflichtung für die Kollegen zum Handeln?

Die Antwort auf die erste der drei Fragen lautet: Ja, es gab Hinweise.

Im Mordprozess gegen Niels Högel sagen viele Zeugen aus dem Klinikum Oldenburg aus, die ein schlechtes Erinnerungsvermögen haben, jedenfalls wenn es um ihre gemeinsamen Jahre mit Högel geht. Am neunten Prozesstag im Festsaal der Weser-Ems-Halle sind die Gedächtnisschwächen der Oldenburger Zeugen so ausgeprägt, dass der Anwalt eines Nebenklägers wütend ruft: »Mir platzt hier gleich der Kragen!« Ein anderer Anwalt schließt sich an und schimpft über Zeugen »aus dem Reich der Ahnungslosen«.

Es gibt Menschen, die sich detailliert an Vorgänge erinnern können, die 20, 40 oder sogar 60 Jahre zurückliegen. Wenn jemand vor Gericht sagt, er könne sich an etwas nicht erinnern, hat das zumeist einen der folgenden drei Gründe. Erstens: Er kann sich nicht erinnern, weil nichts geschehen ist. Zweitens: Es ist vielleicht etwas geschehen, aber es war nicht auffällig oder wichtig genug, um sich daran zu erinnern. Drittens: Er will sich nicht erinnern. Zum Beispiel, weil er sich nicht selbst mit möglichen strafrechtlichen Vorwürfen belasten will. Dass dieses Risiko einige der Zeugen beschäftigt, zeigt ihr Verhalten bei den Vernehmungen durch die Polizei und bei ihren Befragungen vor Gericht. Einige der ehemaligen Kollegen von Högel bringen zum Gerichtstermin einen Zeugenbeistand mit, bei dem sie sich vor Antworten rückversichern. Andere sitzen mit ihrem Anwalt bei der Polizei und können sich plötzlich nicht mehr an ihre Aussagen bei der ersten Vernehmung vor drei Jahren erinnern. Der Anwalt eines Arztes erklärt dies stellvertretend für seinen Mandanten den Polizisten: »Und selbst wenn er sich damals noch an Dinge erinnerte, dann heißt es nicht, dass er das jetzt noch tut. Man muss sich ja auch mal überlegen, dass man damals nicht wusste, dass es heute mal wichtig wird.« Wieder andere sitzen ohne Anwalt im Gerichtssaal, schweigen aber mit verschränkten Armen, bis der Richter es leid ist und er einer Zeugin eine Vereidigung androht. »Ich weiß nicht, was ich sagen darf und was ich nicht sagen darf«, rechtfertigt sich daraufhin die Zeugin im Januar 2019 unter Tränen. »Ich habe die Befürchtung, dass ich mich da selbst reinreiße!«

Die Zeugin Alice M. hat diese Befürchtungen nicht, als sie vor Gericht aussagt. In der »Nacht der Reanimationen«, so erinnert sie sich, sei sie irgendwann wütend geworden. Ein Oberarzt habe sie und ihre Kollegin gefragt: »Was treibt ihr hier eigentlich?« Sie habe ihn daraufhin angeraunzt: »Wir versuchen hier, Leben zu retten! Vielleicht fragt ihr euch erst mal, was hier los ist!«

Ja, was ist los auf Station 211? Diese Frage stellt sich in den nächsten Wochen tatsächlich jemand.

KAPITEL 9

DIE STRICHLISTE

Klinikum Oldenburg, Montag, 29. Oktober 2001

Im Herbst 2001 befindet sich das Klinikum Oldenburg im Krisenmodus. Zwei Todesfälle haben das Krankenhaus und die Stadt erschüttert: Ein 38-jähriger Mann und eine 59-jährige Frau sind an den Folgen einer Hirnhautentzündung gestorben, nachdem ihnen ein verunreinigtes Kontrastmittel gespritzt wurde. Die Staatsanwaltschaft ermittelt, die Lokalpresse berichtet, auch überregionale Medien interessieren sich zunehmend für den »Oldenburger Hygieneskandal«, wie er bald genannt wird. Am 29. Oktober 2001 erscheint im Nachrichtenmagazin »*Der Spiegel*«, damalige Auflage 1,1 Millionen Exemplare, eine mehrseitige Recherche zum Thema. Titel: »Schlamperei mit Todesfolge«.

Klinikchef Rudolf M. steht unter Druck, er hat das Krisenmanagement im Hygieneskandal vollständig an sich gezogen. Er allein spricht mit der Presse. Gegenüber der lokalen *Nordwest-Zeitung* räumt er ein, dass alle Kontrollmechanismen versagt hätten. Er spricht von »einem gewissen Maß an Sorglosigkeit«, er gibt eine Verschärfung der Hygienevorschriften bekannt. In der Region verlieren Menschen das Vertrauen ins Klinikum, im Interview mit der Zeitung gibt M. zu: »Wir haben mehrere Anrufe verunsicherter Patienten erhalten.« M. zieht öffentlichkeitswirksame Konsequenzen: Mitte August entlässt er zwei Mediziner aus der Radiologie fristlos, den zuständigen Chefarzt und eine Oberärztin. Die Stimmung im Haus ist angespannt, Mitarbeiter berichten später von »Schock« und von »Angst«. Monatelang wagt es kein Kollege, Kontakt zum geschassten Chefarzt aufzunehmen, der immerhin sieben Jahre lang in Oldenburg im Amt war und als gut vernetzt galt.

Eines kann das kriselnde Krankenhaus in dieser Situation auf keinen Fall brauchen: einen weiteren Skandal, neue Negativschlagzeilen.

In Oldenburg ist das Recht an vielen Orten zu Hause. Weil die schmucken historischen Gebäude im Gerichtsviertel ebenso wie die An- und Neubauten aus den 60er-Jahren schon lange aus allen Nähten platzen, finden sich Nebenstellen der Justiz über die halbe Stadt verteilt. Das Büro von Oberstaatsanwältin Daniela Schiereck-Bohlmann liegt im Bahnhofsviertel zwischen Hauptpost, Versicherungen und alternativer Kultur, ein Zweckbau aus Klinkersteinen in der Rosenstraße. Die Adresse verspricht mehr, als sie halten kann: Blumen wachsen hier keine zwischen Beton und Parkplatzpflaster, der Straßenname geht zurück auf die Oldenburger Kaufmannsfamilie Rose.

Am frühen Vormittag des 26. April 2016 meldet sich an der Pforte der Rosenstraße 13 eine Rechtsanwältin der Beratungsgesellschaft PwC. Sie hatte zuvor telefonisch um ein persönliches Treffen mit Schiereck-Bohlmann gebeten. Die Anwältin soll im Auftrag des Klinikums Oldenburg Dokumente übergeben, die sie nicht per Post oder E-Mail verschicken will. Es handelt sich um sechs schlecht kopierte DIN-A4-Blätter, die 15 Jahre lang in verschiedenen Schubkästen oder Regalen überdauert haben, zuletzt im Büro des neuen Klinikchefs Dr. Dirk Tenzer. Der habe ihnen aber zunächst keine weitere Bedeutung beigemessen, erklärt die Rechtsanwältin.

Keine weitere Bedeutung? Die Oberstaatsanwältin und der eigens zum Übergabetermin angereiste Kriminaloberrat Arne Schmidt, Leiter der Sonderkommission Kardio, staunen, als sie die Dokumente sehen.

Die ersten beiden Blätter zeigen eine maschinell erstellte Tabelle mit den Namen von 49 Pflegekräften der herzchirurgischen Intensivstation, handschriftlich ergänzt um 13 weitere Mitarbeiternamen. Hinter den Namen stehen handschriftliche Zählstriche. Auf den nächsten drei Seiten stehen ebenfalls Namen, durchnummeriert bis 47. Hinter den Namen finden sich manchmal Kreuze, insgesamt 33, manchmal das Wort »verlegt«, außerdem Datumsangaben zwischen Januar und Oktober 2001, Uhrzeiten, Abstreichhaken. Bei diesen 47 Namen handelt es sich um Patienten. Einige von ihnen werden sich später in der Mordanklage gegen Niels Högel wiederfinden.

Angelegt hat die Liste Bernd N., der Leiter der Station 211, im Jahr 2001. Als die Polizei ihn einen Monat nach dem Termin in der Rosenstraße dazu befragt, erinnert er sich schwerfällig an die Systematik seiner Tabelle. »Mein Gott«, sagt er, »das ist 15 Jahre her.« Er erklärt: Auf Liste eins habe er wohl Mitarbeiter erfasst, die in Schichten mit Reanimations- und Todesfällen Dienst hatten, auf Liste zwei Sterbefälle, Reanimationen und Verlegungen von Patienten.

Die meisten Zählstriche stehen hinter dem Namen des Pflegers Högel: 18. Auf Platz zwei folgt mit weitem Abstand sein Freund und Kollege Torsten J.: zehn Striche. Jeweils drei Pflegekräfte kommen auf neun und acht Striche. Bei den anderen 54 Kolleginnen und Kollegen sind deutlich weniger Striche verzeichnet, manchmal kein einziger.

Warum gleicht ein Stationsleiter die Anwesenheit seiner Pflegekräfte per Zählstrich mit Sterbe- und Reanimationszeiten von Patienten ab? Gab es einen Verdacht, ein Mitarbeiter oder eine Mitarbeiterin könne etwas mit einer erhöhten Anzahl an Reanimationen und Todesfällen zu tun haben? Gab es einen konkreten Verdacht gegen eine Person? Gab es im Klinikum Oldenburg, lange vor den Morden in Delmenhorst, einen Verdacht gegen den Pfleger Niels Högel?

Stationsleiter N. erinnert sich, dass der Chefarzt ihn »nach einem Wochenende mit besonders vielen Reanimationen« beauftragt habe zu »überprüfen, ob es Unregelmäßigkeiten gibt«. Um eine konkrete Person sei es dabei nicht gegangen, beteuert er. Auch der Chefarzt selbst bestätigt gegenüber der Polizei, eine »statistische Analyse« in Auftrag gegeben zu haben. Der Stationsleiter wälzte dafür Akten und Dienstpläne. Eine anstrengende Aufgabe, die offenbar mindestens eine Konsequenz hatte: Nach dem »schwarzen Wochenende« finden sich keine handschriftlichen Dienstpläne mehr in den Unterlagen, sondern maschinell erstellte.

In jenen Wochen, so erinnern sich mehrere Pflegekräfte, habe es auf der Station Diskussionen über eine erhöhte Anzahl an Reanimationen gegeben. »Ich weiß noch, dass wir im Flur gestanden haben und darüber diskutiert haben, dass das schon wieder eine Reanimation ist, dass das gehäuft auftritt«, berichtet die Krankenschwester Anna M*. Auch andere Kollegen erinnern sich, »dass es mehr Reanimationen gegeben hat«. Der Pfleger Alex S.* erwähnt sogar »eine auffällig höhere Sterberate«. Zugleich gab es in der Ärzteschaft Gespräche über unerklärlich hohe Kaliumwerte. »Ich kann mich daran erinnern, dass in dieser Nacht die Kaliumwerte die häufigste Ursache für die Reanimationen war«, sagt einer der diensthabenden Ärzte, Tarek A., mit Blick auf das »schwarze Wochenende«. Jahre später wird sich herausstellen, dass Kalium eines der Mittel war, mit dem Högel in Oldenburg Patienten tötete.

Es soll sogar eine Konferenz gegeben haben, auf der das Thema Kalium besprochen wurde. An diese »Kaliumkonferenz«, wie die Ermittler sie später nennen, erinnern sich allerdings nur wenige Mitarbeiter, obwohl zahlreiche Ärzte und Pflegekräfte teilgenommen haben sollen. Auch bei dieser Konferenz sei es nicht um einen Verdacht gegen Mitarbeiter gegangen, sagen die wenigen Zeugen. Lediglich ein Teilnehmer nahm das anders wahr: Niels Högel. »Jetzt kommen sie mir auf die Schliche« – dieses Gefühl habe er bei der Konferenz gehabt, so sagt er es vor Gericht aus.

Der Stationsleiter beteuert 2016 gegenüber der Polizei, dass er die Liste »ohne Sinn und Verstand« erstellt habe. Trotzdem beschäftigt sich die höchste Leitungsebene des Klinikums mit seiner Liste.

Die Besprechung dauert nur wenige Minuten. Es gibt kein Protokoll, keine Gesprächsnotiz, nur vage Erinnerungen, allen voran die von Stationsleiter N., die er in seiner polizeilichen Vernehmung abruft. Außer N. nehmen demnach der Chefarzt teil, die Pflegedirektorin und der Geschäftsführer des Klinikums. Es geht um die Liste, der Name Högel fällt, er hat schließlich die meisten Zählstriche. »Da müssen wir wohl die Polizei rufen«, sagt N. flapsig. Der Klinikchef sieht das anders. Es gebe keine Beweise, und damit sei das Thema erst mal erledigt: »Wir werden nicht die Polizei oder die Staatsanwaltschaft informieren, sondern wir gucken ihn mal ein bisschen genauer an, bei der Arbeit!«

Zwei Listen, insgesamt fünf Seiten lang. Seite sechs der schlecht kopierten DIN-A4-Blätter, die die Rechtsanwältin im April 2016 in die Rosenstraße 13 trägt, ist leer bis auf einen handschriftlichen Vermerk: »In einem Gespräch mit der Geschäftsführung, Pflegedienstleitung, Personalchef und Prof. D. wurde mir ausdrücklich mitgeteilt, dass die Beweislage auf keinen Fall ausreicht, um die Staatsanwaltschaft zu informieren. Eine Gefährdung der Abteilung, ja des gesamten Krankenhauses, ist nicht zu akzeptieren aufgrund von Verdachtsmomenten + vielen Zufällen!!«

Den Vermerk habe er »irgendwann Jahre später« geschrieben, sagt der Stationsleiter 2016 der Polizei. Wann genau? Zeugen erinnern sich daran, dass die Statistik 2005, nachdem Högel in Delmenhorst am Bett von Dieter M. ertappt wurde, noch einmal Thema einer Klinikkonferenz gewesen sei. Es sei gesagt worden, dass 2001 »nichts gefunden« worden sei, die Teilnehmer der Konferenz seien zu Stillschweigen verpflichtet worden.

Gab es wirklich nur Verdachtsmomente und viele Zufälle? Mindestens vier Vorgänge im Klinikum sind ungewöhnlich:
1. Es gibt eine Überprüfung der Anwesenheit von Pflegekräften in Zusammenhang mit Sterbe- und Reanimationsfällen.
2. Das Ergebnis dieser Überprüfung wird auf höchster Führungsebene des Klinikums thematisiert.
3. Obwohl die Überprüfung nach Ansicht der höchsten Führungskräfteebene keine belastbaren Erkenntnisse bringt, verschwindet die Liste nicht etwa im Papierkorb. Sie wird kopiert und 15 Jahre lang aufbewahrt.
4. Jahre später wird die aufbewahrte Liste um einen Vermerk ergänzt, der die damalige Entscheidung dokumentiert. Im hierarchischen System Krankenhaus dokumentiert der Vermerk damit gleichzeitig die Entlastung des Stationsleiters und anderer nachgeordneter Hierarchiestufen: Die Liste wurde der höchsten Hierarchieebene zur Entscheidung vorgelegt, die höchste Hierarchieebene hat entschieden.

Im Mordprozess 2019 erklärt es der Arzt Amar R.* dem Gericht: Der Chef macht einen Fall zur Chefsache, alle anderen sind damit raus, »das ist normal in Deutschland. Deswegen hat man in Deutschland eine Hierarchie.«

Der Stationsleiter bewahrt selbst eine Kopie auf, die er 2014 an Dirk Tenzer übergibt, den aktuellen Vorstand des Klinikums. Will er sich mit der Kopie und dem Vermerk absichern, weil er es für möglich hält, dass ihn der

Fall Högel noch einmal einholen könnte?»Ich mach mir von vielen Sachen 'ne Kopie«, sagt er.

Der jüngste auf seiner Liste dokumentierte Todesfall ist auf den 21. Oktober datiert. Die sogenannte Kaliumkonferenz fand vermutlich am 28. November 2001 statt, den Schluss legen die im Dienstplan verzeichneten zusätzlichen Arbeitsstunden bei 32 Pflegekräften nahe. Irgendwann zwischen diesen Daten, Ende Oktober, Anfang November, muss die Führungsrunde über die Strichliste des Stationsleiters diskutiert haben. Es ist die Zeit, in der die Presse über den »Hygieneskandal« schreibt, der *Spiegel* über »Schlamperei mit Todesfolge« berichtet und der Klinikchef um neues Vertrauen in sein Haus wirbt.

Ausgerechnet jetzt gibt es da diese Strichliste von Station 211. »Bloß nicht wieder eine schlechte Presse«, diese Worte will der Pfleger Frank Lauxtermann von der Pflegedirektorin gehört haben, als er 2001 an einer Montagssitzung der Pflegedienstleitung teilnahm.

Keine Polizei, keine Staatsanwaltschaft, stattdessen ein Beobachten Högels bei der Arbeit. Der Arzt Dr. Stefan L.* erinnert sich, dass »alle Oberärzte ein Auge auf ihn haben sollten«. Sein Kollege Hartmut T.* sagt, dass er »eine Weile kritischer auf die Arbeit des Niels Högel geachtet« habe. Und der Arzt Amar R. berichtet, »dass es einer solchen Anweisung nicht bedurfte. Uns allen war bereits aufgefallen, dass es Auffälligkeiten im Zusammenhang mit Högel gab«.

Ja, räumt Chefarzt Otto D.* später bei der Polizei ein, die Strichliste des Stationsleiters habe gezeigt, dass der Pfleger Högel am häufigsten bei Reanimationen anwesend gewesen sei. Aber: Diese Anwesenheit habe sich gut erklären lassen mit seinem vermehrten Einsatz bei Hochrisikopatienten und vielen Rufbereitschaftsdiensten.

Fünf lose Blätter, zwei Listen: Zweifellos entlarven 18 handschriftliche Zählzeichen Högel nicht gerichtsfest als Täter, der Reanimationen absichtlich herbeiführt oder gar Patienten tötet. Die Auswertung ordnet einzelne Pfleger nicht einmal konkreten Fällen zu. Aber wenn die Liste auch kein Beweis sein mag – ist sie nicht Aufforderung, weitere Untersuchungen anzustellen? Wäre die Überprüfung von »Verdachtsmomenten + vielen Zufällen« nicht eine Aufgabe für Profis gewesen? Für Kriminalbeamte und Staatsanwälte?

Seit Herbst 2018 reist Deutschlands führender Experte für das Thema Patiententötungen regelmäßig von Westfalen nach Niedersachsen: Prof. Karl H. Beine, Jahrgang 1951, Chefarzt der Klinik für Psychiatrie im St.-Marien-Hospital Hamm, beobachtet in Oldenburg den Mordprozess gegen den Patientenmörder Niels Högel. Als er dort 2019 von der Strichliste erfährt und von der Entscheidung der Geschäftsführung, nicht die Ermittlungsbehörden einzuschalten, ist er fassungslos: »Was ist das für eine Hybris zu sagen, es gibt keinen Anfangsverdacht! Das kann ich gar nicht beurteilen, das übersteigt meine Kompetenzen bei Weitem!«

Das Thema Patiententötungen beschäftigt Professor Beine, seit es an einer Klinik, an der er zu Beginn seiner Ausbildung gearbeitet hatte, zu solchen Taten gekommen war. Ein Pfleger, den er kannte, tötete Patienten, die Beine ebenfalls kannte. Seither forscht Beine zu den

Tätern und zum »Tatort Krankenhaus«, so lautet der Titel seines jüngsten Buchs. Kliniken nennt Beine »gefährlich krank«, es werde »gemacht, was Geld bringt«, und nicht, »was dem Menschen guttut«. Beine behauptet nicht, dass profitorientierte Kliniken Mörder schaffen. Aber er ist überzeugt davon, dass die Profitorientierung Auswirkungen hat auf den Umgang mit Hinweisen auf mögliche Taten. Dass das Klinikum Oldenburg nicht die Polizei rief, überrascht Beine deshalb nicht. »Das halte ich für systemimmanent. Das muss das Klinikum tun, um sich selbst zu schützen«, sagt er. Eine Gefährdung der Abteilung, ja des gesamten Krankenhauses, ist nicht zu akzeptieren aufgrund von »Verdachtsmomenten + vielen Zufällen«? Solche Sätze entlarven Krankenhäuser als »systematisch unmoralische Rechenmaschinen«, sagt Beine. »An solchen Stellen scheint auf, dass klar ist, dass das Öffentlichwerden einer solchen Geschichte von den Verantwortlichen in der Klinik für den größten anzunehmenden Unfall gehalten wird. Und es ist ja auch so, dass die Kliniken, die eine solche Geschichte hinter sich gebracht haben, schwer beschädigt worden sind, wirtschaftlich und moralisch. Fallzahlen gehen zurück, die Patientennachfrage sinkt, es kostet Arbeitsplätze, Tradition.« Wenn schon ein verunreinigtes Kontrastmittel eine Vertrauenskrise auslöst, welche Auswirkungen hat dann erst ein Krankenpfleger, dem ständig die Patienten wegsterben?

Was also geschieht im Klinikum Oldenburg mit dem Pfleger Högel, der mit 18 Strichen die Liste des Stationsleiters anführt? Nach der sogenannten Kaliumkonferenz, nach der er das Gefühl hat, die Luft werde dünner für ihn, kehrt er nicht wieder auf die Station 211 zurück. Am nächsten Tag gibt er einen Versetzungsantrag ab: »Sehr geehrte Damen und Herren, mit diesem Schreiben vom 29.11.01 bitte ich Sie zum nächstmöglichen Zeitpunkt um die Versetzung von der herzchirurgischen Intensivstation 211 in die Anästhesie-OP-Abteilung.« Danach meldet er sich krank und hat ein paar Tage Urlaub.

Wechselt Högel freiwillig? Er sagt: ja. Das wiederholt er auch später vor Gericht. Andere, darunter der Stationsleiter, der Chefarzt und der Geschäftsführer, erinnern sich hingegen, dass die Initiative von ihnen ausgegangen sei.

Die Strichliste des Stationsleiters ist lückenhaft. Als die Ermittler der Soko Kardio viele Jahre später selbst auswerten, welcher Pfleger der Station 211 in den Jahren 2000 und 2001 bei wie vielen Sterbefällen im Dienst war, führt Högel auch diese beiden Listen an. Im Jahr 2000 war er bei 19 Todesfällen im Einsatz, ihm folgen jeweils zwei Pfleger, die bei 16 oder 15 Fällen Dienst hatten. Im Jahr 2001 hatte Högel bei 49 Sterbefällen Dienst, gefolgt von einem Pfleger mit 20 und einer Pflegerin mit 19 Einsätzen.

Am Mittwoch, 11. Dezember 2001, meldet sich zur Überraschung vieler Kollegen ein neuer Pfleger zum Dienst in der Anästhesie. Sein Name ist Niels Högel.

KAPITEL 10

DER RAUSWURF

Klinikum Oldenburg, Montag, 25. September 2002

Das hat der erfahrene Pfleger Armin N.* auch noch nicht erlebt: Ein junger Kollege geht in den Keller, packt seine Sachen ein und verabschiedet sich mit dem Satz, er komme nicht wieder. Und dann ist er weg und kommt tatsächlich nie wieder. Nach nur neuneinhalb Monaten Dienst auf der beliebten Anästhesiestation.

»Ich kam zum Dienst, und dann sagte man mir, der Högel ist raus aus dem Dienst«, erinnert sich der Pfleger Kai-Uwe L.*

»Von einem Tag auf den anderen verschwunden«, sagt die Krankenschwester Gudrun T.*

»Er war weg, von jetzt auf gleich«, sagt der Pfleger Heiner W.*

»Auf jeden Fall hieß es nachmittags, Niels ist weg, er ist von der Arbeit nach Hause geschickt worden, und er kommt nicht wieder«, sagt die Krankenschwester Frauke M.*

So überraschend, wie Högels Einsatz in der Anästhesie endet, hat er begonnen. Högel war plötzlich da. Ein junger, aber bereits erfahrener Kollege, kompetent, wie schon bei seinen bisherigen Stationen finden ihn auch hier die meisten nett und lustig, allenfalls ein bisschen zu laut. Der Betriebsrat wundert sich ein wenig, dass Högel von jetzt auf gleich in die Anästhesie wechseln konnte, es ist eine beliebte Abteilung, die Nachfrage ist groß. Ist der Versetzungsantrag des Pflegers anderen Anträgen vorgezogen worden? Und falls ja: warum? Der Betriebsrat bekommt keine Antwort auf seine Fragen, aber einen Eindruck. Högels Versetzung, so scheint es, sei von oben angeordnet worden. Aber Högel darf bleiben.

Die Anästhesie funktioniert anders als die aufregende Herzchirurgie mit ihren schwerstkranken Patienten und den vielen Notfällen. Hier werden vor allem Patienten vor und nach ihren Operationen betreut, Kranke aus den verschiedensten Fachabteilungen, Gesichtschirurgie, Urologie, Allgemeinchirurgie. Zu Reanimationen kommt es nur selten.

»Für mich selbst sind Reanimationen im Bereich der Allgemeinanästhesie eine absolute Seltenheit«, sagt die Ärztin Milena S. »In den Jahren, in denen ich dort arbeite, habe ich zwei Reanimationen im Bereich des OPs erlebt.« Die Krankenschwester Simone F.* sagt später: »Ich habe gehört, Herr Högel hatte im Aufwachraum in einer Schicht drei Reanimationen. Ich in 18 Jahren keine.« »Ich selbst habe vielleicht in den 20 Jahren in der Allgemeinanästhesie fünf, sechs Mal reanimiert«, erinnert sich Pfleger Edgar D.* »In der Zeit, als Herr Högel da war, hat man das schon öfter gehört in Frühbesprechungen.«

Es gibt Gerede. Zunächst geht es dabei um Högels plötzlichen Wechsel aus der Herzchirurgie in die Anästhesie. »Etwa nachdem Niels zwei, drei Wochen bei uns war«, so erinnert sich der Pfleger Mark U.*, habe er über Dritte gehört, »dass eine Kollegin von der 211 ihm untersagt haben soll, ihr Zimmer zu betreten«. Den Vorfall hat es tatsächlich gegeben, auch wenn die betreffende Kollegin später erklärt, sie habe »überreagiert«: »Ich habe gesagt: Ich möchte, dass du da weggehst. Geh weg von meiner Patientin.« Högel, so scheint es vielen Kollegen, ist nicht freiwillig hier. Der Chefarzt soll sich geweigert haben, weiter mit diesem Pfleger zusammenzuarbeiten, das hört der Arzt Dorian M.* Högel musste die Station verlassen, weil er grob mit Patienten umgegangen sei, das Gerücht kommt bei der Ärztin Julia M.* an. »Um es mal philosophisch auszudrücken: Es lag ein Schatten über ihm relativ zügig«, so formuliert es Mark U.*.

Ist das nur »Treppenhausfunk«, wie es ein Arzt nennt? In Erinnerung bleiben vielen Pflegekräften und Ärzten die Reanimationsfälle. Das Gefühl, dass ihre Zahl in den Monaten merklich zunahm, als der Pfleger Högel in der Anästhesie arbeitete, äußern noch viele Jahre später viele damalige Kolleginnen und Kollegen. Vielleicht weil solche Notfälle so selten sind in der Abteilung. Die Kollegen staunen jedenfalls, einer fragt Högel bei einer Reanimation im Aufwachraum einmal: »Wie schnell warst du denn da?« Besonders ein Vorfall brennt sich ein, eine Reanimation im Fahrstuhl. »Das war ja unser Horrorszenario«, sagt der Pfleger Arndt J.* Jedem neuen Pfleger werde erklärt, »warum dort Steckdosen sind und warum man da Kabel mitnehmen muss. Wir fahren mit so 'nem kleinen Wagen dem Patientenbett hinterher, wenn der transportiert wird, wo ein Defibrillator drauf ist, wo Kabel drauf sind, wo ein Notfalltablett drauf ist, und das gehört halt zur Erklärung dazu, weil das braucht man, um im Fahrstuhl reanimieren zu können«. Auch dem neuen Pfleger Niels Högel wird das erklärt. Und dann passiert es, heißt es später, ausgerechnet im Fahrstuhl, ausgerechnet dem neuen Mitarbeiter Högel.

Nach einigen Monaten macht noch ein Gerücht die Runde. Die Anästhesiepfleger rotieren durch die verschiedenen Bereiche der Abteilung, einer dieser Bereiche ist die Kardio-Anästhesie. Dort trifft Högel im Operationssaal auf Otto D., den Chefarzt der Herzchirurgie, der ihn umgehend wieder vor die Tür setzt. Mehrere Kollegen berichten später, dass der Chefarzt den Rauswurf mit einem Satz begründet habe wie »Was will der hier. Der bringt doch die Leute um!« oder »Schmeißen Sie den Mann hier raus, der bringt Leute um.« Allerdings will niemand den Satz selbst gehört haben, alle verweisen auf unbekannte Dritte. Der Ohrenzeuge selbst wird nie gefunden. Alles bloß »Klinikgequatsche«, wie eine Krankenschwester das nennt?

Nach seinem Rauswurf aus der Kardio-Anästhesie läuft Högel ins Betriebsratsbüro. Er sei in die Verwaltung zitiert worden, empört er sich. Zwei Betriebsratsmitglieder begleiten ihn in die Geschäftsführung. Im Klinikum gibt es fast 3000 Angestellte, mit der Pflegekraft Högel befasst sich zum zweiten Mal innerhalb eines Jahres die Leitungsebene höchstselbst: Das Gespräch findet im Chefbüro statt mit Pflegedirektorin Thiebe O. und Klinikum-Geschäftsführer Rudolf M. In einer Gesprächsnotiz hält der Betriebsrat fest, »dass die Vertrauensbasis ärztlicherseits in der Herzchirurgie und Kardio-Anästhesie nicht mehr gegeben sei«. Der Chefarzt und der zuständige Oberarzt möchten nicht mehr mit Herrn Högel zusammenarbeiten. Man mache Högel keine Vorwürfe, aber es bestehe eine Unsicherheit. Ergebnis: Högel darf weiterarbeiten, auch im OP-Bereich – mit Ausnahme der Kardio-Anästhesie.

Es geht nicht lange gut.

Freitag, 20. September 2002, 14.15 Uhr, Högel hat Dienst im Aufwachraum. Bernhard T., ein Patient mit einer Krebsgeschwulst im Mundbereich, reagiert nicht mehr auf Ansprache, sein Herz beginnt zu flimmern: Notfall. Der Pfleger Högel reagiert schnell. Am Montag darauf bekommt er im Spätdienst einen Anruf, er möge bitte zu Professor Andreas W. kommen, dem Chefarzt der Anästhesie. Högel kann direkt durchgehen. Der Chefarzt, so schildert es Högel zwei Tage später dem Betriebsrat und Jahre danach auch der Polizei, redet nicht lange um den heißen Brei herum. Er konfrontiert Högel mit dem Fall Bernhard T. und fragt ihn, ob vielleicht Medikamente vertauscht wurden. »Sehen Sie mich als Feuerwehrmann, der das Feuer selbst legt und dann zur Stelle ist?«, fragt Högel. »Darum geht es nicht«, antwortet der Chefarzt. Er macht Högel ein Angebot: Er könne entweder im Hol-und-Bringdienst des Hauses arbeiten oder kündigen. Er werde bis Ende des Jahres weiter sein Geld bekommen, das Klinikum werde ihm ein gutes Zeugnis schreiben. So oder so, »in diesem Haus werden Sie an keinem Patientenbett mehr eingesetzt«, so notiert es der Betriebsrat im Gesprächsprotokoll.

Nach dem Gespräch beim Chefarzt geht Högel in den Keller und holt seine Sachen. Er wird keinen weiteren Tag mehr im Klinikum Oldenburg arbeiten.

Der Betriebsrat ist irritiert. Ein Chefarzt führt unter vier Augen mit einem Pfleger ein Entlassungsgespräch? Er ist doch gar nicht zuständig, der Pfleger ist der Pflegedienstleitung unterstellt! Ein Nachhaken beim Personalchef bringt den Betriebsrat nicht weiter. Er kenne den Vorgang, räumt der Personalchef ein, weitere Auskünfte will er nicht geben. Er verweist auf die Geschäftsführung. Der Betriebsrat spricht abermals beim Chef vor. Es wird ein denkwürdiges Gespräch.

Donnerstag, 26. September 2002. Geschäftsführer Rudolf M. bittet die dreiköpfige Abordnung des Betriebsrats, auf Högel einzuwirken, dass er das Haus verlässt. Warum soll der Pfleger gehen? »In der Vergangenheit und in der anästhesiologischen Abteilung sind mehrfach Notsituationen entstanden, bei denen immer Herr Högel zugegen war«, so hält es der Betriebsrat im Gesprächsprotokoll fest. Man mache Högel den Vorwurf, dass er diese Notfälle absichtlich herbeigeführt habe. Der Betriebsrat hakt nach und fragt, ob das nicht auch aus Versehen geschehen sein könne? »Das hält Herr M. für nahezu ausgeschlossen«, heißt es im Protokoll. Der Vorwurf sei nicht »so ganz konkret« zu fassen, erklärt der Klinikchef laut der Notiz, »in jedem Fall ist aber das Vertrauensverhältnis in jeder Beziehung derart gestört, dass von allen Seiten – sowohl Geschäftsführung, Anästhesie als auch Pflegedienstleitung – die Verantwortung nicht übernommen werden kann und keine Möglichkeit gesehen wird, Herrn Högel im Haus weiter zu beschäftigen.« Das sei »zum Schutz von Herrn Högel selbst als auch zum Schutz der Patienten« nötig. Die beste Lösung wäre eine Kündigung von Herrn Högel, »auch um einen möglichen Imageschaden, den das Haus erleiden könnte, abzuwenden«. Der Chef bitte »ausdrücklich um Verschwiegenheit«, notiert die Protokollführerin.

An einen »Maulkorb« erinnern sich auch einige Pflegekräfte. Er sei ihnen nach Högels Abgang auferlegt worden. Der Arzt Oliver P.* berichtet, dass er einen Pfleger gefragt habe, warum Niels plötzlich nicht mehr da sei. »Ich bekam eine schroffe Antwort, daran kann ich mich noch erinnern, etwa in der Art, ob ich denn nicht mitbekommen hätte, dass es zu Zwischenfällen, Reanimationen gekommen sei und dass Högel das Haus deswegen verlassen musste. Ich fragte dann noch mal nach und bekam noch mal eine schroffe Antwort, indem mir mitgeteilt wurde, dass darüber nicht mehr gesprochen werden soll.« Der Pfleger Kai-Uwe L. sagt: »Danach kochte die Gerüchteküche hoch. Es ging wohl hauptsächlich um Reanimation und seine Arbeit auf der 211. Über Reanimation in der Anästhesie wurde auch gesprochen. Es wurde darüber gesprochen, dass der Högel bei vielen Reanimationen dabeigewesen sein soll und möglicherweise solche auch herbeigeführt haben soll.« Pfleger Jürgen K.* wundert sich: »Den Vorgang, dass ein Kollege von einem Tag auf den anderen nicht mehr zum Dienst kommt und hierfür keine Erklärung genannt wird, habe ich in dieser Form eigentlich sonst nie erlebt.«

Am 10. Oktober 2002 unterschreibt Pflegedirektorin Thiebe O. ein positives Zwischenzeugnis für Högel. Es ist inhaltlich wortgleich mit dem endgültigen Zeugnis, das Högel in der ersten Dezemberwoche erhalten wird, unterschrieben von Thiebe O. und Klinikum-Chef

Rudolf M. Darin steht über den Pfleger, der »zum Schutz der Patienten« das Haus verlassen muss:

»Herr Högel war ein verantwortungsbewusster, interessierter Mitarbeiter.«

»Er arbeitete umsichtig, gewissenhaft und selbständig. In kritischen Situationen handelte er überlegt und sachlich richtig.«

»Im Umgang mit Patienten und Angehörigen war er einfühlsam, fürsorglich und verständnisvoll.«

Das Arbeitsrecht setzt bei der Formulierung von Arbeitszeugnissen einen strengen Rahmen. Arbeitgeber sind verpflichtet, es »wohlwollend« zu formulieren. Aber ein Zeugnis muss auch »wahrheitsgemäß« sein. Adjektive wie »umsichtig« oder »gewissenhaft« beschreiben wohl kaum wahrheitsgemäß einen Mitarbeiter, zu dem die Vorgesetzten kein Vertrauen mehr haben. Und bei einem Mitarbeiter, der möglicherweise absichtlich Patienten in Notfallsituationen bringt, liest sich gerade die Behauptung, er sei im Umgang mit Patienten »einfühlsam« und »fürsorglich« gewesen, wie blanker Zynismus. Auch der Satz »Herr Högel scheidet zum 14.12.2002 auf eigenen Wunsch aus dem Klinikum Oldenburg aus« entspricht nicht der Wahrheit.

Formell reicht Högel, wie verabredet, seine Kündigung selbst ein. Nur einen Satz enthält sein Schreiben an den Personalchef, datiert auf den 3. Oktober 2002: »Hiermit kündige ich mein bestehendes Arbeitsverhältnis fristgerecht zum 31.12.2002.«

Bereits am 16. Oktober 2002 geht in den städtischen Kliniken Delmenhorst ein Bewerbungsschreiben von Högel ein, »hiermit bewerbe ich mich als Krankenpfleger auf Ihrer Intensivstation/Anästhesieabteilung zum nächstmöglichen Termin«. Das positive Zwischenzeugnis aus dem Klinikum Oldenburg liegt der Bewerbung bei.

Aus dem Klinikum Oldenburg dringt nichts nach außen über die Diskussionen um Högel. Im November bekommt er Post aus Delmenhorst, die Stadt stellt ihn mit Wirkung vom 15.12.2002 ein. Nur eine Woche später spritzt Högel dem Patienten Johann W. eine Überdosis Gilurytmal. Johann W., 64 Jahre alt, Ehemann, Familienvater, stirbt um 17.37 Uhr nach vergeblicher Reanimation.

IV

DAS VERSAGEN DER HELFER: KLINIKUM DELMENHORST

»Ich kann mich erinnern, dass Niels im Raum war, als wir reanimiert haben, und er auf einem Stuhl an der Wand saß und uns zugeschaut hat. Dann fing er während der Reanimation plötzlich an zu singen. Er hat ein Lied gesungen. Das ist so ein Westernlied. Das geht: ›It's a long way to Tipperary, it's a long way from home.‹«

Manuela M.*, Krankenschwester

KAPITEL 11

EIN FOLGENSCHWERER IRRTUM

Klinikum Delmenhorst, Sonntag, 22. Dezember 2002

Zwischen dem Oldenburger und dem Bremer Land, inmitten von Geest- und Marschlandschaften, liegt Delmenhorst mit seinen rund 80 000 Einwohnern. Der Ortsname leitet sich vom Fluss Delme ab, der träge durch die Stadt fließt. Ähnlich wie Wilhelmshaven ist Delmenhorst eine Arbeiterstadt. In den Fabriken der Textilbranche arbeiten zu besten Zeiten rund 4000 Menschen. Auch in Delmenhorst geht es irgendwann bergab. Geschäfte schließen, die Arbeitslosigkeit steigt, Wohnviertel wie der Wollepark verkommen zu sozialen Brennpunkten.

Am westlichen Stadtrand liegt das Klinikum Delmenhorst. Das ursprüngliche Gebäudeensemble wurde am 21. April 1928 unter dem Namen Städtische Krankenanstalten eröffnet. Das Haus mit der auffälligen Klinkerfassade steht heute unter Denkmalschutz.

Von der Straße führt eine leicht ansteigende Auffahrt zum Hauptportal. Die Intensivstation befindet sich im ersten Obergeschoss. Es gibt zwölf Behandlungsplätze. Wer zu den Patientenzimmern will, die rund um eine

Überwachungskanzel angeordnet sind, muss am Ärztezimmer vorbei. Gegenüber liegt die Stationsapotheke. Auf der Station gibt es Räume für das Personal, für Angehörige, für Geräte, für die Reanimationen.

»Patienten begeben sich im Krankenhaus in die Hände fremder Menschen, die für ihre Gesundheit und ihr Wohlergehen sorgen«, heißt es heute auf der Homepage des Krankenhauses, das nach 2015 als Josef-Hospital firmierte und später in Delme Klinikum Delmenhorst umbenannt wurde. »Aus diesem Grund ist es für Betroffenen wichtig, vertrauen zu können.« Patientensicherheit sei für die Klinik deshalb wesentlich und werde gewährleistet. Besonderen Wert legen wir auf den fürsorglichen und kompetenten Umgang mit unseren Patienten. Empathie, Mitgefühl und Verständnis für die Kranken sind uns wichtig. Dabei stehen Ihre Wünsche und Bedürfnisse zu jeder Zeit im Mittelpunkt. So können wir Sie optimal in Ihrer Heilung unterstützen.«

Anfang Oktober 2002 bewirbt sich Högel bei den Städtischen Kliniken Delmenhorst, zehn Tage nachdem man ihm mitgeteilt hat, dass er in Oldenburg keine Zukunft habe. Zum nächstmöglichen Termin möchte er als Krankenpfleger auf der Intensivstation/Anästhesieabteilung anfangen, schreibt Högel. In der Bewerbung hebt er seine mehrjährige Erfahrung in den Fachbereichen Anästhesie und Intensiv seit 1997 und seine entsprechenden Fortbildungen hervor. »Aufgrund meines voraussichtlichen Wohnsitzwechsels, der meine berufliche Laufbahn nicht beeinträchtigen soll, würde ich mich freuen, wenn Sie mir die Möglichkeit geben, mich persönlich bei Ihnen vorzustellen«, begründet er den ungewöhnlichen Wechselwunsch in ein kleineres Krankenhaus.

Högel kann für die Bewerbung das hervorragende Zwischenzeugnis aus Oldenburg vorweisen. »Die ihm übertragenen Aufgaben führte er zu unserer vollsten Zufriedenheit aus«, schreiben die Pflegedienstleiterin und der Verwaltungsleiter. In den Polizeiakten findet sich ein ärztliches Attest, offensichtlich von Högels langjährigem Hausarzt in Wilhelmshaven ausgestellt. Darin bescheinigt der Arzt im November 2002, dass sein Patient »psychisch und physisch dazu in der Lage« sei, den Beruf des Krankenpflegers auszuführen. Ob dieses Attest bei der Bewerbung in Delmenhorst eine Rolle spielt, ist unklar. Relevant dürfte dagegen Högels »Führungszeugnis zur Vorlage bei einer Behörde« sein, zumindest hat das Klinikum es am 3. Dezember 2002 mit einem Eingangsstempel versehen. Das Dokument wurde vom Generalbundesanwalt beim Bundesgerichtshof in Bonn ausgestellt. »Keine Eintragung« steht da. Gut für den Bewerber. Auffällig ist der angegebene Verwendungszweck in dem amtlichen Dokument: »Einstellung als Arzt im Praktikum«. Ein Versehen? Eine Anmaßung von Högel, die niemandem aufgefallen ist?

In Delmenhorst ist man offensichtlich sehr angetan von dem Bewerber mit den ausgezeichneten Referenzen. Nach einem kurzen Vorstellungsgespräch wird Högel vom Stationsleiter in Empfang genommen und auf der Intensivstation herumgeführt. Högel erzählt später bei einer Vernehmung, er sei nach Hause gefahren und habe sofort einen Anruf vom Klinikum gekriegt, ob er nicht »relativ schnell hospitieren« wolle, eine Schicht oder einen Tag lang. Nach der Hospitation Ende November bekommt er die Zusage.

Das Klinikum stellt Högel zum 15. Dezember 2002 ein, befristet nach Paragraf 21 des Bundeserziehungsgeldgesetzes – als Vertretung für eine Schwester, die in den Erziehungsurlaub geht. Ende April 2003 fragt die Personalabteilung bei der Pflegedienstleitung formell nach, »ob nach den Arbeitsleistungen und dem Verhalten das Arbeitsverhältnis über die Probezeit hinaus unbedenklich fortgesetzt werden kann«. Am 13. Mai schreibt Pflegedienstleiterin Ann-Kathrin F.* zurück: »Nach Rücksprache mit der Stationsleitung bestehen auch seitens der Pflegedirektion keine Bedenken für eine Weiterbeschäftigung nach der Probezeit.« Heute weiß man, dass Högel zu diesem Zeitpunkt mindestens zehn Patienten in Delmenhorst getötet hat. Im September 2003 wird er in eine höhere Vergütungsgruppe eingestuft.

Die Befristung des »Angestellten zur Aushilfe« endet am 11. April 2004. Das Klinikum verlängert sie zweimal: im April 2004, als Högel mindestens schon 30 Patienten auf dem Gewissen hat, und im April 2005, wenige Wochen vor Beginn der Ermittlungen gegen ihn im Todesfall Dieter M.

Högel setzt in Delmenhorst ohne großen Vorlauf sein tödliches Werk fort. Eine Woche nach Dienstantritt verabreicht er dem Patienten Johann W. ohne ärztliche Anordnung und ohne Indikation das Medikament Gilurytmal. Der Kreislauf von W. versagt trotz eines Reanimationsversuchs.

»Das krieg ich nicht zusammen.« Soko-Chef Arne Schmidt schüttelt den Kopf. »Ich auch nicht«, antwortet Högel. 15 Jahre sind seit dem Mord an W. vergangen. Schmidt hakt nach. »Also noch mal. Sie kriegen die letzte Chance. Sie haben den Auflösungsvertrag unterschrieben in Oldenburg, weil Sie dann, nachdem Sie aus Oldenburg mehr oder weniger hinauskomplimentiert wurden, eine Anstellung in Delmenhorst gefunden haben.« Högel nickt.

»Sie beginnen Ihren Dienst am ersten Tag, am 15. Dezember 2002. Ich denke, das war so ein Bürotag. Da haben Sie jedenfalls keine dokumentierte Schicht auf der Intensivstation gemacht.« Högel murmelt etwas. Schmidt: »Ihre erste Schicht ist am 16. Dezember 2002, und dann brauchen Sie insgesamt nur sechs Dienste, um den ersten nachgewiesenen Sterbefall zu haben.« Högel sagt nur: »Ja.«

Die Ermittler sind fassungslos. Nicht nur deshalb, weil Högel bei jeder Befragung mehr Manipulationen zugibt, mehr Einzelheiten nennt. Mit fast jeder Aussage ändert sich auch die Reihenfolge der Taten, muss die Chronologie der Mordserie neu geschrieben werden. Ob Johann W. tatsächlich Högels erstes Opfer in Delmenhorst ist, bleibt fraglich. Bereits in seiner dritten und vierten Schicht im Klinikum gibt es zwei Sterbefälle. Beide werden feuerbestattet, die Todesursache ist nicht mehr zu klären.

Högel kann sich nicht erinnern, ob er schon vor Johann W. Patienten manipuliert hat – oder er will es nicht. Er streitet es aber auch nicht mehr kategorisch ab. Bei den Vernehmungen verstrickt er sich in Widersprüche. Mal spricht Högel davon, dass zwei oder drei Tage bis zur ersten Tat in Delmenhorst vergangen sein könnten, dann wieder von zwei oder drei Wochen.« »Am Anfang hatte ich diese Idee nicht«, behauptet er.

An den Mord an Johann W. erinnert Högel sich angeblich nur wegen des Datums im Dezember: »Ja, das kann ich Ihnen genau sagen, weil ich hinterher gedacht hab: Was hast du den Leuten jetzt für ein Weihnachtsfest beschert.« Umso erstaunlicher ist, wie detailliert er den Ablauf später schildert. Den Dienst habe er normal begonnen, sich dann aber schnell gelangweilt. Er habe an diesem Tag längere Zeit nicht viel zu tun gehabt, außer zu überwachen. Da habe er einfach noch einmal zeigen wollen, was er kann.

Er geht zum Medikamentenschrank in der Zentrale der Intensivstation und zieht zwei Ampullen auf. »Nie mehr. Weil mir klar war, wenn man mehr injiziert, dann hat man auch keine Chance mehr zu reanimieren.« Der Medikamentenraum der Station ist ungefähr 20 Quadratmeter groß und vollgestellt. Es gibt keine Fenster, an den Wänden stehen die Regale mit den Arzneimitteln.

Mit der Spritze in der Tasche schleicht Högel weiter zum Zimmer von Johann W., stellt dort den Alarm ab und injiziert dem wehrlosen Patienten die tödliche Dosis. W. liegt im künstlichen Koma, er ist nicht ansprechbar. Die leeren Ampullen entsorgt Högel im sogenannten Ampullencontainer, die Verpackung wirft er in die Mülltonne. So hat er es angeblich immer gemacht.

»Ich komm eigentlich nur drauf, weil Sie eben den Satz gesagt haben, Sie wussten, dass Delmenhorst Ihre letzte Chance ist«, insistiert Schmidt.

»Ja, das habe ich am Anfang gedacht, ja. Jetzt reiß dich zusammen«, entgegnet Högel.

Schmidt: »Das hat ja aber nicht lange geholfen.«

Högel stammelt von alten Verhaltensmustern, von einem Podest, auf das ihn die anderen Pfleger gehoben hätten, weil er aus dem Klinikum Oldenburg gekommen sei, von einer Notfallsituation, in der der diensthabende Arzt versagt hätte.

Und wie so oft verweist Högel auf private Probleme, auf psychischen Stress, auf Drogeneinfluss. Er habe zu diesem Zeitpunkt wieder begonnen, Opiate, Beruhigungstabletten und Angsthemmer zu nehmen. Aus dieser gesamten Situation heraus sei ihm dann der »absurde Gedanke« gekommen, den Vorfall auszulösen.

Die Psychologin B. schreibt 2011 in ihrem Gutachten: »In seiner Tätigkeit auf der Intensivstation des Krankenhauses Delmenhorst sei es oft sehr ruhig gewesen, es habe viel weniger Notfälle gegeben als in Oldenburg. Herr Högel habe sich oft gelangweilt, sich müde und ausgelaugt, nicht genug gefordert gefühlt. In einer solchen Situation habe er die Straftat begangen.«

»Wenn ich gewusst habe, die sitzen alle im Raum, im Teeraum oder in der Küche, habe ich das ausgenutzt und bin dann halt dementsprechend in die Zimmer gegangen, habe dann manipuliert und verabreicht«, schildert Högel den Ablauf. Dann habe er den Alarm für 30 Sekunden ausgestellt, das Zimmer wieder verlassen und sich in eine andere Ecke der Station begeben, damit niemand auf die Idee komme, ihn mit dem Notfall in Verbindung zu bringen.

»Jetzt nehmen wir mal an, das war tatsächlich Ihr erster Fall«, sagt Schmidt. »Hat Sie das irgendwie besonders beeindruckt?«

Er sei insofern beeindruckt gewesen, weil er der festen Überzeugung gewesen sei, er könne die Situation beherrschen, antwortet Högel. Die Zweifel im Blick des Soko-Chefs sind unübersehbar. »Ja. Also es war ja nie mein primärer Gedanke zu töten. Es war immer das Auslösen von Notfallsituationen.« Beim ersten Mal sei er der Meinung gewesen, er könne es beherrschen, erklärt Högel. Bei den weiteren Malen auch, obwohl er eines Besseren belehrt worden sei.

»Wie sind Sie auf das Medikament Gilurytmal gekommen?«, fragt der Soko-Chef. »War Zufall. Das war reiner Zufall«, behauptet Högel.

KAPITEL 12

WO IST DAS GILURYTMAL?

Klinikum Delmenhorst, Dienstag, 13. April 2004

Högel verlässt im Spätherbst 2002 nicht nur das Klinikum Oldenburg, sondern auch die Stadt. Zusammen mit seiner Freundin S. zieht er in den ruhigen Tilsiter Weg in Ganderkesee. Hinter seinem Wohnviertel beginnt das Feld. Bis zum Klinikum Delmenhorst sind es nur wenige Kilometer. Familien mit älteren Kindern wohnen in verklinkerten Häusern. Högel bewohnt eine Doppelhaushälfte, zwei Etagen, drei Zimmer, etwa 80 Quadratmeter. Kleiner Garten, Carport, ein Bäumchen.

Die Mieter, die 2009 hier eingezogen sind, kennen die Geschichte. Ja, sie wissen, wer einmal in dem Haus gewohnt hat, erzählt das junge Paar: der Krankenhausmörder. Nein, Högel kennen sie nicht persönlich. Auch der Nachbar in der Doppelhaushälfte ist erst eingezogen, als der Pfleger nicht mehr da war.

Andere Nachbarn, die schon länger in der Siedlung wohnen, erinnern sich an Högel. »Nett war er«, heißt es. Man unterhielt sich am Gartenzaun. Er habe eine Nachbarin um Hilfe gebeten, als seine Frau schwanger war. »Er hat seine Frau umsorgt«, erzählt die Nachbarin.

Högel heiratet die drei Jahre jüngere S. am 2. April 2004. Seine Tochter wird wenige Monate später geboren. Verwaltungsdirektor Hubert C. schickt zur Vermählung ein Schreiben mit den herzlichsten Glückwünschen im Namen der Städtischen Kliniken. »Für Ihren gemeinsamen Lebensweg wünschen wir Ihnen alles Gute.«

Am Wochenende arbeitet Högel zu dieser Zeit im Rettungswagen und leistet Erste Hilfe – ein Zweitjob, den viele Pfleger ausüben. Von den Maltesern in seiner Heimatstadt Wilhelmshaven wechselt er nach dem Umzug nach Ganderkesee zum Roten Kreuz im Landkreis Oldenburg. Die Nachbarn wissen das. Der Rettungswagen steht häufig vor dem Haus.

Gab es denn gar nichts Auffälliges an Högel? Doch, sagt eine Nachbarin: seine sarkastischen Bemerkungen über Unfallopfer. »Da hat sich wieder einer an einem Baum aufgehängt«, soll er gesagt haben. Einmal hat Högel selbst einen Unfall. Bei Ganderkesee überschlägt er sich auf der Autobahn, bleibt aber unverletzt. Danach meidet er Autobahnen, so stellt er es jedenfalls selbst dar.

Auch bei seinem neuen Arbeitgeber fällt Högel zunächst nicht auf, obwohl sich die Anzeichen für ungewöhnliche Vorgänge im Klinikum Delmenhorst nach seinem Dienstantritt bald mehren. Die Sterberate verdoppelt sich, der Verbrauch des Medikaments Gilurytmal steigt schnell an.

Er habe das Antiarrythmikum vom Hörensagen und aus der Rettungsmedizin gekannt, erzählt Högel bei einer Vernehmung zu den Morden in Delmenhorst. Ein oder zwei Mal habe er es in der Praxis erlebt, ohne genau zu wissen, wie es auf das EKG und den Blutdruck wirke, wenn man es einem Patienten verabreiche. Högel spricht von Neugier, die ihn angetrieben habe. Eine glatte Lüge, wie sich später herausstellt.

Högel kennt die Wirkung von Gilurytmal ganz genau, als er ans Bett von Johann W. tritt. Er hat es auch nicht zufällig im Medikamentenschrank gefunden, wie er angibt. Högel hat Gilurytmal bereits etliche Male in Oldenburg gespritzt. Er zog dabei nach eigenen Angaben immer 30 bis 40 Milliliter auf, niemals mehr. In Delmenhorst steht das Medikament auch nicht zufällig in ausreichender Menge bereit. Högel bestellt selbst in der Apotheke des Oldenburger Klinikums, die auch für die Belieferung des Delmenhorster Krankenhauses zuständig ist. Ausgerechnet Oldenburg liefert dem weggelobten Pfleger jetzt die Mordwaffe für weitere Taten.

Nach allem, was heute bekannt ist, beginnt die Mordserie allerdings nicht mit Gilurytmal. Als Högel im Februar 2000 in Oldenburg vermutlich zum ersten Mal eine Patientin tötet, spritzt er ihr Xylocain (Wirkstoff Lidocain). Das ist ein Betäubungsmittel, das auch als Antiarrhythmikum wirkt. Kalium, Sotalex (Wirkstoff Sotalol), Cordarex (Wirkstoff Amiodaron): Die Polizei findet Belege, dass Högel mindestens fünf verschiedene Medikamente nutzte, am häufigsten Gilurytmal.

Im Juli 2000 setzt Högel es nach den Erkenntnissen der Ermittler zum ersten Mal ein. Rund zehnmal tötet er damit in Oldenburg, rund dreißigmal in Delmenhorst. Aus Sicht des Mörders hat das Medikament einen großen Vorteil: Der Körper baut es schnell wieder ab, die Entdeckungsgefahr ist also gering. Wenn ein Patient die tödliche Spritze noch um einige Stunden überlebt, ist der Wirkstoff Ajmalin nicht mehr nachweisbar.

Ajmalin ist ein Indolalkaloid, das aus der Indischen Schlangenwurzel gewonnen wird. Das verschreibungspflichtige Arzneimittel aus der Gruppe der Antiarrhythmika kommt bei der Behandlung von Herzrhythmusstörungen zum Einsatz. In Deutschland und Österreich wird es unter dem Handelsnamen Gilurytmal vertrieben.

Wie es wirkt, hatte sich Kriminaloberkommissar Oliver Lenz schon zu Beginn der Ermittlungen von einem Spezialisten erklären lassen: Langsam und in kleinen Dosen verabreicht, kann Gilurytmal die Herzrhythmusstörung hemmen. Zu schnell oder in zu großer Menge gespritzt, kann das Mittel aufgrund einer geringen therapeutischen Breite Nebenwirkungen wie Kammerflimmern, Blutdruckabfall oder Herzstillstand auslösen. Diese können, wenn nicht sofort eingegriffen wird, tödlich enden. Daher darf Ajmalin nur unter Monitorüberwachung des Patienten durch einen Arzt verabreicht werden. Eine Reanimationsausrüstung und geeignete Überwachungsmöglichkeiten sollten zur Verfügung stehen.

Eine Überdosis kann innerhalb von 15 bis 20 Minuten zum Tod führen, erklärt ein Sachverständiger beim Prozess 2014 im Landgericht Oldenburg. »Gilurytmal darf nur von einem Arzt gespritzt werden«, sagt der Zeuge Kurt S. im selben Prozess von 2014. S. ist 2005 Oberarzt auf der chirurgischen Intensivstation des Klinikums Delmenhorst. Er erzählt von seinem Verdacht gegen Högel nach dem Fall Dieter M. und von seinen anschließenden Nachforschungen.

»Es war mir sofort klar, dass der bei viel mehr Patienten so was gemacht hat, der war ja bei vielen Reanimationen dabei.« Dieser Verdacht treibt den Oberarzt um. Er untersucht nach eigenen Angaben die Sterbedaten und den Verbrauch des Herzmedikaments Gilurytmal. S. geht davon aus, dass Högel mehr als 100 Menschen auf dem Gewissen haben könnte. »Schon nach der Außerdienststellung wurde mir klar, dass wir da eine Dimension erreichen, die wir nicht fassen können«, sagt der Arzt. Er habe seine Daten an die Kriminalpolizei in Delmenhorst weitergegeben, als die Ermittlungen gegen Högel Fahrt aufgenommen hätten, sagt S.

So wie der Ermittler Manfred Borchers 2005 und 2006 Excel-Tabellen mit Sterbefällen und Dienstzeiten anfertigte, hat demnach auch S. entsprechende Listen angelegt. Die Zahlen, die der ehemalige Oberarzt präsentiert, lassen niemanden im Gerichtssaal kalt. Während der zweieinhalb Jahre zwischen Anfang 2003 und Mitte 2005, in denen Högel als Krankenpfleger auf der Intensivstation des Klinikums arbeitet, sterben insgesamt 415 Menschen. Zum Vergleich: In den drei Jahren 2000 bis 2002 sind es 253. Die Sterbequote schnellt von 6,4 Prozent im Jahr 2002 auf zehn Prozent ein Jahr später hoch. Högel soll bei mehr als der Hälfte der Todesfälle im Dienst gewesen sein, so der Verdacht. Im Jahr 2005 sind es 62 Prozent.

Der Gilurytmal-Verbrauch im Klinikum versiebenfacht sich in diesem Zeitraum sogar. In den Jahren bis 2002 liefert die Apotheke in Oldenburg nur durchschnittlich 50 bis 60 Ampullen jährlich nach Delmenhorst. Das ändert sich, als Högel im Dezember 2002 seinen Dienst antritt. Im Jahr 2003 liefert Oldenburg 225 Ampullen Gilurytmal für die Intensivstation in Delmenhorst, 2004 sind es 380 Ampullen. Im ersten Halbjahr 2005 kommen weitere 185 Ampullen an, 164 davon werden laut Inventurliste des Klinikums verbraucht. Im zweiten Halbjahr geht die Bestellung auf null zurück. Seit dem 25. Juni 2005 arbeitet Högel nicht mehr in Delmenhorst.

Verdächtig erscheint den Verantwortlichen des Klinikums offenbar auch der Verbrauch von Pancuronium, ein Medikament zur Muskelerschlaffung, das vor allem bei Narkosen eingesetzt wird. Von den im ersten Halbjahr 2005 an die Stationsapotheke gelieferten 190 Ampullen werden 109 verbraucht. Högel selbst erwähnt das Medikament bei den Vernehmungen wiederholt. Warum, bleibt unklar. Die Ermittler können bei den exhumierten Patienten kein Pancuronium nachweisen. Das heißt aber nicht, dass Högel es nicht doch verwendet haben könnte.

Die Strukturen der Klinik könnten dazu beigetragen haben, dass kaum etwas auffällt. So wird die Medikamentenbestellung in der Klinikum-Apotheke damals auf Computer umgestellt. Und weil die Software anfangs offenbar keine Freigabe durch einen Arzt vorsieht, kann jeder auf der Station Medikamente nachbestellen. Die Kontrolle ist mangelhaft.

Auf der Intensivstation sind die Medikamente in einem großen Raum in Regale einsortiert. Daran befinden sich Schilder, die jeweils die Soll-Menge angeben, also die Anzahl an Packungen oder Ampullen, die vorrätig sein sollen. Wer für die Apotheke zuständig ist, kann diese Zahl mit der Ist-Menge abgleichen und die Differenz nachbestellen. Die Medikamente sind mit Barcodes versehen, die im EDV-Bestellsystem abgescannt werden müssen. Der Scanner wird an den Computer angeschlossen, die Bestellung an die Apotheke in Oldenburg abgesandt.

Högel erkennt schnell, dass ihm die »Eigenarten, des auch hier auf vertrauensvolle Zusammenarbeit basierenden Bestellsystems« in die Hände spielen, wie es das Gericht formuliert. Auch andere Pfleger sagen im Prozess 2014 aus, dass auf der Station wechselnde Pflegekräfte die Bestellungen übernommen hätten; Gesamtübersichten etwa über Monatsmengen seien nicht erstellt worden.

Erst im September 2005, nach Högels Ausscheiden, gibt es eine Anweisung der Klinikleitung, dass nur noch autorisierte Ärzte mittels elektronischer Unterschrift Bestellungen freigeben dürfen. Bei Sonderanforderungen muss es sogar der Chefarzt oder ein Oberarzt sein.

Auch über die Todeszahlen wurde in Delmenhorst keine offizielle Statistik geführt. Aber hätte es nicht trotzdem auffallen müssen, dass mehr Patienten starben als zuvor, dass der Verbrauch eines sonst selten genutzten Medikaments durch die Decke schoss? Für Oberarzt S. ist das Vertrauensverhältnis auf einer Intensivstation eine mögliche Erklärung für die Versäumnisse. »In einem Umfeld des Misstrauens könnte man dort nicht arbeiten«, sagt er.

Wollte oder konnte niemand in den ständig wechselnden Schichtbesetzungen merken, dass Högel häufig Dienst schob, wenn es zu Krisen und Wiederbelebungen kam? Zwar soll unter den Schwestern und Pflegern darüber gemunkelt worden sein, mehr aber nicht. Die

Ärzte freuten sich laut S. sogar, wenn Högel zur Stelle war, weil er handwerklich gut war und sicher intubieren konnte, wenn jemand wiederbelebt werden musste.

Ob das Vertrauen in Högel aber wirklich bei allen so groß ist? Ob wirklich nur gemunkelt wird? Högel selbst erzählt in den Vernehmungen, dass eine Schwester bereits in der Anfangszeit zu ihm gesagt habe: »Das ist alles ein bisschen merkwürdig mit dir. Du ziehst ja hier die Notfälle an wie die Fliegen.« Eine andere ehemalige Kollegin betont in ihrer Zeugenaussage, die extreme Erhöhung der Sterbefälle sei ihr nicht so bewusst gewesen. In diesem Maße finde sie das auch heute noch erstaunlich. »Aber eine gewisse Häufigkeit ist mir schon aufgefallen, speziell eben dann, wenn Högel im Nachtdienst war und ich Frühdienst hatte.«

Von einem konkreten Verdacht gegen Högel berichtet Schwester Cordula M.[*] bei der Befragung durch die Polizei. »Ich hatte Frühdienst, und es war um die Mittagszeit rum, Niels kam ins Zimmer rein. Und ich sah nur, wie er eine Spritze in der Hand hielt und etwas spritzte.« Sie habe ihn gefragt, was er da mache. Högel habe ihr daraufhin vorgeworfen, dass sie nicht sauber gearbeitet habe. »Ich habe das mit Kochsalz durchgespült«, habe er gesagt. M. findet das pingelig. Noch schöpft sie keinen Verdacht.

Kurz nachdem beide den Raum für eine gemeinsame Zigarettenpause verlassen haben, geht der Alarm los. Es ist der 21. April 2003. Um 13.24 Uhr stirbt der Patient Hans Werner E. auf der Intensivstation. Högel kann sich nach eigenen Angaben nicht daran erinnern, bestreitet die Vorwürfe aber auch nicht. Er wird im Fall Hans Werner E. nicht angeklagt, weil in dem viele Jahre später exhumierten Leichnam kein Medikamenten-Wirkstoff gefunden wird. Eine andere Tat – nur wenige Stunden später am selben Tag – kann ihm dagegen nachgewiesen werden. Högel tötet Gertrud T. mit Gilurytmal. Eintritt des Todes: 19.06 Uhr. Für diesen Mord wird er 2019 verurteilt.

Der Oldenburger Klinikchef Dirk Tenzer listet Ende 2014 in einer Stellungnahme mögliche Versäumnisse der Kollegen in Delmenhorst auf, als sein Krankenhaus wegen der Mordserie immer stärker in die Schusslinie gerät und er auch selbst unter Druck steht. Tenzer verweist auf dreierlei. Erstens: Jede Medikamentenbestellung ist von einem Delmenhorster Arzt unterschrieben worden. Zweitens: Oldenburg hat Delmenhorst monatlich Verbrauchswerte übermittelt, um so den Kollegen eine interne Kontrolle zu ermöglichen. Drittens: Man hat die Delmenhorster Kollegen zudem »ausdrücklich« auf den gestiegenen Gilurytmal-Verbrauch hingewiesen.

Nach Protesten aus Delmenhorst gegen diese Darstellung formuliert Tenzer seinen Vorwurf um: Der ausdrückliche Hinweis habe sich nicht auf das einzelne Medikament Gilurytmal bezogen. »Mit einem 5-seitigen Schreiben (…) wurden Medikamenten-Listen übermittelt, in denen die Anzahl der Sonderanforderungen an Gilurytmal sichtbar war.«

Solche Listen finden sich tatsächlich später in den Beweismitteln für die Prozesse. Dort gibt es auch eine Dienstanweisung für den Umgang mit Arzneimitteln im Klinikum Delmenhorst. Darin heißt es unter anderem: »Ein Apotheker der Städtischen Kliniken Oldenburg überprüft halbjährlich die ordnungsgemäße Aufbewahrung, die Verfalldaten und die Menge der im Verhältnis zum Verbrauch auf der Station/Bedarfsstelle lagernden Arzneimittel. Es handelt sich hierbei um eine gesetzliche Auflage, die seitens der Mitarbeiter des Krankenhauses zu unterstützen ist.«

Am 13. April 2004 tagt die regelmäßige Arzneimittelkonferenz in Delmenhorst: Weil das plötzlich so gefragte Gilurytmal immer noch aufwendig per Sonderanforderung bestellt werden muss, beschließt die Runde, Gilurytmal zukünftig als Standardmedikament zu listen. An der Besprechung nehmen laut Protokoll Chefärzte des Klinikums teil und auch der Pflegeleiter der Intensivstation, Dirk F.

Zumindest aus heutiger Perspektive begeht die Arzneimittelkonferenz mit ihrer Entscheidung einen klaren Fehler: Statt die Ursachsen für den rasanten Anstieg des Gilurytmal-Verbrauchs zu erforschen, vereinfacht sie den Bestellprozess, damit das Personal Zeit spart – und spielt damit dem Todespfleger Niels Högel in die Hände. Gilurytmal ist ein billiges Medikament. Das erleichtert die Bestellungen erheblich.

KAPITEL 13

IT'S A LONG WAY TO TIPPERARY

Klinikum Delmenhorst, Freitag, 24. Juni 2005

Renate R. (67) liegt in einem Behandlungszimmer im ersten Stock. Um 19.10 Uhr hat die Polizei in Delmenhorst an diesem Freitag einen Anruf aus dem Klinikum erhalten. Eine Frau sei soeben auf der Intensivstation verstorben. Die Zentrale alarmiert eine Funkstreife. Um 19.25 Uhr sind die beiden Polizeibeamten vor Ort und begutachten den Leichnam zusammen mit dem Anrufer, dem Arzt Jörn G.* Es ist der 24. Juni 2005 – zwei Tage nachdem Högel am Bett von Dieter M. auf frischer Tat ertappt wurde.

Laut Dr. G. ist Renate R. gegen 18.05 Uhr aufgrund ihres schlechten Allgemeinzustands von der Station C2 auf die Intensivstation verlegt worden. Die Seniorin ist zu diesem Zeitpunkt sehr schläfrig, reagiert jedoch auf Schmerzreize und lautes Ansprechen, die Blutwerte sind schlecht. Kurz nach dem Eintreffen auf der Intensivstation setzt die Atmung aus. Renate R. muss intubiert und beatmet werden. Trotzdem fällt die Sauerstoffsättigung stark ab, gefolgt von einem Herzstillstand.

Die Ärzte beginnen sofort mit der Reanimation. Ohne Erfolg. Gegen 19.05 Uhr beenden sie ihre Bemühungen und stellen den Tod der Patientin fest. Dr. G. geht aufgrund der schlechten Sauerstoffsättigung im Blut von einer Lungenembolie als Todesursache aus.

Aus der Krankenakte geht hervor, dass die Patientin neun Tage zuvor nach einem häuslichen Sturz mit einem Bruch des rechten Oberschenkelhalses in die Klinik eingeliefert wurde. Die Fraktur wurde am 16. Juni erfolgreich operiert. Einen Tag später konnte Renate R. bereits wieder von der Intensivstation auf eine periphere Station verlegt werden.

Laut Dienstplan hat Högel am 24. Juni ein letztes Mal im Klinikum gearbeitet. An den beiden Tagen davor hat er Spätdienst. Für den 25. und 26. Juni sind keine Dienste mehr verzeichnet. Ab Montag, dem 27. Juni 2005, ist unter dem Namen Högel Urlaub eingetragen. Renate R. stirbt 22 Stunden und 35 Minuten nach Dieter M. Sie ist das letzte Opfer von Högel in Delmenhorst. Das Opfer, das am einfachsten von allen Opfern hätte gerettet werden können.

Högel hätte aber auch schon wenige Wochen vorher auffliegen können. Auffliegen müssen, wenn man den Zeugenaussagen folgt. Beim Todesfall Heinz P. am 9. Mai 2005 wird Högel zwar nicht erwischt, doch ein Kollege findet Beweise, die den offenbar längst bestehenden Verdacht gegen den Pfleger stark erhärten. Die Polizei schaltet allerdings noch immer niemanden ein. Und die Polizisten, die beim Tod von Renate R. angerufen werden, erfahren nicht vom Verdacht im Fall Dieter M.

»Es war ein Nachtdienst. Auf einem Zimmer lag ein

Patient, ich weiß nicht einmal mehr genau, ob es mein Patient war«, berichtet der Pfleger Claus P.* zehn Jahre später den Ermittlern. In der fraglichen Nacht hat er zusammen mit Högel Dienst, von 19.40 Uhr bis 6.25 Uhr. Kurz nach Mitternacht schrillt die Alarmglocke in einem Patientenzimmer. Claus P. weiß noch, dass es ein Einzelzimmer auf der chirurgischen Seite war. Der Patient muss reanimiert werden, stirbt aber seiner Erinnerung nach. »Ich habe dann etwa zu der Zeit, als der Nachtdienst an den Frühdienst übergeben worden ist, das Zimmer aufgeräumt.«

Und dabei findet Claus P. etwas, mit dem er nicht gerechnet hätte. Er schaut in den Spritzenabwurfbehälter – einen kleinen Bottich mit einer kreisrunden Öffnung, durch die man nicht hineingreifen kann – und sieht darin vier leere Ampullen Gilurytmal. Dem Pfleger kommt das sofort verdächtig vor. P. überlegt, ob das Haltbarkeitsdatum abgelaufen sein könnte und die Medikamente deshalb weggeworfen wurden. Nein, selbst dann wären sie auf keinen Fall in diesem Spritzenabwurfbehälter gelandet.

Claus P. schnappt sich eine Kornzange, ein Instrument, das ähnlich wie eine Klemme aufgebaut ist. Sie werden in der Chirurgie unter anderem zum Anreichen von Tupfern und zum Entfernen von Fremdkörpern eingesetzt. Vorsichtig holt er die Ampullen aus dem Behälter und packt sie in eine Tüte. P. will keine Fingerabdrücke hinterlassen. »Ich hatte schon den Verdacht, dass die Ampullen aufgezogen und gespritzt worden sind«, sagt er später. Einen Namen zu dem Verdacht hat er auch: »Natürlich Herrn Högel.«

Der Kollege P. sei auf sie zugekommen, berichtet Astrid W., damals stellvertretende Stationsleiterin auf der Intensivstation, die am nächsten Tag Frühdienst hat. »Er wollte mich privat sprechen, und wir sind in den Umkleideraum gegangen.« Dort habe P. ihr erzählt, was er auf dem Herzen hat. Die Ampullen überreichte er ihr in einem sterilen Beutel.

Astrid W. schließt die leeren Ampullen zunächst in ihrem Spind ein. Sie will die vermeintlichen Beweismittel so schnell wie möglich an ihren Vorgesetzten weitergeben. »Wir haben die Ampullen gefunden, in dem Zimmer, in dem jemand gestorben ist«, sagt die aufgeregte Astrid W. beim nächsten Treffen zu ihrem Chef. Doch Dirk F. reagiert anders als erwartet. Er will offenbar, dass die Ampullen verschwinden. »Überschreite jetzt nicht deine Kompetenzen.« So etwas in der Art habe er zu ihr gesagt, erinnert sich W. Kurz und zackig, ohne viel Drumherum. »Danach haben wir nie wieder darüber gesprochen.«

Bei vielen Kollegen von Högel ist aus dem unguten Gefühl offenbar spätestens im Frühjahr 2005 ein konkreter Verdacht geworden. Die Aussagen bei den Vernehmungen zehn Jahre später lassen daran kaum Zweifel. Was die Zeugen sagen, macht noch einmal die Tragödie deutlich, die sich hinter den Krankenhausmauern abgespielt hat: ein Serienmörder, dem trotz aller Verdachtsmomente und Hinweise nicht das Handwerk gelegt wird; chaotische Zustände in den betroffenen Stationen; Mitarbeiter, deren Nerven blank liegen. Wie drei, vier Jahre zuvor in Oldenburg verstreicht die Chance ungenutzt, den Mörder zu stoppen.

Astrid W.: »Sie müssen sich das so vorstellen, dass,

wenn jemand verstorben ist, das Bett, in dem dieser Patient gelegen hat, zum Reinigen aus der Station herausgeschoben wurde. Die Betten standen dann in der Regel vor der Tür. Wenn ich dann morgens zum Frühdienst kam und die Station betreten hatte und dann die leeren Betten da gesehen hatte, dann habe ich mir schon gedacht: Oh, was ist jetzt passiert – ist Niels wieder da.«

Claus P.: »Wir haben auf der Intensivstation zu der Zeit nur eine geringe Fluktuation gehabt, und diese Häufung an Reanimationsfällen hatten wir eben auch nur, wenn Herr Högel im Dienst war. Das war schon auffällig, und deswegen war Herr Högel auch bei mir im Verdacht.«

Torsten J.: »Ich habe bis zu diesem Tag kategorisch abgelehnt zu glauben, dass er das macht. Nur, da war es dann einfach nicht mehr diskutierbar, an diesem Tag.«

Manuela M.: »Ich kann mich erinnern, dass Niels im Raum war, als wir reanimiert haben, und er auf einem Stuhl an der Wand saß und uns zugeschaut hat. Dann fing er während der Reanimation plötzlich an zu singen. Er hat ein Lied gesungen. Das ist so ein Westernlied. Das geht: ›It's a long way to Tipperary, it's a long way from home.‹ Ich habe ihn damals angeschaut, mich wieder umgedreht und weitergemacht, weil wir ja gerade reanimiert haben. Aber jetzt im Nachhinein bekomme ich davon Gänsehaut, und das ist so surreal.«

Das Klinikum Delmenhorst bestreitet eine Mitverantwortung allerdings auch zehn Jahre nach der Mordserie, als diese Aussagen beim Prozess 2014/15 fallen. Während die Verhandlung vor dem Landgericht Oldenburg noch läuft, stellen die Verantwortlichen die Abläufe anders da als Högels Kollegen.

Klinik-Geschäftsführerin Sonja G. Drumm: »Mit Blick auf meine Mitarbeiter möchte ich ganz deutlich betonen, dass es sich bei den vermeintlichen Taten des Niels H. um die Taten eines fehlgeleiteten Einzeltäters handelt. Den in der Öffentlichkeit immer wieder zu hörenden Vorwurf, dass Mitarbeiter bewusst weggesehen hätten, kann ich nach meinem heutigen Kenntnisstand nicht bestätigen. Das Bild eines Monsters bestätigen Erzählungen und Bilder der damaligen Zeit nicht. Niels H. war bei den Mitarbeitern beliebt, medizinisch versiert, sympathisch und hatte eine gepflegte Erscheinung. Doch auch wir ließen uns schließlich ohne Vorwarnung und Verdacht von Niels H. täuschen.«

Klinik-Anwalt Erich Joester sagt, er glaube nicht, dass man das Verhalten von Högels Kollegen mit Wegschauen erklären könne. In der Klinik gehe es ausschließlich darum, zu pflegen und Leben zu retten. »Das ist das, was sie den ganzen Tag machen.« Da entstehe kein Verdacht. »Die können sich nicht vorstellen, dass es anders sein könnte.«

Man darf dahinter Taktik vermuten: bloß nichts zugeben. Wie zuvor in Oldenburg geht es in Delmenhorst um die Reputation der Klinik, um möglichen Schadenersatz, um Versicherungsschutz. Auch wenn die Klinikleitung die Dimension der Mordserie vermutlich zunächst nicht überblicken kann, gibt es im Laufe der Jahre immer wieder Hinweise, dass sich Delmenhorst auf mögliche Konsequenzen vorbereitet. Auffällig ist dabei unter anderem eine interne Zusammenfassung des Referats für Presse- und Öffentlichkeitsarbeit im Klinikum zum Todesfall Dieter M. vom Oktober 2009. Högel hat zu diesem Zeitpunkt seine siebenjährige Haftstrafe nach dem zweiten Prozess endlich angetreten, die Staatsanwaltschaft Oldenburg hat die Ermittlungen nach der Anzeige von Kathrin Lohmann gerade wieder aufgenommen. Von einem weiteren Gerichtsverfahren ist man allerdings weit entfernt. Die Presseabteilung listet aber schon einmal auf, wer damals mit Högel zusammengearbeitet hat, in welcher Reihenfolge sich die Ereignisse abgespielt haben und welche Probleme es möglicherweise für das Klinikum geben könnte. Darunter finden sich, jeweils mit drei Ausrufezeichen versehen, die Hinweise, dass die Statistiken der Todesfälle und des Gilurytmal-Verbrauchs hätten auffallen müssen.

Zitiert wird auch eine gerichtliche Aussage von Heidrun M., der Witwe von Dieter M., mit der das Klinikum seit Jahren über eine Rechnung für die Behandlungskosten ihres von Högel getöteten Mannes streitet. Darin behauptet die Frau, vom Direktor des Krankenhauses persönlich über den Krankenpfleger mit der Todesspritze informiert worden zu sein. Der Direktor habe auch gesagt, dass ihr Mann einer von vielen Todesfällen im Klinikum gewesen sei.

Am Ende des mehrseitigen internen Dokuments steht unter dem Stichwort »Weitere dokumentierte Verdachtsfälle« der Hinweis auf Renate R., verstorben am 24. Juni 2005. Im Klinikum ahnt man wohl, dass eine weitere Tat nach Aufdeckung des Mordes an Dieter M. das größte Problem für das Haus werden könnte.

Nach dem überraschenden Tod von Renate R. sind es wie zwei Tage zuvor beim Sterbefall Dieter M. die Pfleger Almut D. und Torsten J., die dem Verdacht gegen Högel nachgehen. Die beiden haben bei Antritt des Nachtdiensts erfahren, dass im Reha-Raum die tote Patientin liegt. »Dazu hat man uns erklärt, dass sie unmittelbar zuvor Herzrhythmusstörungen bekommen habe und schließlich auch daran verstorben sei«, sagt J. in seiner Zeugenaussage. Högel sei im Dienst gewesen, als Frau R. starb.

Almut D. stellt fest, dass aus der Apotheke wieder eine Packung des Medikaments Gilurytmal fehlt. Torsten J. kontrolliert den Spritzenabwurfbehälter. In Zimmer acht findet er zwei leere Ampullen des Medikaments und entnimmt sie mit einem Handschuh. Es ist nicht das Zimmer von Frau R. In diesem Zimmer lag am Vormittag eine andere Patientin, die gegen zehn Uhr verstorben sein soll, zu einem Zeitpunkt, als Högel noch nicht im Dienst gewesen ist. Dieser Patientin, findet J. heraus, ist das Medikament allerdings nicht verordnet worden.

Laut der Patientenakte ist auch der toten Renate R. Blut entnommen worden, das im Medizinischen Labor Bremen auf den Wirkstoff Ajmalin untersucht wird. Der Befund ist jedoch negativ. Was damals niemand weiß: Das Labor hätte den Wirkstoff des Medikaments Gilurytmal niemals nachweisen können. Denn Högel hat sein Opfer mit dem Beta-Blocker Sotalex getötet. Renate R. wird feuerbestattet, ein toxikologischer Nachweis ist damit unmöglich. Högel gesteht die Tat später bei seinen Vernehmungen durch die Soko.

»Ich erinnere mich jetzt insbesondere deswegen daran, weil bei diesem Fall das Sotalex von mir benutzt wurde und ich das Verpackungsmaterial dieses Medikaments in meinem Kittel verstaut habe«, erklärt Högel.

Als Polizist Oliver Lenz und sein Kollege am 1. Juli 2005 Högels Spind durchsuchen, finden sie die leere Packung. »Ich erinnere mich noch daran, dass ich eigentlich vorhatte, das Verpackungsmaterial irgendwann wegzuschmeißen, ich habe es aber nicht getan«, sagt Högel.

Notizen und Dokumente aus der Klinik zeigen für den 24. Juni 2005 eine hektische Betriebsamkeit. Leitende Ärzte und die Pflegeleitung versuchen, sich ein Bild von der Lage zu machen. Schnell wird klar, dass kein Arzt das Medikament Gilurytmal für Dieter M. angeordnet hat. Die Delmenhorster rufen bei der Pflegedienstleitung im Klinikum Oldenburg an, können aber wegen Urlaubs und Fortbildung keinen der Zuständigen erreichen. Der Zweck des Anrufs bleibt unklar. Womöglich wollen die Delmenhorster wissen, ob es an Högels alter Arbeitsstelle ebenfalls zu Auffälligkeiten gekommen war.

Gegen Mittag vereinbaren die Verantwortlichen in Delmenhorst, dass vorerst keine Informationen weitergegeben werden sollen. Der über den Vorfall informierte Kreis soll klein bleiben. Ein Arzt warnt dringend davor, einen falschen Verdacht zu äußern. Wie in Oldenburg heißt es auch in Delmenhorst: Es lägen fast keine Beweise vor, »die auf Herrn Högel tatsächlich hindeuten«, so steht es in einer handschriftlichen Notiz.

Am Abend des 24. Juni, etwa um Viertel nach acht, so vermerken es die Beteiligten in einer weiteren Notiz, hätten die Pfleger Torsten J. und Almut D. festgestellt, dass erneut Ampullen Gilurytmal aus dem Bestand fehlen. In der Notiz wird auch ein Verdacht im Fall der nur knapp zwei Stunden vorher verstorbenen Renate R. angedeutet. »Da nicht klar war, ob diese Patientin gegebenenfalls das Medikament Gilurytmal bekommen hatte, wurde auch hier eine Monovette Blut für die Bestimmung des Ajmalinspiegels abgenommen.«

Högel darf an diesem Tag nach seinem Dienst unbehelligt nach Hause fahren. In einem Protokoll, das sich in den Unterlagen des Klinikums findet, wird dazu Folgendes vermerkt: »Da die verdächtige Person sich ab Freitagabend im Urlaub befand, wurden zunächst keine weiteren Schritte für nötig gehalten, da diese Person keinen Patientenkontakt mehr durchführen konnte.«

Das Wochenende vergeht offenbar ohne größere Aktivitäten. Erst am Montag, dem 27. Juni, geschieht etwas. An diesem ersten Urlaubstag sei er von der Pflegedienstleiterin angerufen worden, erinnert sich Högel bei den Vernehmungen. Sie habe ihn für den folgenden Tag zu einem Gespräch ins Krankenhaus eingeladen, ohne einen konkreten Grund zu nennen.

Vor diesem Anruf findet im Klinikum gegen neun Uhr eine Krisensitzung der »erweiterten Krankenhausleitung« statt. Gegen zwölf Uhr informiert die Klinikleitung das Rathaus in Delmenhorst über die Vorgänge. Man beschließt, dass nicht nur Högel, sondern auch der Pfleger Torsten J. gehört werden soll. Der zuständige Delmenhorster Krankenhausdezernent Friedrich Hübner soll die Befragung durchführen.

Am Montag passiert aber noch etwas. Pflegedienstleiterin Ann-Kathrin F. erreicht telefonisch die Pflegedienstleitung im Klinikum Oldenburg. Sie erfährt das, was man in Delmenhorst offenbar schon geahnt hat: zu Högels Zeiten in Oldenburg war es zu »ungeklärt häufigen Todesfällen« gekommen. »Es konnte aber nie bewiesen werden, dass Herr Högel etwas damit zu tun hatte«, heißt es in den Notizen des Klinikums Delmenhorst. F. erfährt demnach auch, dass Högel innerhalb des Klinikums Oldenburg die Station wechseln musste. »Er sei nie vom Dienst suspendiert gewesen, sondern hat irgendwann gekündigt.« Sollte diese Aussage tatsächlich so gefallen sein, hätte das Klinikum Oldenburg den Kollegen in Delmenhorst allerdings nur die halbe Wahrheit gesagt.

Dienstag, 28. Juni: Um 14.50 Uhr beginnt in einem Besprechungszimmer im Klinikum Delmenhorst das »Dienstgespräch« über den Fall Dieter M. Högel bringt seine Frau zu dem Termin mit; der Grund dafür ist nicht bekannt. Die Pflegedienstleiterin habe ihn in ihrem Büro empfangen, dann aber in eine andere Etage begleitet.

Als Högel in das Zimmer gerufen wird, ist der große Besprechungstisch schon fast vollständig besetzt. Chef- und Oberärzte sind da, der Verwaltungsdirektor, die Pflegedienstleiterin, der Stationsleiter. Der einzige Herr im Anzug sitzt Högel direkt gegenüber: Dezernent Hübner. Högel sagt später aus, er könne sich nicht genau an den Wortlaut erinnern, aber es sei recht zügig um den Vorfall mit Dieter M. gegangen. »Dann wurde auch direkt die Frage gestellt, ob ich Gilurytmal injiziert habe. Ich habe das damals verneint.«

Laut dem Gesprächsprotokoll fragt Hübner, welche Handlungen Högel an dem Patienten durchgeführt habe. Er selbst habe an dem Patienten nichts gemacht, lautet die Antwort. Auch an der Einstellung des Perfusors habe er nichts verändert. Ob Högel eigenständig, ohne Anweisung Medikamente verabreicht hat, will

Hübner dann wissen. Er habe dem Patienten kein Medikament verabreicht und kein Gilurytmal gegeben, sagt Högel. »Weshalb sollte ich das machen?«

Schließlich kommt der Dezernent auf die vier leeren Ampullen Gilurytmal und die Blutuntersuchung zu sprechen. Högel wehrt wieder ab: »Wir bewegen uns da auf ein Gleis, wo ich mich nicht hinbegeben möchte. Ich habe das Medikament nicht verabreicht. Ich würde auch nie ein Antiarrythmikum ohne Arztanweisung einem Patienten geben.«

Abschließend erklärt Högel laut Protokoll, dass er sich vorkomme, »als würde er vorgeführt«. Hübner erklärt ihm, dass er ein wichtiger Zeuge sei, von dem sich die Krankenhausleitung dringend erforderliche Informationen erhofft, um diesen mysteriösen Vorfall aufzuklären. Gemeint ist der Fall Dieter M. Der ebenfalls verdächtige Tod von Renate R. spielt keine Rolle. Das Gespräch endet um 15.45 Uhr.

Seine Frau habe ihn anschließend gefragt, was denn nun der Grund gewesen sei, was los wäre. »Ich meine mich daran zu erinnern, dass ich ihr damals nur gesagt habe, dass ich etwas getan habe, was man nicht hätte tun dürfen«, sagt Högel.

Einen Tag später befragt fast die gleiche Runde Torsten J. Er habe verschiedene »Dinge« seit zwei oder drei Monaten mitbekommen, aber bis zu dem Vorfall am 22. Juni nicht geglaubt, dass etwas Wahres daran sein könnte, sagt er. Hübner will wissen, ob der Pfleger mit Högel befreundet ist. In Oldenburg habe eine sehr enge und sehr vertraute Freundschaft bestanden, sagt J., der Högel nach Delmenhorst gefolgt ist. Dort sei die Freundschaft wieder aufgefrischt worden, aus privaten Gründen sei sie aber jetzt gestört.

Am 29. und 30. Juni bereiten das Klinikum und die Stadt Delmenhorst generalstabsmäßig die geplante Öffentlichkeitarbeit vor. Anwälte werden eingeschaltet – Zivil- und Strafrechtler, mögliche Haftungsfragen geklärt, die Konsequenzen für Högel abgewogen. Erst am 1. Juli gegen 13 Uhr beschließt der Krisenstab von Stadt und Klinikum gemeinsam mit den beiden engagierten Anwälten, die Kriminalpolizei »unverzüglich« zu informieren.

Verwaltungsdirektor Hubert C. schreibt dazu am 6. Juli in einer Mail an Dezernent Hübner: »Die Kriminalpolizei Delmenhorst wurde durch die Krankenhausdirektion am 01.07.05 informiert, dass eine möglicherweise strafbare Handlung erkennbar wurde, nachdem bei/in einem stationären Patienten ein Medikament nachgewiesen wurde, welches nicht verordnet und nicht indiziert war; Recherchen der Krankenhausdirektion konnten keine abschließende Klärung herbeiführen.«

Wieder ein Wochenende, wieder eine Pause. Am Montag, 4. Juli, der Delmenhorster Kriminaloberkommissar Oliver Lenz ermittelt bereits, machen sich die Verantwortlichen des Klinikums weiter intensiv Gedanken darüber, was gesagt werden darf und was nicht, welche Informationen besser zurückgehalten werden, wer mit wem sprechen sollte und welche Kontakte besser unterblieben. »Vermutungen sind zu vermeiden oder ausdrücklich zu deklarieren«, heißt es im Protokoll des Verwaltungsdirektors. Erstmals denkt man demnach über eine Pressekonferenz nach. Rechtsanwalt Erich Joester nimmt

Kontakt zu Oberstaatsanwalt Gerhard K. auf. »RA Joester wird auf dem Laufenden gehalten«, wird vermerkt. Für die aufwendige Arbeit von Joester genehmigt die Stadt laut interner Notiz ein Honorar von 260 Euro pro Stunde.

Am 14. Juli, Högel sitzt inzwischen seit fast einer Woche in Untersuchungshaft, schreibt der Verwaltungsdirektor an einen anderen Anwalt, dass die Recherchen des Klinikums einen höheren Verbrauch des Mittels Gilurytmal im ersten Halbjahr 2005 ergeben hätten. Das Wort »höheren« ist dabei handschriftlich hinzugefügt, »deutlich überhöht« wurde gestrichen. »Auffällig ist darüber hinaus, dass die Sterbequote seit Beginn der Tätigkeit des Herrn Högel in unserem Haus angestiegen ist«, heißt es weiter. In diesem Satz wurde das Wort »drastisch« gestrichen. Im Hintergrund steht offensichtlich immer noch die Frage, wie man mit dem Fall Högel verfahren soll. Bei der Polizei kommen die Zahlen nur sehr langsam und auf wiederholte Nachfragen an.

Am 22. Juli erhält Högel per Bote die Kündigung. Sie ist adressiert an die Justizvollzugsanstalt Oldenburg, Cloppenburger Straße 400. Das Klinikum kündigt das Arbeitsverhältnis fristlos und sicherheitshalber auch ordentlich zum 31. Dezember 2005. Intern begründet Verwaltungsdirektor Hubert C. die Kündigung damit, dass das Verhalten des Pflegers »zumindest als Körperverletzung, möglicherweise als Tötungshandlung« zu werten sei. Zugleich liege mit der Verwendung des Arzneimittels Gilurytmal eine »Unterschlagung zum Nachteil unseres Hauses« vor. Um 15.45 Uhr quittiert Högel den Empfang der Kündigung.

Hausverbot im Klinikum Delmenhorst bekommt Högel

erst im Oktober 2005. »Eine Ausnahme gilt nur für den Fall, dass Sie selbst dringender notärztlicher oder stationärer Versorgung bedürfen, die anderweitig nicht geleistet werden kann«, schreibt der Verwaltungsdirektor. Zudem darf Högel unter Aufsicht seinen Dienstschlüssel und seine Dienstkleidung persönlich im Klinikum abgeben. Die Frist dafür läuft am 7. Oktober um zwölf Uhr ab. Högel quittiert den Empfang des Schreibens am 5. Oktober um 13.18 Uhr. Es wird ihm an seiner Privatadresse im Tilsiter Weg in Ganderkesee zugestellt. Der Serienmörder befindet sich schon wieder auf freiem Fuß.

V

DAS VERSAGEN DER ERMITTLER: JUSTIZ OLDENBURG

»Eine Krähe hackt der anderen kein Auge aus.«

Christian Marbach, Opfer-Angehöriger

KAPITEL 14

AUF FREIEM FUSS

Landgericht Oldenburg, Freitag, 22. Dezember 2006

Time, Care and More (Verleiher) überlässt dem Kunden (Entleiher) auf Grundlage seiner Allgemeinen Geschäftsbedingungen (AGB) folgenden Mitarbeiter:
Mitarbeiter: Niels Högel, geb. 30.12.1976, Bismarckstraße 127, 26382 Wilhelmshaven
Arbeitsbereich/Tätigkeitsbezeichnung: Krankenpfleger/-schwester (examiniert)
Tätigkeitsmerkmale: Pflege und Betreuung von alten und kranken Menschen
Erforderliche Qualifikation: [...]
Zeitraum: der Überlassung am/ab dem 04.01.2008 bis auf Weiteres
Arbeitsort: Pauline-Ahlsdorff-Haus
(Anschrift der Betriebsstätte/Baustelle) Rheinstraße 106, Wilhelmshaven
Vereinbarte wöchentliche Arbeitszeit: 35 Stunden (Die Arbeitszeit kann je nach Arbeitsaufwand variieren.)
Für die Überlassung des o. g. Mitarbeiters in dem o. a. Arbeitsbereich berechnen wir Ihnen
Kostenverechnungssatz: 17,41 Euro

Am 4. Januar 2008 unterzeichnen der Personaldienstleister Time, Care and More aus Wilhelmshaven und die Arbeiterwohlfahrt (AWO) den Arbeitnehmerüberlassungsvertrag 1006001, den es so nie hätte geben dürfen. Mit großer Wahrscheinlichkeit wissen beide Parteien nicht, um wen es sich bei Högel handelt: einen Mann, gegen den eine Strafkammer wegen des Todes eines Patienten ein fünfjähriges Berufsverbot ausgesprochen hat. Auch wenn das Revisionsverfahren noch läuft, dürfte das jeder Arbeitgeber im Pflegebereich für eine wichtige Information halten.

Das Pauline-Ahlsdorff-Haus liegt zentral zwischen dem Wilhelmshavener Südstrand und der Nordseepassage. Es bietet 300 Bewohnern in acht Wohnbereichen ein Zuhause. Für Högel, der wieder in Wilhelmshaven wohnt, ist es ein idealer Arbeitsplatz. Er kann den kurzen Weg entspannt zu Fuß oder mit dem Rad zurücklegen. Högel lebt allein, seine Frau hat sich von ihm getrennt. Der Krankenpfleger erscheint bei seiner neuen Arbeitsstelle stets weiß gekleidet zum Dienst und hebt sich damit von den examinierten Altenpflegern ab, die eher bunte Kleidung tragen.

Im ersten Halbjahr 2008 sterben im Pauline-Ahlsdorff-Haus 65 Bewohner. Sechseinhalb Jahre später wird die Polizei in dem Alten- und Pflegeheim ermitteln und dabei anhand der »Fluktuationsliste« und des Dienstplans feststellen, dass Högel für etwa 20 dieser Todesfälle verantwortlich gewesen sein könnte. Doch wie konnte es dazu kommen?

Drei Jahre vorher: Am 8. Juli 2005 erlässt das Amtsgericht Delmenhorst einen Haftbefehl gegen Högel wegen versuchten Totschlags an Dieter M. Drei Wochen später legt sein damaliger Verteidiger Beschwerde gegen den Haftbefehl ein und beantragt dessen Aufhebung, hilfsweise die Außervollzugsetzung. Ende August weist das Landgericht Oldenburg die Beschwerde als unbegründet zurück.

Doch Högel und sein Anwalt lassen nicht locker und reichen bereits Anfang September die nächste Beschwerde ein. Jetzt legt das Landgericht die Akten dem Oberlandesgericht Oldenburg zur Entscheidung vor. Das OLG setzt den Haftbefehlt am 21. September unter Auflagen außer Vollzug. Högel wird aus der Untersuchungshaft entlassen. Auch der Versuch der Staatsanwaltschaft, den Haftbefehl nach der Anklageerhebung im Februar 2006 wieder in Vollzug zu setzen, scheitert. Das Landgericht Oldenburg bestätigt am 15. März die Haftverschonung.

Im Sitzungssaal des Landgerichts Oldenburg spricht die 4. große Strafkammer Högel am 22. Dezember 2006 schuldig. Der Angeklagte hat nach Überzeugung des Gerichts am 22. Juni 2005 versucht, im Klinikum Delmenhorst den Patienten Dieter M. zu töten, indem er ihm unerlaubt eine Überdosis Gilurytmal spritzte. Das Gericht verurteilt Högel zu einer fünfjährigen Gefängnisstrafe, es verhängt außerdem ein Berufsverbot gegen ihn: Fünf Jahre lang darf er nicht »den Beruf eines Krankenpflegers oder eine Tätigkeit in der Pflege kranker und alter Menschen oder im Rettungswesen« ausüben.

Das Gericht hält Högel für gefährlich, das Berufsverbot soll die Allgemeinheit vor ihm schützen. »Die Tat konnte tückischer nicht sein«, sagt der Vorsitzende Richter Harald Leifert in der Verhandlung. In der Urteilsbegründung heißt es, die Kammer sehe »die Gefahr, dass der Angeklagte bei weiterer Ausübung derartiger Tätigkeiten mit medizinischem und pflegerischem Bezug weitere rechtswidrige Taten der festgestellten Art begehen wird«. Warum diese Gefahr nach fünf Jahren ausgeräumt sein sollte, bleibt das Geheimnis des Gerichts.

Doch Högel geht nicht ins Gefängnis, weil der Richterspruch nicht rechtskräftig ist. Die Strafe kann noch nicht vollstreckt werden, weil Staatsanwaltschaft, Nebenklage und Verteidigung Revision einlegen. Der Bundesgerichtshof (BGH) prüft den Fall und hebt das Urteil gegen Högel am 8. Oktober 2007 teilweise auf. Lediglich die Feststellungen zum Tatgeschehen haben weiter Bestand.

Der BGH verweist den Fall ans Landgericht Oldenburg zurück. Das Gericht hat nach Ansicht der Bundesrichter im ersten Verfahren das Motiv Högels nicht zur Genüge erforscht; das muss nun nachgeholt werden. Der Tötungsvorsatz ist nach Ansicht der Karlsruher Richter nicht rechtsfehlerfrei festgestellt, auch sei das Mordmerkmal Heimtücke nicht ausreichend ausgeschlossen worden.

Die Aufhebung eines Urteils ist für Gerichte so etwas wie eine Höchststrafe. Kein Richter will sich von der Revision für Sach- oder Verfahrensfehler rügen lassen. Hätte das Landgericht Oldenburg eine solche Schlappe verhindern können, wenn es die Hinweise anders bewertet hätte, dass es sich bei Högel um einen Serienmörder handelt? Von diesen Hinweisen gibt es in den eineinhalb Jahren seit seiner Festnahme im Sommer 2005 schließlich mehr als genug. Der Pfleger steht schon vor dem ersten Prozess im Verdacht, mehrere Patienten in Lebensgefahr gebracht oder vielleicht sogar getötet zu haben. Die Hinweise darauf finden sich in den Prozessakten.

Im August 2005 hat die Staatsanwaltschaft Oldenburg die Ermittlungen im Fall Dieter M. fast abgeschlossen. Ende des Monats will sie Anklage erheben. Die Ermittlungsbehörde folgt auch Zeugenaussagen, wonach der Verbleib größerer Mengen von Medikamenten zur Behandlung von Herzrhythmusstörungen im Klinikum unklar ist. Laut Oberstaatsanwalt Gerhard K. gibt es allerdings keine Hinweise auf Zusammenhänge mit anderen Todesfällen.

Im Oktober 2006 kommt ein Gutachter sogar zu dem Schluss, dass von Mord keine Rede sein könne. Selbst wenn Högel Dieter M. eine Überdosis Gilurytmal verabreicht haben sollte, sei dieser daran nicht gestorben, sondern erst einen Tag später an einer Lungenentzündung.

Noch im selben Monat belasten indes Delmenhorster Stationsärzte Högel schwer. Sie sprechen im Prozess von »starken Verdachtsmomenten«, die gegen Högel bestanden hätten. Die Ärzte reden über eine »Häufung von ungeklärten Vorfällen« und davon, dass die Vorkommnisse, in denen schwerkranke Patienten hätten wiederbelebt werden müssen, »stark zugenommen« hätten. Und wieder kommt der Hinweis, dass Gilurytmal massenhaft bestellt worden sei, obwohl es von den Ärzten fast gar nicht eingesetzt werde. Nur während des Urlaubs des Angestellten seien die Bestellungen eingebrochen.

Im Dezember 2006 heißt es in der Oldenburger *Nordwest-Zeitung*: »Zeugen hatten von Gerüchten berichtet, wonach im Umfeld des Angeklagten eine Vielzahl von Patienten gestorben sein sollen.« Der Angeklagte habe sich als Herr über Leben und Tod aufgeführt, zitiert das Blatt Staatsanwalt K.

»Wir Journalisten sind immer davon ausgegangen, dass da viel mehr war«, sagt der Gerichtsreporter Franz-Josef Höffmann, der die ersten beiden Prozesse gegen Högel begleitet hat. »Das Gefühl, dass wir es hier nur mit der Spitze des Eisbergs zu tun haben, hatten wir alle. Aber letztlich konnte sich wohl kein Mensch vorstellen, was wirklich dahintersteckt.«

Für das Gericht ist der Fall zunächst abgeschlossen, kein Staatsanwalt ermittelt weiter, bohrt tiefer. Auch die Presse verliert das Interesse. Der verurteilte Pfleger bleibt bis Mitte 2009 auf freiem Fuß.

Doch hat Högel in den fast vier Jahren auch weiter gemordet? Haben Fehleinschätzungen von Staatsanwaltschaft und Gericht weitere Menschen das Leben gekostet? Hätte nicht bei einem noch so kleinen Verdacht von Amts wegen ermittelt werden müssen? Diese Frage treibt den Ermittlern viele Jahre später Schweißperlen auf die Stirn. Der Patientenmörder ist für Monate vom Radar der Behörden verschwunden.

Gegen Högel lagen keine Haftgründe wie Flucht- oder Verdunkelungsgefahr vor – so erklärt der Sprecher des Landgerichts Oldenburg, Michael Herrmann, 2014 Högels lange Freiheit in einem Interview mit der »Nordwest-Zeitung«. Auch Versäumnisse der Justiz sieht er weder bei der Haftverschonung vor dem Prozess noch danach. Das Gericht habe zum Zeitpunkt des ersten Verfahrens keine Hinweise auf mehr als einen Todesfall im Zusammenhang mit Högel gehabt.

Frage: Wie kann es sein, dass ein Mann, gegen den wegen Mordverdachts ermittelt wird, nach wenigen Wochen aus der U-Haft entlassen wird?

Herrmann: Nach einer Beschwerde der Verteidigung hat das Oberlandesgericht den Haftbefehl des Amtsgerichts außer Vollzug gesetzt, weil es zu dem Zeitpunkt keine Haftgründe sah.

Frage: Was wären denn Haftgründe gewesen?

Herrmann: Flucht, Fluchtgefahr, Verdunkelungsgefahr. Fluchtgefahr bestand bei Niels H. aufgrund der sozialen Bindung nicht. Das konnte man später ja auch im Prozess sehen: Er ist zu jeden Verhandlungstermin gekommen und trat anschließend auch freiwillig seine Haft an.

Frage: Als gegen Niels H. dann im Februar 2006 Anklage erhoben wurde, beantragte die Staatsanwaltschaft, den Haftbefehl wieder in Vollzug zu setzen. Diesmal lehnte das Landgericht ab. Warum?

Herrmann: Den Antrag hat das Landgericht aus rechtlichen Gründen abgelehnt. Eine Invollzugsetzung des Haftbefehls ist nur möglich, wenn neue Tatsachen zu den Haftgründen bekannt werden. Die gab es aber nicht.

Frage: Aber hätte Niels H. nicht spätestens im Dezember 2006 ins Gefängnis gehen müssen, als ihn das Landgericht schuldig sprach und zu fünf Jahren Haft und einem Berufsverbot verurteilte?

Herrmann: Nein. Freiheitsstrafe und Berufsverbot

können erst mit Rechtskraft des Urteils vollstreckt werden. Liegen Haftgründe vor, besteht natürlich die Möglichkeit, Haftbefehl zu erlassen.

Frage: Hier gab es ja bereits einen Haftbefehl. Hätte die Staatsanwaltschaft nach dem Urteil nicht erneut beantragen müssen, diesen Haftbefehl in Vollzug zu setzen?

Herrmann: Das hätte sie machen können. Erfolgreich wäre es aber nur gewesen, wenn es neue Tatsachen zu den Haftgründen gegeben hätte. Es ist ein weit verbreiteter Irrtum, dass jeder Angeklagte nach dem Urteilsspruch direkt ins Gefängnis geht. Entscheidend ist der Zeitpunkt, wann die Rechtskraft eintritt.

Frage: Aber hier ging es doch um den Schutz der Öffentlichkeit! Sehen Sie keine Versäumnisse der Justiz?

Herrmann: Ich kann nur für das Landgericht sprechen, und da sehe ich keine Versäumnisse. Zum Zeitpunkt des ersten Verfahrens gegen Niels H. hatten wir keine Hinweise, dass wir es mit mehr als einem Todesfall zu tun haben.

Nach seiner Entlassung in Delmenhorst 2005 und der kurzen Untersuchungshaft trinkt Högel angeblich exzessiv. Zeugen sprechen von teilweise zwei Flaschen Korn am Tag. Ein Jahr später scheint er körperlich und seelisch stark angeschlagen zu sein. Monatelang wird Högel stationär in einer psychiatrischen Klinik behandelt. Die Ärzte diagnostizieren eine ausgeprägte psychische Dekompensation. Das heißt, Högels Körper oder Psyche kann übermäßige Belastung nicht mehr ausgleichen. Im März 2007 wird er wegen des Verdachts auf eine koronare Herzerkrankung in ein Krankenhaus eingewiesen. Doch Högel hat kein medizinisches Herzleiden. Er ist körperlich kerngesund, sagen die Ärzte – und die Erkrankung damit offenbar ein rein psychosomatisches Symptom. Niemand weiß, dass er Dutzende, vielleicht Hunderte Morde auf dem Gewissen hat.

Nach der Klinikepisode und fast zweijähriger Arbeitslosigkeit sucht Högel einen neuen Job und findet ihn. Im Mai 2007 heuert er für wenige Wochen im Alten- und Pflegeheim Haus Friedeburg im Landkreis Wittmund als Pflegekraft an, rund 20 Kilometer von Wilhelmshaven entfernt. Er tut damit das, was ihm das Urteil von 2006 verbieten soll. Die Soko Kardio ermittelt 2014 auch in Friedeburg, allerdings ergebnislos. Es gibt angeblich dort keine Häufung von Todesfällen, Reanimationen oder Medikamentenverbrauch. Die Kollegen, die sich an Högel erinnern können, beschreiben ihn als freundlich und hilfsbereit. Warum er das Haus Friedeburg so schnell wieder verlässt, bleibt unklar.

Am 4. Januar fängt Högel im Pauline-Ahlsdorff-Haus in Wilhelmshaven an. Er unterschreibt für ein Jahr, bleibt aber nur bis August. »Es ist grundsätzlich so, dass wir mit den Mitarbeitern keine Gespräche führen, insbesondere nicht über deren vorherige Verwendung und Arbeitsstellen«, erklärt Boris T.*, 2008 stellvertretender Pflegedienstleiter, in seiner Zeugenaussage. Deshalb habe er nichts von Ermittlungsverfahren, einem Tötungsverdacht oder einer Gefängnisstrafe gewusst. »Er hat nichts davon erzählt, aber wir hatten auch keine Veranlassung, danach zu fragen.« G. sagt auch, dass Högel wegen eines personellen Engpasses und vieler krankheitsbedingter Ausfälle kurzfristig eingestellt wurde. Die Verantwortlichen standen dabei offensichtlich unter Druck.

Die Wohnbereiche acht, neun und zehn, für die Högel als Pfleger zuständig ist, bieten Platz für rund 70 Menschen. In jenen Monaten sterben 23 Bewohner, neun von ihnen im Krankenhaus. Der Hauptgeschäftsführer des AWO Bezirksverbandes Weser-Ems, Thomas Elsner, bestreitet Jahre später einen Zusammenhang zwischen der Beschäftigung des Ex-Pflegers im Jahr 2008 und den damaligen Todesfällen. Högel habe im Wohnheim keinen Medikamentenzugang gehabt.

Die polizeiliche Aussage des Altenpflegers Jan H.* scheint das allerdings zu widerlegen. Er erinnert sich an gemeinsame Nachtdienste mit Högel im Pauline-Ahlsdorff-Haus, speziell an eine Nacht Ende Juli, während der im Zimmer der Bewohnerin Emma P. »eine bestimmte Menge des Medikaments Tilidin verschwunden ist«. Ein Thema, das später offenbar auch die Pflegedienst- und die Personalleitung beschäftigt.

»Ich kann mich noch daran erinnern, dass ich mich mit Niels Högel darüber unterhalten habe, dass er einer Bewohnerin Tilidin gegeben hat«, erzählt Jan H. Er kann allerdings nicht mehr sagen, ob es dabei um Frau P. ging, die kein zusätzliches Schmerzmittel hätte bekommen dürfen. Der Verbleib des Tilidins konnte demnach nicht geklärt werden. »Mir ist nicht bekannt, was mit dem Medikament passiert ist«, sagt H.

Die Pflegerin Katja U.* hat den Tod des Bewohners Paul L. aus dem Wohnbereich neun am 9. Mai 2008 noch gut im Gedächtnis. L. bricht gegen 17.45 Uhr bewusstlos zusammen, die Atmung setzt aus. An der Reanimation ist vermutlich auch Högel beteiligt. L. stirbt um 18.57 Uhr im St.-Willehad-Hospital. Sie habe nicht wahrgenommen, dass Högel oder sonst jemand dem Bewohner irgendwelche Medikamente verabreicht hat, bevor er das Bewusstsein verlor, sagt die Pflegerin. »Ich kann allerdings allgemein sagen, dass bei uns im Pflegeheim Reanimationsfälle sehr selten sind.«

Auch der stellvertretende Pflegedienstleiter Boris T. erinnert sich an eine oder zwei Reanimationen in der Dienstzeit von Högel. »Ich möchte hinzufügen, dass eine Reanimation in einem Altenpflegeheim nichts Ungewöhnliches ist«, sagt er. Ein erstaunlicher Widerspruch zur Aussage seiner Kollegin.

Högel selbst bestreitet weitere Taten nach der ersten Verurteilung. Er wisse aus den Medien von dem Gerücht, dass er auch zu dieser Zeit straffällig geworden sein soll, erzählt er 2014 dem Gutachter Karyofilis. Das sei aber unzutreffend. Er habe weder getötet noch manipuliert oder in irgendeiner Form Notfallsituationen verursacht, beteuert er.

»Warum eigentlich nicht?«, fragt der Psychiater.

Es habe überhaupt keinen Impuls dazu gegeben, antwortet Högel. Offensichtlich um dieser Behauptung Nachdruck zu verleihen, erzählt er sehr detailliert eine Situation mit einem Bewohner in der zweiten Etage auf Zimmer 212. Dem Mann habe nach einem Luftröhrenschnitt der Erstickungstod gedroht. Weil die Kollegen überfordert gewesen seien, habe er das Notwendige getan. In dieser Situation sei ihm bewusst geworden, dass er sich nicht mehr in Rettungssituationen bewähren und kein Lob mehr hören wolle wie »Boa, hast du das gut gemacht!«.

Ist das glaubwürdig? Der Polizei gelingt es nicht, bei ihren Untersuchungen der Todesfälle im Pauline-Ahlsdorff-Haus das Gegenteil zu beweisen.

Die Ermittlungen Ende 2014 gestalten sich schwierig. Der Personaldienstleister Time, Care and More, der Högel an die AWO vermittelt hat, ist seit März des Jahres insolvent. Es dauert, bis Högels Personalunterlagen in den rund 600 Ordnern gefunden werden, die beim Insolvenzverwalter stehen. Nach Angaben des damaligen Geschäftsführers war 2008 das umsatzstärkste Jahr der Agentur. Das Unternehmen beschäftigte damals bis zu 250 Mitarbeiter.

In den Unterlagen gibt es einen Hinweis, dass Högel seine Identität möglicherweise verschleiern will. Er gibt an, dass er eine eidesstattliche Versicherung geleistet habe und damit eingeschränkt geschäftsfähig sei. Seinen Lohn solle die Personalfirma auf das Konto seiner Mutter überweisen. Welche Zeugnisse Högel bei der Bewerbung vorlegt, lässt sich nicht erkennen.

Aus den monatlichen Abrechnungen geht hervor, dass Högel am 3. August seinen letzten Dienst im Pauline-Ahlsdorff-Haus hat, im September und Oktober arbeitet er dort nicht mehr. Vermutlich hat er Überstunden abgebaut, sagt der frühere Geschäftsführer. »Ich würde eher sagen, dass er kein Interesse an einer weiteren Mitarbeit gezeigt hat und wir deshalb die Kündigung ausgesprochen haben«, erklärt ein anderer Mitarbeiter der Personalfirma. Time, Care and More kündigt Högel zum 30. November 2008 aus »organisatorischen Gründen«, wie es offiziell heißt. Die Ermittlungen der Polizei in Wilhelmshaven verlaufen im Sand.

Es gibt eine weitere Spur, die verfolgt werden muss. Bereits am 10. März 2008, also noch vor seiner Kündigung, nimmt Högel nebenberuflich für mehrere Monate seine Tätigkeit im Rettungsdienst wieder auf. Auch das wäre ihm verboten, hätte das Urteil von 2006 Rechtskraft. Muss sich das Landgericht wirklich keine Versäumnisse vorwerfen lassen, so wie es der Gerichtssprecher im Interview gesagt hat? Rückblickend tut sich hier jedenfalls eine gefährliche Rechtslücke auf: Der Schutz der Allgemeinheit vor der mutmaßlichen Gefährlichkeit eines Straftäters wird ausgesetzt, solange das Revisionsverfahren läuft. Das kann aber Monate oder sogar Jahre dauern.

Högel arbeitet beim Wilhelmshavener Roten Kreuz (DRK) als Rettungsassistent. Ein angemeldeter Minijob, wie aus der Meldebescheinigung zur Sozialversicherung hervorgeht. Doch schon am 15. September 2008 beendet das DRK die Zusammenarbeit wieder. »Abmeldung wegen Ende einer Beschäftigung«, heißt es schlicht auf dem Formular.

Högel wird offensichtlich aufgrund seines auffälligen Alkoholkonsums gefeuert. Einmal hält er sogar während eines Einsatzes an einer Tankstelle in Wilhelmshaven an, um sich Schnaps zu kaufen. »Er kam tagsüber in Uniform in die Tankstelle und kaufte zwei kleine Flaschen Wodka. Ich habe dann beobachtet, wie er hinter das Gebäude ging und beide Flaschen austrank«, sagt ein ehrenamtlicher Kollege aus dem Rettungsdienst, der zu diesem Zeitpunkt in der Tankstelle arbeitet. Er habe die Geschäftsführerin informiert, und Högel sei entlassen worden.

Die Polizei überprüft später Hunderte Einsatzprotokolle des Rettungsdienstes in Wilhelmshaven. Vergeblich. Es lässt sich keine Tat nachweisen. Die Ermittler nehmen auch die Einsatzberichte aus Högels Rettungsdiensttätigkeit während seiner Zeit in Oldenburg und Delmenhorst unter die Lupe. So lässt der Landkreis Oldenburg mit einem Gutachten die Berichte zwischen August und Dezember 2003 untersuchen. Die Auswertung habe ergeben, dass es zu keiner durch Herrn Högel verursachten Tötung gekommen sei, heißt es in einem Schreiben des Rettungsdienstes in Wildeshausen an die Polizei.

Doch so klar ist die Sache offenbar nicht. Insgesamt wurden 204 Protokolle ausgewertet. In drei Fällen können die Gutachter nicht sicher ausschließen, dass Högel »durch sein dokumentiertes Verhalten eine gesundheitliche Beeinträchtigung der von ihm versorgten Patienten ausgelöst bzw. forciert hat«, heißt es. »Eine vor Gericht verwertbare Beweisführung wird sich aber bei der vorhandenen Aktenlage als äußerst schwierig, wenn nicht gar unmöglich darstellen.«

Im Mai 2008 wird der Prozess gegen Högel vor dem Landgericht Oldenburg neu aufgerollt. Vorsitzender Richter ist jetzt Sebastian Bührmann, der auch die folgenden Prozesse leiten wird. Der zweite Durchgang dauert nur drei Monate. Am Ende verschärft Bührmann die Strafe: Högel soll jetzt siebeneinhalb Jahre wegen versuchten Mordes in Haft, das Berufsverbot gilt lebenslang. Der Angeklagte habe heimtückisch gehandelt, indem er die »Arg- und Wehrlosigkeit« seiner Kollegen ausgenutzt hat, heißt es in der Urteilsbegründung.

Doch im zweiten Prozess gibt es neue Hinweise darauf, dass Högel ein Serientäter sein könnte. Sie kommen diesmal auch aus dem Klinikum Oldenburg. Bührmann hat zwei Oldenburger Chefärzte und die Pflegedienstleiterin als Zeugen geladen. Högel hat zu seiner Tätigkeit in Oldenburg keine Angaben gemacht. Der Richter will es nun genauer wissen – und bekommt Aussagen, die so gar nicht mit dem guten Zeugnis in Einklang stehen, mit dem der Pfleger aus Oldenburg weggelobt wurde.

Högels Vorgehen bei Reanimationen sei offensiv und unangebracht aktionistisch gewesen, erzählt der Zeuge Otto D. Seine zunehmende Selbstdarstellung sei nicht hinnehmbar gewesen und die Versetzung deshalb auch im Rückblick konsequent und richtig. Der Zeuge Andreas W. gibt an, dass Högel überdurchschnittlich häufig in »heroischen Situationen« im Einsatz gewesen sei. Es habe auch geheißen, »Högel sei ein Unglücksrabe« oder »Pechbringer«. Er habe insgesamt ein ungutes Gefühl bei dem Pfleger gehabt, betont Andreas W. Das habe er anderen in der Klinik auch mitgeteilt.

Die Gerichtsreporter schreiben jetzt Sätze wie diese in ihre Artikel:

»In der Klinik soll damals die Runde gemacht haben, dass der Angeklagte den Patienten das Mittel spritzt, um sie anschließend zu retten und dann als Held dazustehen.«

»Etliche Fälle soll es im Umfeld des 31-Jährigen gegeben haben.«

»Der Angeklagte rette schon gerne, nehme dabei aber

den Tod des Patienten auch billigend in Kauf, sagte der Vorsitzende Richter.«

»Im Umfeld des 31-Jährigen soll es zu unzähligen ähnlichen Vorfällen wie jetzt angeklagt gekommen sein. In vielen Fällen war das Retten dann schiefgegangen.«

Die Zeitungsseiten werden gedruckt, hunderttausendfach verteilt und gelesen, Kriminalgeschichten sind beliebter Lesestoff. Die Zeitungen erscheinen auch in Oldenburg und Delmenhorst, wo Tausende Menschen leben, die Klinikpatienten sind, waren oder kennen. Im Gerichtssaal hören die Richter der Strafkammer diese Sätze. Anwälte hören sie, Zeugen hören sie, die Angehörigen von Dieter M. hören sie, auch unbeteiligte Zuhörer, die Verhandlungen sind ja öffentlich.

Richter Bührmann macht im Prozess keinen Hehl daraus, dass er unzufrieden ist mit der Aufklärung von Högels Wirken. Nach Ansicht der Kammer haben die beiden Oldenburger Zeugen Andreas W. und Thiebe O. »gemauert«; sie fallen durch nicht erklärliche Erinnerungslücken und schwammige, teilweise widersprüchliche Angaben auf. Kein Vorgesetzter habe versucht, die schwerwiegenden Vorwürfe gegen einen seiner Mitarbeiter zu klären. Die Kammer ist sich sicher: Die beiden Verantwortlichen des Klinikums Oldenburg hatten einen Verdacht gegen Högel und sich deshalb um seine Entlassung bemüht.

Doch wie schon 2006 bleibt der Verdacht im Raum stehen. Die Ermittlungsbehörden gehen den Vorwürfen nicht nach, obwohl sich die Hinweise noch einmal verdichtet haben. Will oder kann sich niemand das Schlimmste vorstellen? Hätte Kathrin Lohmann nicht im

Mai 2008 zum Hörer gegriffen und Ermittler Oliver Lenz in der Delmenhorster Polizeidienststelle von ihrem Verdacht erzählt, wären fast 100 weitere Taten möglicherweise nie entdeckt worden. Das Urteil wird am 10. Dezember 2008 rechtskräftig, nachdem der Bundesgerichtshof den Revisionsantrag der Verteidigung zurückgewiesen hat. Im Januar 2009 erscheint ein letzter Zeitungsartikel zum Prozess um den Tod des Klinikpatienten Dieter M. Überschrift: »Es bleibt bei Haftstrafe für Delmenhorster«. Högel muss für siebeneinhalb Jahre ins Gefängnis, wegen Mordversuchs an einem Patienten. Damit enden die Berichterstattung und die öffentliche Diskussion. Högel meldet sich im Mai 2009 zum Strafantritt in der Justizvollzugsanstalt Lingen. Die Gefängnistore schließen sich hinter ihm, die Welt dreht sich weiter, die offenen Fragen bleiben unbeantwortet. Bis zum nächsten Verfahren vergehen mehr als fünf Jahre.

KAPITEL 15

ALTE BEKANNTE

**Generalstaatsanwaltschaft Oldenburg,
Montag, 26. November 2014**

»Justizpolitischer Skandal!«»Offenbarungseid der Oldenburger Justiz!«»Erschüttertes Vertrauen in den Rechtsstaat!« Christian Marbach ist wütend über die jüngsten Nachrichten im Fall Högel. Marbach steht während einer Verhandlungspause im mittlerweile dritten Prozess gegen Högel draußen vor dem Portal des Oldenburger Landgerichts. Alle Kameras und Mikrofone sind auf ihn gerichtet. Mit Hemd und Jackett ist er für einen kühlen Tag im Spätherbst eigentlich viel zu dünn angezogen.

Doch Marbach, der im Prozess als Sprecher der Opfer-Angehörigen auftritt, redet sich schnell warm, als die Journalisten ihn nach seiner Bewertung des Verfahrens fragen. Er geizt nicht mit markigen Worten. »Diese Staatsanwaltschaft hat aus unserer Sicht jegliches Vertrauen der Angehörigen in diesem Fall verloren«, sagt der 43-Jährige.

Marbach regt sich seit Monaten immer wieder lautstark über den Prozess und die Ermittlungen auf. Der Tod seines Großvaters Hans S. ist einer von fünf Verdachtsfällen, über die in diesem Prozess verhandelt wird. Dass Högel später im Fall Hans S. nur wegen gefährlicher Körperverletzung verurteilt werden wird, trifft Marbach hart.

Was ihn besonders empört, ist die Rolle der Oldenburger Ermittler. Seit Beginn des dritten Prozesses Anfang September 2014 ist die Kritik lauter geworden. Die verantwortlichen Staatsanwälte hätten die Untersuchungen verzögert oder gar blockiert, heißt es. Gemeinsam mit der Angehörigen-Anwältin Gaby Lübben sorgt Marbach dafür, dass diese Vorwürfe einer breiten Öffentlichkeit bekannt werden. Die Rede ist von einem jahrelangen »Ermittlungsboykott«.

Die notwendigen Informationen über Högels Taten liegen seit 2006 der Staatsanwaltschaft vor, ereifert sich Marbach gegenüber den Journalisten. »Damals gab es begründete Verdachtsmomente. Es gab ganz viele Zeugenaussagen dazu von leitenden Klinikmitarbeitern, die damals schon gesagt haben, dass der Umfang dieser Taten eine deutlich größere Dimension angenommen hat.« Die Polizeiinspektion Delmenhorst habe deswegen auch umfänglich ermittelt. »Die haben sich nicht auf fünf konzentriert, die haben alle Todesfälle aufgenommen und untersucht. Sie wurden aber immer darauf reduziert, für dieses Verfahren einige auszuwählen.«

Die Staatsanwaltschaft Oldenburg spricht im November 2014 plötzlich selbst von einem Anfangsverdacht gegen die früher für den Fall Högel zuständigen Ex-Oberstaatsanwälte Carsten Z. und Franz Hubert S. Juristisch lauten die Vorwürfe: Strafvereitelung im Amt und Rechtsbeugung. Nachdem Oberstaatsanwalt Gerhard K.

in den Ruhestand gegangen war, kümmerte sich Z. von 2006 bis 2008 und dann wieder von 2011 bis 2013 um den Fall. Dazwischen war S. zuständig.

Als immer mehr Medien über den Fall berichten und damit der öffentliche Druck wächst, beauftragt der Oldenburger Generalstaatsanwalt Andreas Heuer am 26. November die Staatsanwaltschaft Osnabrück mit Ermittlungen gegen die Oldenburger Kollegen. Heuer sagt, er gebe die Ermittlungen bewusst nach Osnabrück, weil die Behörde »bislang mit dem Verfahren gegen den Krankenpfleger nicht befasst« war. Der Generalstaatsanwalt verspricht in einem Interview mit der *Nordwest-Zeitung* Aufklärung in den eigenen Reihen.

Frage: Hat die Staatsanwaltschaft im Fall des mutmaßlichen Klinik-Mörders Niels Högel schlampig ermittelt?

Heuer: Bevor ich zu diesen Vorwürfen inhaltlich etwas sage, möchte ich erst mal sagen, dass ich vollstes Verständnis für die Menschen habe, die jetzt in einer Ungewissheit leben: Was ist mit meinen Angehörigen passiert? Muss womöglich mein Angehöriger, der verstorben ist, exhumiert werden? Warum das erst jetzt? Wir bemühen uns seitens der Staatsanwaltschaft und seitens der Generalstaatsanwaltschaft, eventuelle Versäumnisse aufzuklären.

Frage: Haben Sie auch Verständnis für die Wut vieler dieser Angehörigen auf die Staatsanwaltschaft?

Heuer: Ich glaube, wenn ich in der Situation wäre, dass Jahre nach dem Tod meiner Angehörigen so etwas hochkäme und ich nicht wüsste, was passiert ist, dann wäre ich auch aufgebracht.

Frage: Bereits 2005 soll es schriftliche Hinweise an die Behörde gegeben haben, die auf ein Verbrechen in größerem Umfang hindeuten. Wie konnte es passieren, dass es nur zur Anklage in einem einzigen Fall kam?

Heuer: Wie genau das passiert ist, kann ich im Moment nicht beurteilen. Es laufen Ermittlungen dazu, ob es möglicherweise Versäumnisse bei der Staatsanwaltschaft gab. Die Staatsanwaltschaft Oldenburg selbst hat einen Anfangsverdacht gesehen gegen zwei ehemalige Staatsanwälte, die möglicherweise nicht so gearbeitet haben, wie es nach dem Gesetz richtig gewesen wäre. Wegen dieses Verdachts hat die Staatsanwaltschaft ein Ermittlungsverfahren eingeleitet. Dieses hat sie uns, der Generalstaatsanwaltschaft, zur Bestimmung einer anderen Staatsanwaltschaft vorgelegt. Ich habe dann die Staatsanwaltschaft Osnabrück mit den Ermittlungen beauftragt. Sie war bislang mit dem Verfahren gegen den Krankenpfleger nicht befasst und wird es auch nicht sein.

Frage: Was genau wirft man den beiden Kollegen vor?

Heuer: Die Vorwürfe lauten, dass sie möglicherweise eine Strafvereitelung im Amt begangen haben oder eine Rechtsbeugung; also einen ganz besonders schweren Rechtsverstoß. Das kann zum Beispiel dadurch passieren, dass man Ermittlungen, die eigentlich zu tätigen wären, nicht vornimmt. Ob das der Fall gewesen ist, wird in diesen Ermittlungen geklärt. Hinsichtlich dieser Staatsanwälte gilt genauso wie bei jedem anderen Beschuldigten die Unschuldsvermutung.

Frage: Welche Strafen drohen den Betroffenen?

Heuer: Das Strafgesetz sieht Freiheitsstrafen für die

Rechtsbeugung von einem bis zu fünf Jahren vor. Neben den Ermittlungen in Strafsachen wird noch ein Disziplinarverfahren gegen die ehemaligen Oberstaatsanwälte geführt. Das Disziplinarverfahren wird aber ausgesetzt, bis die strafrechtlichen Ermittlungen abgeschlossen sind.

Frage: Wäre eine Rechtsbeugung nicht bereits verjährt?

Heuer: In der strafrechtlichen Prüfung ist die Staatsanwaltschaft Osnabrück mit dieser Frage befasst. Das ist möglicherweise rechtlich nicht ganz einfach zu beantworten.

Frage: Wird durch die Ermittlung in den eigenen Reihen eine mögliche Verjährung unterbrochen?

Heuer: Der ermittelnde Staatsanwalt hat Maßnahmen ergriffen, um eine mögliche Verjährung zu unterbrechen.

Frage: Müsste man bei den Ermittlungen nicht auch die Behördenleitung in den Blick nehmen?

Heuer: Im Rahmen einer Geschäftsprüfung prüfen wir umfassend alles, was um den Ermittlungskomplex mit dem Krankenpfleger passiert ist. Und in dem Zusammenhang werden wir auch klären, ob über das mögliche Fehlverhalten Einzelner hinaus irgendwelche systemischen Dinge neu geregelt werden müssen.

Frage: Werden Sie schonungslos in den eigenen Reihen aufklären?

Heuer: Natürlich.

Frage: Die Nebenklage hat ja von einer neunjährigen Ermittlungsblockade gesprochen. Jetzt gibt es eine Soko – was führte dazu, dass jetzt intensiver ermittelt wird?

Heuer: Die Entscheidung darüber, jetzt so umfangreich zu ermitteln, lag bei der Staatsanwaltschaft Oldenburg, die hat das entschieden. Offenbar aus den Erkenntnissen aus dem neuen Verfahren heraus, möglicherweise auch aus Presseberichten.

Frage: Als das Ganze 2008 größere Dimensionen annahm, hat die Staatsanwaltschaft entschieden, lediglich acht Exhumierungen vorzunehmen. Ist es üblich, dass Ermittlungen gedeckelt werden?

Heuer: Ob hier eine Deckelung vorgelegen hat, das kann ich nicht beurteilen.

Frage: Ist es denn zulässig, Ermittlungen entsprechend zu begrenzen?

Heuer: Grundsätzlich gibt es in der Strafprozessordnung Möglichkeiten, den Prozessstoff zu begrenzen. Ob das hier ein ausschlaggebender Grund gewesen ist, weiß ich nicht. Auch das ist Gegenstand der Ermittlungen, die hinsichtlich des möglichen Fehlverhaltens Einzelner geführt werden.

Nach monatelanger Prüfung der Vorwürfe erhebt die Staatsanwaltschaft Osnabrück im April 2015 tatsächlich Anklage gegen Z., wegen Versäumnissen in der Zeit vom August 2011 bis November 2013. Die Ermittlungen gegen S., der sich bereits im Ruhestand befindet, stellt sie ein. Er hat sich zwar nach Ansicht der Osnabrücker auch nicht mit großem Eifer an die Ermittlungen gemacht, aber immerhin einige Obduktionen beantragt und ein paar Zeugen befragt. Oberstaatsanwalt K. ist im Januar verstorben.

In der Anklageschrift wird Z. Strafvereitelung im Amt sowie Rechtsbeugung in zwei Fällen vorgeworfen. Im

Fall einer Verurteilung droht dem ehemaligen Oberstaatsanwalt eine Freiheitsstrafe von mindestens einem Jahr.

Die Osnabrücker haben den Ermittlungsverlauf bei den Kollegen der Staatsanwaltschaft Oldenburg in der Zeit von 2005 bis 2014 unter die Lupe genommen. Konkret wird Z. zur Last gelegt, nach Übernahme des Falls Högel keine weiteren Exhumierungen und toxikologischen Untersuchungen veranlasst zu haben. Obwohl in der Amtszeit seines Vorgängers bei neun Exhumierungen in fünf Fällen der positive Nachweis des Medikaments Gilurytmal gelungen ist. Obwohl die Polizisten aus Delmenhorst eine Liste mit möglichen Opfern erarbeitet haben, die Z. nur noch hätte unterschreiben müssen.

Der Beschuldigte hat demnach auch versäumt, Anklage gegen Högel zu erheben, obwohl im September 2012 drei Mitgefangene des Ex-Pflegers in der Justizvollzugsanstalt Oldenburg ausgesagt haben, dass Högel ihnen gegenüber seine Mordtaten zugegeben habe. Er hatte demnach in Gesprächen mit den Häftlingen unter anderem erklärt, dass er der größte Serienmörder in Deutschland nach dem Zweiten Weltkrieg sei. Die Beweislage war damit ausreichend, meint die Staatsanwaltschaft Osnabrück. Tatsächlich wurde aber erst im Januar 2014 Anklage gegen Högel erhoben.

»Bei der Untersuchung der Verfahrensakten wurde kein weiteres strafrechtlich relevantes Fehlverhalten anderer Angehöriger der Staatsanwaltschaft Oldenburg festgestellt«, sagt der Sprecher der Staatsanwaltschaft Osnabrück. Mit der Anklageschrift müsse sich nun das Landgericht Oldenburg befassen.

Doch das Landgericht lässt die Anklage nicht einmal zu. Die erste Strafkammer sieht keinen hinreichenden Tatverdacht gegen den Ex-Staatsanwalt, zudem geht sie davon aus, dass ein Prozess ohne Urteil enden würde.

»Vor allem der Vorwurf, er habe vorsätzlich gehandelt, lässt sich nach Ansicht der Kammer nicht halten«, erklärt das Landgericht im August 2015. Der frühere Staatsanwalt hat demnach die Akten »fortlaufend gefördert«, wie es im Amtsdeutsch heißt, er hat Ermittlungen ausgeweitet und selbst eine Überlastungsanzeige geschrieben, also seinen Vorgesetzten darüber informiert. Dieser habe ihm freigestellt, welche Verfahren er in der bis zum Ausscheiden aus dem Amt im November 2013 verbleibenden Zeit vorrangig bearbeiten wolle.

Pikant dabei ist, dass der ehemalige Oberstaatsanwalt zu diesem Zeitpunkt Vorsitzender Richter an ebendiesem Landgericht ist, das die Vorwürfe gegen ihn nun abweist.

Die Staatsanwaltschaft Osnabrück legt zwar Beschwerde gegen den Beschluss ein, doch die wird vom Oberlandesgericht Oldenburg (OLG) als »unbegründet« verworfen. Die OLG-Richter sehen ebenfalls keinen hinreichenden Tatverdacht gegen Z. und bestätigen die Entscheidung des Landgerichts in allen Punkten. Das geht aus dem Beschluss vom 3. Dezember 2015 hervor.

Nach Ansicht des OLG wusste der Oberstaatsanwalt zwar genau, dass die »von ihm unterlassenen Handlungen« zumindest eine »nennenswerte Verzögerung der Strafverfolgung des Verurteilten« zur Folge haben würden. Dies sei jedoch nicht ausreichend, den Vorsatz der Rechtsbeugung zu begründen.

Auch durch die »nachträglich bekannt gewordene Brisanz« lässt sich nach Auffassung der Richter kein Rechtsbeugevorwurf ableiten. Demnach ist Z. die Dimension des Falls vor seinem Ausscheiden am 17. November 2013 nicht bekannt gewesen.

Das OLG bescheinigt dem Oberstaatsanwalt zudem, andere Ermittlungsansätze gesehen und geprüft zu haben. Auf weitere Exhumierungen habe er aus Rücksicht auf die »schwerwiegenden Belastungen der Angehörigen« verzichtet. »Diese Entscheidung stellt keine Verletzung von Recht und Gesetz dar«, heißt es. Mit den Exhumierungen hätte man den Wirkstoff Gilurytmal, aber nicht die Täterschaft Högels nachweisen können.

In Oldenburg sind die Richter an Landgericht und Oberlandesgericht teilweise Büronachbarn.

Angehörige von Opfern reagieren empört. Gerüchte machen die Runde, dass die Staatsanwaltschaft das Krankenhaus Delmenhorst vor etwaigen Schadensersatzansprüchen bewahren wollte und deswegen nichts tat. Beweise für eine Verbindung von Z. zum Klinikum finden die Osnabrücker Ermittler nicht.

»Das erschüttert jegliches Vertrauen in den Rechtsstaat«, sagt Christian Marbach. Auch er ärgert sich darüber, dass Richter am Oldenburger Landgericht über einen Kollegen entscheiden, der nur einige Türen weiter sitzt. »Eine Krähe hackt der anderen kein Auge aus«, sagt er. Wegen der Gefahr der Befangenheit müssten solche Entscheidungen an andere Standorte abgegeben werden. Marbach sieht hier die Landesregierung gefragt. »Ich glaube, dass die Staatsanwaltschaft Oldenburg, die ja neun Jahre nach der Verhaftung des Täters erst anfängt zu ermitteln, überhaupt nichts aus eigenen Stücken gemacht hätte.« Das sei vor allem dem Mediendruck geschuldet.

Das Oberlandesgericht wehrt sich umgehend gegen die Vorwürfe und verweist auf das im Grundgesetz verankerte Prinzip des gesetzlichen Richters, das festlegt, wer worüber zu urteilen hat. In Artikel 101 des Grundgesetzes heißt es: »Ausnahmegerichte sind unzulässig. Niemand darf seinem gesetzlichen Richter entzogen werden.« OLG-Vizepräsident Michael Kodde erklärt das Prinzip so: »Wenn Sie heute eine Straftat begehen, kann ich Ihnen jetzt schon sagen, welcher Richter darüber urteilen wird.« Der »gesetzliche Richter« ist Folge der willkürlichen Rechtsprechung durch Sondergerichte im Dritten Reich. In der Bundesrepublik regeln deshalb das Gerichtsverfassungsgesetz und Prozessordnungen vorab, welches Gericht für welche Tat und welchen Ort zuständig ist.

Die Zuständigkeiten innerhalb der Gerichte regelt ein ebenfalls im Voraus festzulegender Geschäftsverteilungsplan. Was laut Kodde manchmal zu der kuriosen Situation führt, dass eine Kammer mit Arbeit überlastet ist, aber trotzdem keine Verfahren an eine deutlich weniger belastete Kammer abgeben kann.

Im Fall des früheren Oberstaatsanwalts mit Wohn- und Tatort im Oldenburger Land stand jedenfalls unverrückbar fest: Das Landgericht und das Oberlandesgericht Oldenburg hatten über den Fall zu entscheiden.

Will ein Richter nicht über den Büronachbarn entscheiden, kann er sich selbst für befangen erklären; ein weiterer Kollege müsste dann über seinen Antrag entscheiden. Theoretisch könnten sich zwar alle Richter eines Gerichts nacheinander für befangen erklären. »Die Büronachbarschaft allein reicht aber nicht als Befangenheitsgrund aus«, sagt Kodde.

Der OLG-Vizepräsident erklärt: Wenn Kollegen über Kollegen urteilen müssen, ist das für keine der beiden Seiten angenehm. Auch wenn beteiligte Richter beteuern, in ihrem Berufsleben »noch keine zehn Minuten« mit dem Beschuldigten gesprochen zu haben, müssen sie mit dem Vorwurf leben, nach dem »Krähenprinzip« gehandelt zu haben. Und der Beschuldigte muss damit leben, dass – auch wenn die Sache wie hier juristisch für ihn erledigt ist – für Beobachter des Falls ein »Geschmäckle« bleibe. Er habe Verständnis dafür, dass Fälle wie der Högel-Beschluss zu Misstrauen in der Öffentlichkeit führen können, sagt Kodde.

Opfer-Sprecher Marbach geht davon aus, dass die Osnabrücker Staatsanwaltschaft ohnehin den falschen Mann ins Visier genommen hat. Er ist der festen Überzeugung, dass die Verantwortung für die Ermittlungsverschleppung beim Oldenburger Behördenleiter Roland Herrmann liegt. Marbach droht mit einer Anzeige gegen die Behördenleitung.

Herrmann ist seit 2003 Leiter der Staatsanwaltschaft Oldenburg. In dieser Funktion ist er elf Jahre lang hauptverantwortlich für die Ermittlungen gegen Högel zuständig: vom ersten offiziellen Tatverdacht gegen den Pfleger im Juli 2005 bis zum Eintritt Herrmanns in den Ruhestand am 1. August 2016. Bei der Verabschiedung sagt die damalige niedersächsische Justizministerin Antje Niewisch-Lennartz (Grüne): »Herr Herrmann hat sich sehr für die

Belange der niedersächsischen Justiz und die Oldenburger Staatsanwaltschaft eingesetzt. In den vergangenen vierzehn Jahren seiner Amtszeit hat er eine kleine Ära geprägt.« Gegen Herrmann wird nie ermittelt.

Auch der Vorsitzende Richter Sebastian Bührmann hat immer wieder deutlich die schleppenden und schlampigen Ermittlungen im Fall Högel kritisiert. Im dritten Prozess 2014/15 schreibt Bührmann ins Urteil, dass sich dadurch die Aufklärung um sechs Jahre und zwei Monate verzögert habe.

Als Grundlage für die Berechnung nimmt Bührmann einen Anfangsverdacht im Fall Dieter M., der sich aus den am 3. Juli 2006 vorgelegten Statistiken der Sterberaten und des Medikamentenverbrauchs im Klinikum Delmenhorst ergeben habe. Die Ermittlungen im Fall Brigitte A. seien erst gut zwei Jahre später aufgenommen worden, in den vier weiteren in diesem Prozess angeklagten Fällen sogar mit vier Jahren Verspätung im Juli 2010.

Der Vorsitzende Richter rechnet in allen Fällen weitere Monate hinzu, weil »Ermittlungen nicht wesentlich gefördert worden sind« und es deutliche Verzögerungen von ersten Anhaltspunkten bis zur Anklage gab. Das wirkt sich insgesamt strafmildernd aus für den Täter: Neun Monate der lebenslangen Haftstrafe gelten bei Högel »als Entschädigung für die überlange Verfahrensdauer« als vollstreckt. Im Fall von Högel handelt es sich bei dem Strafnachlass allerdings um einen rein theoretischen Wert.

KAPITEL 16

EINE ZIELSTREBIGE FRAU

Staatsanwaltschaft Oldenburg, Freitag, 1. November 2013

Im November 2013 macht Oberstaatsanwältin Daniela Schiereck-Bohlmann in einem Karton einen überraschenden Fund. Schiereck-Bohlmann, 41 Jahre alt, ist erst vor wenigen Tagen befördert worden: Sie leitet jetzt bei der Staatsanwaltschaft Oldenburg die Abteilung VIII, zuständig unter anderem für die sogenannten Heilberufssachen. Hinter dem sperrigen Behördenwort verbergen sich strafrechtliche Verfahren gegen Mediziner und Pflegekräfte, häufig geht es um den Vorwurf eines ärztlichen Kunstfehlers. Es kann sich aber auch um einen mordenden Krankenpfleger handeln, so wie bei dem Kartonfund.

Schiereck-Bohlmann, geboren in Gelsenkirchen, aufgewachsen im Oldenburger Land und in Celle, wollte nach dem Jurastudium in Göttingen unbedingt in die freie Wirtschaft, für einige Jahre heuerte sie auch bei einer Großkanzlei in Frankfurt am Main an. Als es sie später zurück in die Nähe ihrer Eltern und damit in den Norden zog, bewarb sie sich nach einigem Zögern dann doch bei der Justiz. Sie durchlief die üblichen Stationen.

Bei der Staatsanwaltschaft Oldenburg spürte sie: Das ist das, was ich machen möchte. Die nächsten Jahre arbeitete sie im Bereich OK, Organisierte Kriminalität. Bis Oberstaatsanwalt Carsten Z. plötzlich seinen Posten in der Abteilung VIII räumte und sie zur Dezernatsleiterin aufrückte.

Wer in der Staatsanwaltschaft eine neue Abteilung übernimmt, muss sich erst einmal einen Überblick verschaffen. In der vordigitalen niedersächsischen Justiz des Jahres 2013 bedeutet das: Papierberge erklimmen, kartonhoch und regalmeterbreit. In einem der Kartons findet die neue Leiterin des Heilberufsdezernats die Akte Högel, ein offenes Mordverfahren gegen einen Krankenpfleger. Daniela Schiereck-Bohlmann muss nur ein paar Seiten lesen, um zu erkennen, dass dies kein gewöhnlicher Fall ist. Fünf Mordvorwürfe, die mutmaßlichen Taten begangen in einem Krankenhaus, allein das ist schon eine große Sache. Noch größer wird die Sache, als sie in der Akte die Statistiken der Polizei Delmenhorst findet: Sterberaten, Medikamentenverbrauch, die Korrelation von Dienst- und Sterbezeiten. Schiereck-Bohlmann greift zum Telefon und ruft bei Manfred Borchers in Delmenhorst an. Von nun an werden die Staatsanwältin und der Polizist regelmäßig Kontakt halten.

Eine der ersten Entscheidungen der neuen Dezernatsleiterin lautet: Der Fall Högel muss vorrangig behandelt werden. Das muss er nicht nur, weil die Angehörigen der fünf toten Klinikpatienten schon viel zu lange auf Antworten warten, allen voran Kathrin Lohmann, die Tochter der 2003 verstorbenen Brigitte A. Es eilt auch, weil Gefahr droht.

Niels Högel, der beschuldigte Krankenpfleger, sitzt seit 2009 im Gefängnis, nachdem er 2008 wegen versuchten Mordes im Fall Dieter M. zu siebeneinhalb Jahren Haft verurteilt wurde. Im Februar 2014 wird er zwei Drittel seiner Haftstrafe verbüßt haben. Damit steht der sogenannte Zwei-Drittel-Termin an: die Prüfung von Amts wegen, ob der Rest der Strafe zur Bewährung ausgesetzt werden kann nach Paragraf 57, Strafgesetzbuch, »Aussetzung des Strafrestes bei zeitiger Freiheitsstrafe«. Wenn ein Strafgefangener sich gut geführt hat, wenn er nicht durch Drogen oder Gewalt negativ aufgefallen ist, wird er in der Regel entlassen. Über den Häftling Högel ist nur Positives bekannt.

Ein mutmaßlicher Serienmörder auf freiem Fuß? Das will Daniela Schiereck-Bohlmann verhindern. Bereits am 10. Januar 2014 geht ihre Anklageschrift beim Landgericht ein, am 11. März liegt der Eröffnungsbeschluss der Strafkammer vor, der Prozess gegen Högel wird am 11. September 2014 beginnen. Högel bleibt im Gefängnis.

Während die Zeitungen erste Berichte über den anstehenden Mordprozess veröffentlichen, nimmt die Staatsanwältin wieder Kontakt zur Polizei Delmenhorst auf. Manfred Borchers soll weitere Verdachtsfälle aus den Krankenakten heraussuchen. Im Frühjahr 2014 stehen die Ermittler immer noch vor den gleichen Fragen wie im Sommer 2005: Wie lässt sich eine solche Tat nachweisen? Wenn man einen vor Jahren verstorbenen Patienten exhumiert, findet man dann noch hinreichend Gewebe für eine toxikologische Untersuchung? Wenn man genug Gewebe zum Untersuchen hat, findet man darin hinreichend Medikamentenspuren? Und wenn man Medikamentenspuren gefunden hat, wie gerichtsfest sind dann diese Beweise? Wie damals die Polizisten Borchers und Lenz weiß die Staatsanwältin, dass das toxikologische Gutachten der entscheidende Beweis sein wird. Es gibt keine Tatzeugen, es gibt kein Geständnis. Högel schweigt zu allen Vorwürfen, selbst die Tat an Dieter M. hat er bislang nicht zugegeben. Auch dafür wird der Prozess im September ein wichtiger Test sein: Wie wird eine Strafkammer auf die Beweislage in diesem ungewöhnlichen Fall reagieren? Genügt ihr das für eine Verurteilung?

Manni Borchers stellt vier, fünf weitere Fälle zusammen. Daniela Schiereck-Bohlmann beantragt die Exhumierungen. Problemlos bekommt sie die dafür notwendigen Beschlüsse. Eine hohe Hürde ist weggefallen: Die Polizisten laufen jetzt nicht mehr gegen die Staatsanwaltschaft wie gegen eine Mauer an, Polizei und Staatsanwaltschaft gehen den Weg gemeinsam.

Wieder ist es eine Frau, die den Fall Högel auf eine neue Stufe hebt. Die erste Frau in dieser Frauenreihe ist Heidrun M., die Witwe von Dieter M., an dessen Bett Högel am 22. Juni 2005 auf frischer Tat ertappt wurde. Sie war mit dem milden Landgerichtsurteil 2006 nicht einverstanden und hielt hartnäckig an ihrem Revisionsantrag fest, auch nachdem die Staatsanwaltschaft ihren Antrag nach nur einer Woche wieder zurückgezogen hatte. Ohne Heidrun M. befände sich Högel im Januar 2014 längst auf freiem Fuß. Ohne Heidrun M. hätte Kathrin Lohmann 2008 auch nicht den Zeitungsartikel über den zweiten Högel-Prozess lesen können, der zu ihrem

Anruf bei der Polizei führte. Lohmann ist die zweite Frau in der Reihe. Sie ließ sich gegen alle Widerstände nicht davon abbringen, dass ihre Mutter keines natürlichen Todes gestorben ist. Mit ihrer Beharrlichkeit stieß sie die Tür auf für weitere Ermittlungen. Die dritte Frau ist Gaby Lübben, die Rechtsanwältin aus Delmenhorst. Sie hat nicht nur Kathrin Lohmann im Prozess vertreten und den Blick auf die Opfer gelenkt, sie wird im weiteren Verlauf die wichtigste Anlaufstelle für alle Opfer-Angehörigen. Am Ende vertritt sie mehr als 100 Nebenkläger. Die vierte Frau ist die Oberstaatsanwältin: Daniela Schiereck-Bohlmann hat verhindert, dass ein Serienmörder nach wenigen Jahren wieder aus dem Gefängnis kommt. Vor allem aber macht sie den Fall Högel öffentlich, indem sie die stockenden Ermittlungen fortsetzt und vor Gericht bringt.

Donnerstag, 11. September 2014, im Großen Saal des Landgerichts Oldenburg beginnt der dritte Prozess gegen Högel. Der Angeklagte sitzt rechts, sein verkümmertes Ohr bleibt dem Publikum auf den schmalen Zuschauerbänken verborgen. Links sitzen die Nebenklägerin Kathrin Lohmann und ihre Anwältin Gaby Lübben, hinter ihnen der Nebenkläger Christian Marbach, laute Stimme der Opfer-Angehörigen. Nachdem Daniela Schiereck-Bohlmann die Anklage verlesen hat, sagt noch am ersten Prozesstag ein Zeuge aus: Kurt S., der Oberarzt aus Delmenhorst, der damals die Sterbestatistik auswertete. Am nächsten Tag titelt die Lokalpresse: »Krankenpfleger soll Serienkiller sein – Bis zu 100 Patienten im Klinikum Delmenhorst umgebracht?« Die Katze ist aus dem Sack.

VI

EIN FALL WIE KEIN ANDERER: DRITTE ERMITTLUNGEN

»Wir werden niemals alles wissen.«

Arne Schmidt, Leiter der Soko Kardio

KAPITEL 17

DER EINZIGE ZEUGE

Oldenburg, Gerichtsviertel, Mai 2014

An einem Frühlingsabend steigt vor einem Reihenhaus im Oldenburger Stadtteil Eversten ein Mann auf sein Rad, um ins Gerichtsviertel zu fahren. In seiner Tasche hat er einen Brief, der Tonnen zu wiegen scheint, »An die Staatsanwaltschaft« steht oben im Adressfeld. Frank Lauxtermann ist 51 Jahre alt, ein großer, kräftiger Mann mit tätowierten Armen und angstfreiem Auftreten. Aber diesmal hat er lange gezögert. Soll er den Brief tatsächlich schreiben? Die Frage quälte ihn tagelang, eigentlich begleitet sie ihn seit Jahren. Er spricht sich Mut zu: Einer muss es doch machen.

In der Zeitung hat er gelesen, dass sich ein Krankenpfleger aus Delmenhorst wegen des Todes von fünf Patienten bald vor Gericht verantworten soll. Der Name des Pflegers war in dem Artikel nicht genannt, aber Lauxtermann weiß, von wem die Rede ist: von seinem ehemaligen Oldenburger Kollegen Niels Högel.

Lauxtermann und Högel haben sich nie sonderlich gemocht, es gab keine privaten Kontakte zwischen ihnen. Sie sind beide Krankenpfleger, mehr verbindet sie nicht.

Der eine, Lauxtermann, trifft sich gern mit seinem besten Freund zum ruhigen Musizieren auf Akustikgitarren. Gesundheitliche Probleme setzen ihm zu, in Kürze wird er im Klinikum verabschiedet werden und in Rente gehen. Der andere, Högel, ist ein lauter Sunnyboy mit großer Klappe. Er scheint vor Energie zu strotzen, auf Partys mit Kollegen ist er ein beliebter Gast. Lauxtermann hat Schwierigkeiten mit seiner Hüfte, einmal bemerkt er, dass Högel seinen Gang nachäfft. Das verletzt ihn. Auch in ihrem Verständnis von Pflege unterscheiden sich die beiden. Der eine, Lauxtermann, sieht sich als Dienstleister am Menschen, er hat einen empathischen Blick auf dessen Bedürfnisse. Der andere, Högel, interessiert sich mehr für die Medizintechnik, er hat einen eher kühlen Blick auf praktische Notwendigkeiten. Für die Hochleistungsmedizin einer herzchirurgischen Intensivstation braucht man vermutlich beide Pflegertypen.

Kollegen müssen sich nicht mögen. Schwerer wiegt, dass Lauxtermann Högel nicht vertraut. Einmal hat er Auffälligkeiten in Bezug auf einen Högel-Patienten der Stationsleitung gemeldet. Anlass war ein unerklärlich hoher Kaliumwert bei einem Patienten nach einer Reanimation. Auch andere Kollegen haben doch über Högel gesprochen und sich beschwert, erinnert sich Lauxtermann. Jetzt ist dieser Högel wegen mehrerer Todesfälle im Klinikum Delmenhorst angeklagt.

Aber warum, wundert sich Lauxtermann, spricht niemand über Oldenburg?

Er radelt in Richtung Innenstadt, am Schlossgarten vorbei, die Wege sind kurz in der Stadt. Einer muss es ja machen. Aber ausgerechnet er? Frank Lauxtermann hat die Station 211 bereits im April 2001 verlassen, vieles von dem, was er über Högel weiß, hat er vom Hörensagen. Er hat alles in seinen Computer getippt: erst das Datum, »22.04.2014«, dann die lange Betreffzeile, er schreibt Högels Vornamen ohne e: »Aussage zu den Vorkommnissen auf der Stat. 211 des Klinikums Oldenburg in Verbindung mit den laufenden Ermittlungen und Mordvorwürfen gegen Herrn Nils Högel im Klinikum Delmenhorst«, schließlich all das, was ihm auf der Seele brennt. Er schreibt, dass er 22 Monate lang mit dem »mutmaßlichen Mörder« Högel als Pfleger auf der herzchirurgischen Intensivstation des Klinikums Oldenburg zusammengearbeitet habe. Dass es bereits in diesen gemeinsamen Monaten »Häufungen von Reanimationen« gegeben habe. Dass ihn in den nachfolgenden Monaten Kollegen über eine »dramatische Häufung von Zwischenfällen während der Dienste mit Niels Högel« informiert hätten. Dass es »ein Wochenende im September 2001 mit einer zweistelligen Zahl an Reanimationen und wohl mehreren Todesfällen« gegeben habe. Dass der Stationsleiter »wohl Aufzeichnungen über Dienste, Notfälle und schwere Auffälligkeiten ab Herbst 2001« geführt habe. Zwei eng bedruckte Seiten schreibt Lauxtermann voll, er schließt mit dem Satz: »Ich kann mit dem, was ich selbst erlebt habe und was mir von loyalen und sehr glaubwürdigen Kollegen zugetragen wurde, nicht ausschließen, dass Niels Högel schon auf der Station 211 und der Anästhesie des Klinikums Oldenburg Menschen massiv geschädigt hat.«

Als Zeugenaussage ist sein Brief problematisch. Er steckt voller Andeutungen; häufig berichtet Lauxtermann nicht von eigenen Erfahrungen mit Högel, sondern gibt angebliche Aussagen von Dritten weiter. Er nennt dabei aber Details, die der Öffentlichkeit zu diesem Zeitpunkt unbekannt sind und die sich im Lauf der folgenden Jahre als wahr herausstellen werden: das schwarze Wochenende im September 2001 zum Beispiel und die Strichliste des Stationsleiters. Die Ermittler bekommen die Strichliste erst zwei Jahre nach Lauxtermanns Brief zu sehen, im April 2016.

Bemerkenswert ist Lauxtermanns Brief aber vor allem deshalb, weil er zwischen den Zeilen eine wichtige Frage aufwirft: Warum ist in den fast 13 Jahren seit den im Brief genannten Auffälligkeiten nie ein Oldenburger Mitarbeiter an die Ermittlungsbehörden herangetreten? Und warum übernimmt diese Aufgabe auch jetzt niemand mit Wissen aus erster Hand, sondern ein ehemaliger Mitarbeiter? Kein Geschäftsführer, kein Chefarzt? Sondern ein Pfleger, der selbst nicht dabei war, als beispielsweise über die Strichliste gesprochen wurde? Warum fühlt sich niemand sonst verantwortlich, diese Informationen weiterzugeben?

Die Geschichte der Mordserie Högel erzählt auch eine Geschichte vom Schweigen. In den Jahren 2001 und 2002, als im Klinikum Oldenburg Führungskräfte über Reanimationen, Todesfälle und den Pfleger Högel diskutieren, entscheidet sich die Krankenhausleitung ausdrücklich gegen ein Hinzuziehen der Ermittlungsbehörden. Stattdessen wird Högel zunächst innerhalb des Hauses versetzt und scheidet schließlich lautlos aus, er geht mit einem guten Zeugnis. In den nachfolgenden Jahren bieten sich zahlreiche Gelegenheiten für Oldenburger Klinikmitarbeiter, die Polizei oder die Staatsanwaltschaft auf den Fall Högel aufmerksam zu machen. Sie verstreichen ungenutzt.

Einige Beispiele:

Donnerstag, 28. Juli 2005.
Die Berichterstattung über den Pfleger Högel, der in Delmenhorst festgenommen worden ist nach dem Tod eines Patienten, wird an seiner ehemaligen Arbeitsstätte in Oldenburg aufmerksam verfolgt. Der Betriebsrat des Klinikums Oldenburg spricht darüber mit Personalchef Tobias S.* und Chefarzt Andreas W., Leiter der Anästhesie. Betriebsrätin Imke M.* sagt, dass sich »vor einiger Zeit« der Delmenhorster Personalrat in Oldenburg gemeldet habe, weil Högel in Delmenhorst auffällig geworden sei. In ihrem Gedächtnisprotokoll notiert sie nach der Sitzung mit Personalchef und Chefarzt: »Mir bereitet die Angelegenheit ein schlechtes Gewissen; ich mache mir Vorwürfe, dass wir die Angelegenheit seinerzeit haben auf sich beruhen lassen.« Der Chefarzt habe ihr schlechtes Gewissen »unbegründet« genannt. Es habe damals kein konkreter Verdacht bestanden, der hätte weiterverfolgt werden müssen. »Dies habe ich anders in Erinnerung«, notiert die Betriebsrätin. Am Ende des Gesprächs habe der Chefarzt darum gebeten, gegenüber der Presse oder anderen anfragenden Personen keine Auskünfte zu geben.

Freitag, 29. Juli 2005.
Gegen zehn Uhr fährt der Kriminalbeamte Manfred Borchers mit einem Kollegen von Delmenhorst nach

Oldenburg. Vor wenigen Wochen hat die Delmenhorster Polizei Högel festgenommen. Weil der Pfleger vorher im Klinikum Oldenburg gearbeitet hat, will Borchers dort Personalunterlagen holen. Das Gespräch mit dem Personalchef verläuft ernüchternd. Tobias S. zeigt den Polizisten zwar die Personalakte, kann aber ansonsten nicht viel über den Pfleger sagen, da während der Dienstzeit Högels noch sein Vorgänger im Amt gewesen sei.

Borchers treiben zwei Fragen um, weil ihm bei den Ermittlungen in Delmenhorst Gerüchte zu Ohren gekommen sind. Erstens: Stimmt es, dass es in Oldenburg im Dienst von Högel zu nicht näher benannten »Vorfällen« gekommen ist? Zweitens: Trifft es zu, dass Högel wegen dieser Vorfälle bei vollem Gehalt vom Dienst freigestellt wurde? Zuletzt war Högel in der Anästhesie beschäftigt, Personalchef S. holt auf Bitten von Borchers den Chefarzt zum Gespräch hinzu. Prof. Dr. Andreas W. hat die Medienberichterstattung über den festgenommenen Pfleger verfolgt. Er berichtet den Polizisten, dass Högel durch Überengagement aufgefallen sei und dass bei ihm offensichtlich ein Helfersyndrom vorliege. Der Chefarzt habe deshalb ein Gespräch mit dem Pfleger geführt, ob die Arbeit in der Herzchirurgie und der Anästhesie die richtige für ihn sei. Nach dem Gespräch sei Högel nicht wieder zum Dienst gekommen. Die Polizisten fassen nach ihrer Rückkehr nach Delmenhorst nicht weiter nach. Sie haben in den folgenden Monaten genug damit zu tun, den Todesfall Dieter M. aus dem Klinikum Delmenhorst zur Anklage zu bringen.

Montag, 8. August 2005.
Der Betriebsrat trifft sich in Oldenburg um elf Uhr zur Montagsrunde mit dem Klinikgeschäftsführer und dem Personalchef. Es geht um die »negative Berichterstattung über die Vorfälle im Krankenhaus Delmenhorst« und darum, dass die Polizei sich in Oldenburg nach dem ehemaligen Mitarbeiter Högel erkundigt habe. Ein Betriebsratsmitglied protokolliert später: »Die Kripo hat hier aber zunächst keine Auffälligkeiten entdeckt, die auf Unregelmäßigkeiten hindeuten können.« Die Sitzung dauert 20 Minuten.

Donnerstag, 1. September 2005.
Etwa einen Monat nach dem Polizeibesuch in Oldenburg geschieht etwas Bemerkenswertes. Rudolf M., der einen tadellosen Ruf als kompetenter Sanierer hat, übernimmt neben seinen Aufgaben in Oldenburg auch die Geschäftsführung des kriselnden Klinikums Delmenhorst. Es ist schwer vorstellbar, dass die Ermittlungen der Delmenhorster Polizei, die immer noch die Möglichkeit einer Tötungsserie auslotet und im Klinikum Dienstpläne, Sterbestatistiken und Daten zum Medikamentenverbrauch abfragt, an der neuen Geschäftsführung vorbei geführt werden. Auch die Presse berichtet weiter über den Fall Högel. »Ungeklärt bleibt weiter auch die Frage, ob es in den Städtischen Kliniken Delmenhorst zu Medikamentenmissbrauch gekommen ist. Nach Zeugenaussagen war der Verbleib größerer Mengen von Herzmedikamenten nicht eindeutig zuzuordnen«, schreibt die *Nordwest-Zeitung* am 6. September 2005. Am 29. September heißt es dort mit Blick auf den zu

erwartenden Prozess gegen den Pfleger: »Das Gericht wird die Frage prüfen müssen, ob es auch in anderen Kliniken zu ungeklärten Todesfällen gekommen ist.« Doch das Gericht geht dieser Frage während des Prozesses 2006 nicht nach. Auch Rudolf M. bittet die Polizei vor diesem Hintergrund nicht, Högels Wirken in Oldenburg oder einen möglichen Medikamentenmissbrauch im Klinikum Delmenhorst, das durch die Apotheke in Oldenburg versorgt wird, kriminalistisch zu überprüfen.

Das ändert sich auch nicht, als nur einen Tag später, am 30. September 2005, die Zeitung meldet, dass Högel nach einer Haftbeschwerde und »unter Berücksichtigung der intakten sozialen Bindungen« aus der Untersuchungshaft entlassen wurde. Ein potenzieller Serientäter befindet sich wieder auf freiem Fuß.

Intern bleibt Högel Gesprächsthema. Oldenburger Mitarbeiter erinnern sich Jahre später daran, dass in jenen Wochen im Kollegenkreis über den Fall »intensiv« diskutiert wurde. Manche erinnern sich auch an einen »Maulkorb«, der verordnet worden sei. Frank Lauxtermann sitzt mittlerweile auf einer Stabsstelle in der Pflegedirektion des Klinikums. Bei einer Montagsbesprechung sagt er über Högel: »Und ich habe mit dem Mann zwei Jahre gearbeitet.« Pflegedirektorin Thiebe O. antwortet: »Wir wollen doch diesen Namen nicht mehr in den Mund nehmen.« Das alles sei zum Glück nicht mehr das Problem des Klinikums Oldenburg. So berichtet es Lauxtermann Jahre danach. Führungskräfte erinnern sich später, dass die Delmenhorster Ermittlungen um Högel auch Thema in einer Klinikkonferenz gewesen seien. Nach außen dringt von alldem nichts.

Ab Oktober 2006 muss sich Högel wegen versuchten Mordes an Dieter M. vor Gericht verantworten. Die Presse berichtet wieder regelmäßig. Ende Oktober sprechen Delmenhorster Ärzte als Zeugen von einer »Häufung von ungeklärten Vorfällen«, wie es am 1. November in der *Nordwest-Zeitung* heißt. Die Vorkommnisse, in denen schwerkranke Patienten hätten wiederbelebt werden müssen, hätten stark zugenommen, sagt ein Oberarzt. Lesen auch Oldenburger Ärzte den Artikel? Ein Hinweis aus Oldenburg, dass es auch dort bereits Diskussionen über vermehrte Reanimationen gegeben hat, erfolgt jedenfalls nicht.

Frank Lauxtermann gibt später zu Protokoll, dass ehemalige Kollegen aus dem Klinikum ihn etwa zu dieser Zeit gebeten hätten, anonym Anzeige gegen Högel bei der Polizei zu erstatten. »Wir dürfen immer noch nicht reden«, sagten sie Lauxtermann zufolge. Lauxtermann gibt keine Anzeige ab, heute bereut er das. Als die ehemaligen Kollegen Jahre später vor Gericht als Zeugen befragt werden, können sie sich angeblich nicht an ihre Bitte erinnern. Sie streiten fast alles ab, was sie laut Lauxtermann ihm gegenüber gesagt haben sollen. Was wer tatsächlich gesagt hat, lässt sich nicht mehr feststellen. Es kommt zu geradezu absurden Diskussionen: Nachdem Lauxtermann vor Gericht aussagt, dass es bei einem Grillabend bei einem Kollegen im Landkreis Vechta zu Diskussionen über Högel gekommen sei und die betreffenden Kollegen sich an ein solches Grillen angeblich nicht erinnern können, wartet Lauxtermann mit Details auf. Er nennt die Teilnehmer der Fahrgemeinschaft in den Landkreis und sogar, welche Salate es gegeben habe, nämlich gekauften Nudel- und Kartoffelsalat der Marke »Salatkönig«. Der Gastgeber habe keine Lust gehabt, selbst Salat zu schneiden. Gegen Clemens B.*, einen auffällig erinnerungsschwachen Teilnehmer dieser von Lauxtermann geschilderten Grillrunde, erhebt die Staatsanwaltschaft Oldenburg 2021 Anklage wegen Meineids. B. soll vor Gericht die Unwahrheit gesagt haben.

Nach dem Revisionsverfahren verhandelt ab Mai 2008 das Landgericht Oldenburg erneut über den Fall Dieter M. Diesmal sitzt Sebastian Bührmann der Strafkammer vor. Der Bundesgerichtshof hat dem Gericht aufgetragen, mehr über die »subjektiven Tatbestände« herauszufinden. Bührmann will deshalb mehr über die Person Högel und seine Oldenburger Zeit erfahren. Zum ersten Mal äußern sich Mitarbeiter des Klinikums öffentlich, wenn auch unfreiwillig. Das Gericht hat drei leitende Angestellte als Zeugen geladen. Zwei von ihnen, dem Chefarzt der Anästhesie und der Pflegedirektorin, wirft das Gericht anschließend im Urteil vor, »dass beide ihre tatsächlichen Gedanken bezüglich des Angeklagten stark zurückhielten«, sie hätten »gemauert«. Mehr noch: »Offensichtlich wollten die Zeugen (...) nicht offenbaren, dass sie bereits seinerzeit, als sie sich um die Entlassung des Angeklagten bemühten, den Verdacht hegten, der Angeklagte könnte etwas mit den Krisen der in seinem Umfeld befindlichen Patienten zu tun haben.«

Ein Verdacht, ein Pfleger könnte Patienten schädigen? Aus dem Klinikum Oldenburg ist dazu nichts weiter zu hören. Auch die Justiz zeigt kein Interesse, dem

Verdacht weiter nachzugehen. In jedem Strafverfahren sitzt zwar ein Vertreter der Staatsanwaltschaft, der gemäß dem Legalitätsprinzip verpflichtet wäre, Hinweisen auf eine mögliche Straftat nachzugehen. Das tut aber niemand.

Anfang 2014 berichten die Medien dann über ein weiteres Strafverfahren gegen den bereits verurteilten Krankenpfleger aus Delmenhorst. Diesmal geht es um fünf Tatvorwürfe. Im Klinikum läuft die Gerüchteküche wieder warm, nach außen dringt nichts. Nur der ehemalige Pfleger Lauxtermann setzt sich auf sein Fahrrad und radelt ins Oldenburger Gerichtsviertel, um seinen Umschlag in den Postkasten der Staatsanwaltschaft zu stecken.

Die Leitungsebene des Klinikums Oldenburg wird erst aktiv, als der Vorstand Dr. Dirk Tenzer im Spätsommer 2014 ebenfalls Zeitung liest. Der Bremer *Weser-Kurier* berichtet über den Mordprozess gegen Högel, der in Kürze eröffnet werden soll. In dem Artikel steht, dass der Pfleger früher auch im Klinikum Oldenburg gearbeitet haben soll. Tenzer, 42 Jahre alt, ist noch keine zwei Jahre im Klinikum Oldenburg; er hört zum ersten Mal von dem Fall. Er will vorbereitet sein und mehr wissen: Wann genau hat der Pfleger in Oldenburg gearbeitet? War er auch hier auffällig? Was wissen wir über ihn? Was kann auf uns zukommen? Tenzer ahnt offenbar, dass dem Klinikum heikle Zeiten bevorstehen: Er beauftragt die Wirtschaftsprüfungsfirma PwC mit der Rechtsberatung und beginnt, im eigenen Haus zu recherchieren.

Tenzer tut zweierlei: Er befragt ehemalige Kollegen und Vorgesetzte zu Niels Högel und engagiert einen medizinischen Gutachter, der Krankenakten aus den Högel-Jahren auf Auffälligkeiten überprüft. Manche Klinikmitarbeiter wissen gegenüber dem neuen Chef allerlei zu erzählen. Zum Beispiel, Clemens B., der beste Freund von Frank Lauxtermann, der sich später vor Gericht an kaum etwas erinnern wird: »Immer wenn Högel da war, gab es Notfallsituationen«, berichtet er am 19. September 2014 laut PwC-Protokoll. Ständig habe es »Kalium-Hoch-Diskussionen« gegeben. »Nach Högels Wechsel in die Anästhesie ging es da los.« 2004 oder 2005 habe er sich an die Pflegedienstleitung gewandt, um von seinem Verdacht zu berichten. Man habe ihn gebeten, sich »ruhig zu verhalten« und an den »Ruf der Klinik« zu denken, sagt B.

Als Frank Lauxtermann von Tenzers Befragungen erfährt, meldet er sich bei Tenzer und teilt ihm mit, dass er die Staatsanwaltschaft informiert habe. Tenzer und Lauxtermann treffen sich, in dem persönlichen Gespräch zeigt sich der Ex-Pfleger begeistert vom Aufklärungswillen der Geschäftsführung. Seine Begeisterung wird nicht lange anhalten.

Dienstag, 25. November 2014.

Übertragungswagen parken hinter dem Klinikum Oldenburg, Kamerateams haben sich auf dem Gehweg aufgebaut. Im Hörsaal des Medizinischen Ausbildungszentrums findet eine Pressekonferenz statt, eingeladen hat Klinikvorstand Tenzer. Er präsentiert das medizinische Gutachten, dass Prof. Georg von Knobelsdorff nach Auswertung von 57 Patientenakten erstellt hat. Diese 57 Patienten waren während der Dienstzeiten von

Högel auf der herzchirurgischen Intensivstation oder in der Anästhesie gestorben. In zwölf Fällen hat Knobelsdorff in den Akten Hinweise auf eine Fremdeinwirkung gefunden, siebenmal »mit Sicherheit«, fünfmal »wahrscheinlich«. Die Mordwaffe sei aber nicht Gilurytmal gewesen wie in Delmenhorst, berichtet Tenzer den Journalisten, sondern Kalium. Tenzers Rolle nach außen ist nun die des Aufklärers: Wiederholt betont er, noch »vor der Polizei und Staatsanwaltschaft« Verbrechen in seinem Haus nachgewiesen zu haben. Sein Anspruch sei es, »lückenlos aufzuklären«, sagt er.

Doch die Aufklärer-Rolle kann Tenzer nicht durchhalten. Gleich nach der Pressekonferenz kündigt der Oldenburger Polizeipräsident Johann Kühme an, unabhängig von den Knobelsdorff-Untersuchungen »die Maßnahmen durchzuführen, die notwendig sind«. Die Polizei werde sich nicht auf 57 Akten beschränken. Tatsächlich finden die professionellen Ermittler der neuen Soko Kardio sehr viel mehr Verdachtsfälle als der Gutachter des Klinikums, nachdem sie Hunderte Akten ausgewertet haben. Im Mordprozess 2018/19 werden Högel dann auch nicht zwölf, sondern 31 Morde im Klinikum Oldenburg rechtskräftig nachgewiesen.

Mittwoch, 30. Januar 2019, Festsaal der Weser-Ems-Halle, Außenstelle des Landgerichts Oldenburg. Der Klinikchef muss als Zeuge vor Gericht aussagen. Es wird kein guter Tag für ihn. Richter Sebastian Bührmann hat nämlich noch ein paar Fragen zur »lückenlosen Aufklärung«. Es sind drei Themen, die ihn bewegen. Das erste Thema ist der Rechtsbeistand, den das Klinikum sämtlichen Mitarbeitern, die im Zuge der Högel-Ermittlungen ab Ende 2014 vor Polizei oder Gericht als Zeugen aussagen mussten, angeboten und bei Annahme des Angebots bezahlt hat. Ein Zeugenbeistand sei das gute Recht eines jeden Zeugen, sagt der Richter. Aber ihm sei es in 20 Jahren Richtertätigkeit noch nicht vorgekommen, dass ein Arbeitgeber seinen Angestellten einen solchen organisiert und bezahlt habe. Bührmann erinnert Tenzer an das Sprichwort »Wes Brot ich ess, des Lied ich sing«. Könne es sein, dass das Klinikum den Zeugen »eine Art Aufpasser« an die Seite stellen wollte? Auffällig sei jedenfalls, dass Zeugen aus dem Klinikum Oldenburg ein deutlich schlechteres Erinnerungsvermögen zeigen würden als Zeugen aus dem Klinikum Delmenhorst. Und auch bei den internen Gesprächen mit Dr. Tenzer erinnerten sie sich häufig deutlich detailreicher als später bei ihren Vernehmungen durch die Polizei oder vor Gericht, so zum Beispiel der beste Freund von Frank Lauxtermann.

Womit Richter Bührmann beim zweiten Punkt ist, der ihn umtreibt. Nach den meisten dieser Gespräche wurde ein Gedächtnisprotokoll angelegt, von Tenzer oder einer PwC-Anwältin. Von diesen mehr als 20 Protokollen erfuhr die Polizei eher durch Zufall. Im Mai 2018 durchsuchten Beamte die Diensträume und die Privatwohnung von Stationsleiter Bernd N., sie hofften auf weitere dokumentierte Hinweise auf Niels Högel rund um die Strichliste aus dem Jahr 2001. Unter den beschlagnahmten Unterlagen fand sich eine Kopie des Tenzer-Protokolls. In einer polizeilichen Vernehmung am 21. August 2018 bestätigt Tenzer, dass es solche Protokolle gibt.

Freiwillig herausgeben möchte er sie nicht, »da müsste schon was Offizielles kommen«, sagt seine Rechtsanwältin, die bei der Vernehmung dabei ist. Ein entsprechender Beschluss zur Herausgabe wird bei der Staatsanwaltschaft angefordert, so kommen die Protokolle zur Polizei – vier Jahre nach den Gesprächen.

Nach den internen Gesprächen im September 2014 kam Tenzer auch in den Besitz der Strichliste, die der Leiter der Station 211 »über Dienste, Notfälle und schwere Auffälligkeiten« geführt hatte, wie Lauxtermann es im April 2014 in seinem Brief an die Staatsanwaltschaft beschrieb. Der Polizei übergab Tenzer die Strichliste erst 2016. Warum? »Wir hatten das Problem, dass wir die Liste nicht genau deuten konnten«, erklärt Tenzer dem Richter. »Deshalb haben wir sie in dieser Frühzeit einfach zur Seite gelegt.« Erst 2016 sei sie ihm wieder in die Hände gefallen.

Warum? Das fragt der Richter auch mit Blick auf die Gedächtnisprotokolle, die der Klinikchef nicht herausgeben wollte. »Wir haben den Mitarbeitern vertrauliche Gespräche zwischen Arbeitnehmer und Arbeitgeber zugesichert«, erklärt Tenzer. »Dazu gehört für mich auch, dass wir solche Protokolle nicht einfach herausgeben.« Und der Zeugenbeistand? »Was ich sicher ausschließen kann, ist, dass es Anweisungen von meiner Person gegeben hat, dass Zeugen mundtot gemacht werden«, erklärt Tenzer. Er habe das als seine »Fürsorgepflicht« gesehen. Der Aufklärer gerät unter Rechtfertigungsdruck.

Am letzten Prozesstag im Juni 2019 geht es eigentlich um die Angehörigen der toten Klinikpatienten und um den Täter, aber der Richter knöpft sich auch noch einmal den Zeugen Tenzer vor. »Ich würde sagen, dass man seinen Auftritt hier als unglücklich bezeichnen kann«, sagt er. Bührmann spricht von »Unwillen« und sogar von »Vertuschung«, er zitiert noch einmal die »lückenlose Aufklärung« und Tenzers Aussagen, »die daran zweifeln lassen«. Nach dem Richterspruch werden Rücktrittsforderungen gegen Tenzer laut. »Ich werde diese Woche den Oberbürgermeister der Stadt anrufen und werde ihn auffordern, im Sinne der Patientensicherheit und zum Schutz des Klinikums Herrn Dr. Tenzer einer anderen beruflichen Verwendung zuzuführen«, spricht der Opfer-Angehörige Christian Marbach in die Reportermikrofone. Das Klinikum ist ein städtisches Haus, der Oberbürgermeister ist der oberste Dienstherr des Vorstands. Auch Frank Lauxtermann zeigt sich bitter enttäuscht: Der Klinikchef führe den Stil seines Vorgängers Rudolf M. weiter, »nach dem Zurückhalten von Beweismitteln ist nichts mehr vom großen Aufklärer geblieben«.

Die Tage von Tenzer in Oldenburg sind gezählt. Er steht ohnehin seit Monaten unter Druck, das Klinikum steckt tief in den roten Zahlen, das Verhältnis zwischen Vorstand und Teilen des Ärztlichen Direktoriums gilt als zerrüttet. Die Richterschelte ist der Tropfen, der das Fass zum Überlaufen bringt. Zum 1. Juli 2019 verlässt er das Klinikum, lange vor Ablauf seines regulären Vertrags, im gegenseitigen Einvernehmen.

2014, ein Frühlingsabend.
Im Oldenburger Gerichtsviertel stellt der Krankenpfleger Frank Lauxtermann sein Fahrrad vor dem Kastenbau der Staatsanwaltschaft ab. Er wirft seinen Umschlag in

den Briefkasten. Als er zurückradelt nach Eversten, fühlt er sich leichter.

Er ahnt nicht, welche Last ihm die nächsten Jahre aufbürden werden. Fremde Menschen nennen ihn in den Kommentarspalten des Internets einen Angeber und Wichtigtuer. Kollegen werfen ihm vor, er sei ja gar nicht dabei gewesen damals auf der Station. Freundschaften zerbrechen, allen voran die zu seinem besten Freund Clemens B., Trauzeuge und Mitmusiker, den er in seinem Brief zitiert. Es geht ihm gesundheitlich zunehmend schlechter. Aber er redet weiter mit Ermittlern und sagt vor Gericht aus, er spricht mit Zeitungsjournalisten und tritt in Fernsehsendungen auf. Er sagt sich immer wieder: Einer muss es ja machen.

KAPITEL 18

ZEHN JAHRE ZU SPÄT

Polizeipräsidium Oldenburg, Mittwoch, 29. Oktober 2014

98 Jahre alt ist das ehemalige Oldenburgische Staatsministerium. Es ist ein geschichtsträchtiger Ort, jedenfalls für den Nordwesten Deutschlands: Hier, gleich neben dem Oldenburgischen Landtag, hatten die Regierungen des Großherzogtums und später des Freistaats Oldenburg ihren Sitz, hier zogen nacheinander die Nationalsozialisten ein und die britische Militärregierung, hier residierte die letzte Oldenburgische Landesregierung. Den letzten Ministerpräsidenten des Landes Oldenburg, Theodor Tantzen, traf im Januar 1947 oben in seinem Dienstzimmer der Schlag; er starb am Schreibtisch.

Heute ist das Ministerpräsidentenzimmer das Büro des Oldenburger Polizeipräsidenten. Es ist ein prachtvoller Raum, neben dem schweren Schreibtisch bleibt ausreichend Platz für einen langen Konferenztisch und eine großzügige Sitzecke. Hinter einer Geheimtür in der Holzvertäfelung versteckt sich eine Waschnische, eine weitere Tür im Holz führt in das frühere Kabinettszimmer. Vor dem Büro liegt hinter Flügeltüren ein großer Balkon, von dort kann der Polizeipräsident über den

Theodor-Tantzen-Platz hinweg auf die verschnörkelten Bürgervillen des Dobbenviertels und auf das Eversten Holz blicken, einen 23 Hektar großen Wald mitten in der Stadt.

An diesem Morgen im Oktober 2014 hat Polizeichef Johann Kühme aber kein Auge für die Stadt, ihre Schönheiten und ihre Geschichte. »Wir müssen etwas tun«, sagt er. Vor ihm sitzt sein engster Führungsstab, so wie immer in der Frühbesprechung. Die Männer haben am Wochenende alle Zeitung gelesen, die aktuelle Berichterstattung aus dem Krankenpfleger-Prozess vor dem Landgericht. »Hunderte Patienten getötet? 321 Menschen starben während der Dienstzeit des angeklagten Pflegers«, titelte die Lokalpresse. Im Text unter der Schlagzeile war die Rede von einer »Statistik des Grauens«. Vor Gericht hatten Polizisten aus Delmenhorst ausgesagt. Manni Borchers sprach von der Verdopplung der Sterberate im Klinikum und von der Versiebenfachung des Gilurytmal-Verbrauchs. Er verriet auch, warum nicht alle Verdachtsfälle untersucht worden seien: »Das kam so von der Staatsanwaltschaft.«

Kühme, ein 56 Jahre alter Familienvater, ist ein umgänglicher Mann mit einem wachen, politischen Verstand. Er hat ein SPD-Parteibuch, ist Mitglied der Synode der Evangelisch-Lutherischen Kirche in Oldenburg, sozial engagiert, täglich in der Region unterwegs. Er ist ein im besten Sinne empathischer Mensch, ausgestattet mit einem feinen Sinn für das, was andere Menschen bewegt. Mitunter scheint es so, als kenne er jeden Oldenburger persönlich, mindestens aber jeden Polizisten. Mit vielen der 3000 Beamten seiner Polizeidirektion ist er per Du; Manfred Borchers ist für ihn »Manni«, Oliver Lenz »Olli«.

Jetzt bewegt Kühme die Frage: Wenn Menschen einen nahen Angehörigen im Krankenhaus verloren haben, als der Pfleger Högel dort Dienst tat, wollen sie dann nicht wissen, ob es ein natürlicher Tod oder vielleicht Mord war? Was erwartet die Öffentlichkeit von uns, der Polizei?

Noch am Abend von Borchers Zeugenaussage telefonierte Kühme mit Prozessbeobachtern. Ja, bestätigten ihm seine Gesprächspartner, dieser Krankenpfleger könnte tatsächlich Hunderte Patienten getötet haben. Anzeichen dafür gebe es schon lange, aufgeklärt worden sei das nie. Und ja, Manni Borchers habe Klartext geredet, »das dürfte ein ziemliches Blätterrauschen geben«, warnte jemand am Telefon. Kühme grübelt den ganzen Abend. Ein Serienmörder im Bereich der Polizeidirektion Oldenburg? Hunderte mögliche Opfer? Hinweise, die nie juristisch aufgearbeitet worden sind? In der Nacht steht Kühmes Entschluss fest: »Wir richten eine Sonderkommission ein. Wir müssen alles lückenlos aufklären.«

In der Frühbesprechung im Polizeipräsidium diskutieren die Männer kurz, wer eine solche Soko leiten könnte. Ein Kriminalbeamter muss es sein, klar. Aus dem höheren Dienst. Mit einem guten Ruf als Ermittler. Schnell fällt ein Name: Arne Schmidt muss den Job übernehmen. »Du rufst ihn an«, sagt Kühme zu seinem Stellvertreter, Dieter Buskohl. »Er muss sofort herkommen.«

Arne Schmidt ist 44 Jahre alt, ein hoch aufgeschossener Mann mit Bürstenhaarschnitt und selbstbewusstem

Blick. Hobby-Gitarrist, in seiner Freizeit sieht man ihn mit Lederjacke. Im Dienst trägt er zumeist ein Jackett, er leitet den Zentralen Kriminaldienst Wilhelmshaven. In Kürze soll er das Kommissariat in der Wesermarsch übernehmen, auf der anderen Seite des Jadebusens, ein Landkreis buchstäblich am Rande Deutschlands: oben die Nordsee, links der Jadebusen, rechts die Wesermündung, dazwischen Weiden und Wiesen. Flaches Land, viel Grün, wenige windschiefe Bäume, geringe Bevölkerungsdichte. Schmidt ist in der Wesermarsch aufgewachsen. Zur Polizei ging er gleich nach der Schule. Eine klassische Polizeikarriere: Streifendienst, Bereitschaftspolizei, Kripo, Leitungsposten. Oder im Beamtenjargon: mittlerer Dienst, gehobener Dienst, höherer Dienst. Nach dem Studium in Münster kehrte er in seinen Heimatlandkreis zurück, seit Jahren wohnt er nun mit Frau und den beiden Kindern in Nordenham.

Der Anruf des Polizei-Vizes erreicht Schmidt im Auto. Er ist auf den Weg von Wilhelmshaven nach Brake, Kreisstadt der Wesermarsch, er will sich dort dem Landrat als künftiger Kommissariatsleiter vorstellen.

»Wo sind Sie gerade?«, fragt Buskohl.

»Auf der Autobahn«, antwortet Schmidt, »auf dem Weg nach Brake, Höhe Abfahrt Varel. Ich fahre jetzt ab.«

»Nein«, sagt Buskohl, »Sie fahren nicht ab. Sie fahren weiter nach Oldenburg.«

Von den Klinikmorden hat Schmidt nicht nur in der Zeitung gelesen, der Fall beschäftigte ihn auch als Kriminalist in Wilhelmshaven. Högel stammt schließlich aus der Nordseestadt, er hat dort seine Ausbildung absolviert und als Krankenpfleger und Rettungsfahrer gearbeitet. Als Schmidt hörte, dass Högel nach seiner ersten Verurteilung und vor Haftantritt in einem Wilhelmshavener Altenheim gejobbt haben soll, begann er zu recherchieren, um welches Heim es sich handelte. Er wollte vorbereitet sein, falls der Fall Högel Wellen bis zur Kripo nach Wilhelmshaven schlagen sollte.

Mit dieser Welle hat er aber nicht gerechnet. Er soll nicht nur ein Altenheim finden – er soll die vielleicht größte Mordserie Deutschlands aufklären. In Oldenburg fragt ihn der Polizeipräsident: »Übernehmen Sie die Aufgabe?« Schmidt überlegt nicht lange, auf solche Fragen gibt es nur eine Antwort. »Ja«, sagt er. Dass er Jahre mit diesem Job zu tun haben wird, ahnt er nicht.

Anders als üblich hat Polizeichef Kühme seine Entscheidung, eine Sonderkommission einzuberufen, nicht im Vorfeld mit der Staatsanwaltschaft besprochen. Er informiert sie lediglich.

Vieles ist ungewöhnlich an dieser Sonderkommission, die bald den Namen »Soko Kardio« tragen wird. Um ihre Bedeutung zu unterstreichen, siedelt Kühme sie ganz oben bei der Polizeidirektion an, nicht wie sonst bei einer untergeordneten Polizeiinspektion. Kühme legt der Soko auch keinerlei Beschränkungen auf: zeitlich nicht, räumlich nicht, er gibt keine Vorgaben zu Personalstärke oder technischer Ausstattung. »Sie sagen mir, was Sie brauchen«, sagt er zu Arne Schmidt.

Im offiziellen Bestellungsschreiben formuliert der Polizeipräsident den Auftrag der Soko Kardio so: »Ich beauftrage die Sonderkommission, das Lebens- und Arbeitsumfeld des Herrn Högel umfassend aufzuklären und hinsichtlich möglicher versuchter oder vollendeter Tötungshandlungen zu überprüfen.« Schmidt gegenüber erklärt Kühme es so: »Es gibt keine Limits. Wir müssen alles wissen. Mordete Högel in Wilhelmshaven, in Oldenburg, in Delmenhorst, im Rettungsdienst, irgendwo anders? Wo lebte er, wo arbeitete er, was hat er getan?«

Fast zehn Jahre nachdem der Krankenpfleger Niels Högel am Bett des Patienten Dieter M. auf frischer Tat ertappt wurde, nachdem es erste Hinweise auf die verdoppelte Sterberate und den auffälligen Medikamentenverbrauch gab, beginnt endlich eine umfassende Serienmord-Ermittlung.

KAPITEL 19

ALLE TÜREN STEHEN WEIT OFFEN

**Bundesstraße 211 Oldenburg-Brake,
Mittwoch, 29. Oktober 2014**

Im Auto auf dem Weg nach Brake in der Wesermarsch denkt Arne Schmidt nach. Er ist jetzt Soko-Chef, aber was bedeutet das? Was muss er tun, was wird von ihm erwartet? Wie klärt man eine Mordserie auf, die Hunderte von Taten umfassen könnte, begangen über einen unbekannten Zeitraum an einer unbekannten Zahl an Orten? In Kliniken, im Rettungsdienst, in Altenheimen, in verschiedenen Orten und Städten? Mit unbekannten Tatwaffen: Medikamenten, deren posthume Nachweisbarkeit unklar ist? Wonach soll die Soko überhaupt suchen? Bei wem und wo? Diese Soko müsste eigentlich »Soko Neuland« heißen, sagt Schmidt einmal. Denn eine solche Ermittlung hat es in Deutschland noch nie gegeben.

Er braucht ein Team. Und einen Raum. Den findet er schnell über seine Polizeikontakte: Auf dem Gelände der Bereitschaftspolizei im Oldenburger Stadtteil Bloherfelde machen ihm die Kollegen einen großzügigen

Ermittlungsgruppenraum frei. Acht feste Arbeitsplätze gibt es dort und einen großen Konferenztisch.

Schwieriger ist es, ein passendes Team zusammenzustellen. Was braucht man für eine Ermittlung, die es noch nie gab?, fragt sich Schmidt. Analytiker, klar, Datenexperten. Klassische Ermittler, unbedingt. Polizisten, die Erfahrung mit der Auswertung von Krankenakten haben. Mit Exhumierungen. Mit Angehörigenbetreuung. Mit Niels Högel. Zwei Namen stehen bald ganz oben auf Schmidts Liste: Olli Lenz und Manni Borchers.

Lenz hat gerade einen Leitungsposten in Delmenhorst übernommen. Der Gedanke, alles stehen und liegen zu lassen auf unbekannte Zeit, macht Schmidt Sorgen. Eigentlich passt Lenz auch von Dienstgrad und Besoldungsstufe nicht mehr in die Soko. Nein, es muss auch ohne ihn gehen, entscheidet Schmidt. Aber Manni Borchers muss es machen. Er kann von Delmenhorst aus arbeiten, dann bleiben die Wege zu Olli Lenz und den Kollegen von damals kurz.

Borchers ist seit über 30 Jahren Kriminalbeamter, Mord und Totschlag gehören für ihn zum Alltag. Er hat an Fällen mitgearbeitet, die bundesweit für Schlagzeilen und Empörung sorgten, er war Teil der »Soko Kutsche«, die 1998 den Kindermörder Ronny Rieken überführte. Jetzt spürt er ein bekanntes Kribbeln. Werden sie endlich aufdecken können, was wirklich in den Kliniken geschah?

Basis für die Ermittlungen sollen die Erkenntnisse von Borchers und Lenz sein. Andernfalls müsste die Soko ganz von vorn anfangen. Borchers setzt sich an seinen Computer und schreibt eine Zusammenfassung des Falls

Högel, 2005 bis 2014. Sein erster Auftrag als Soko-Beamter wird es sein, die Kollegen ins Bild zu setzen. Borchers kennt auch das Prozedere bei Exhumierungen. Die anderen haben keine Erfahrungen damit. Der Kommissar hält Vorträge, er erklärt dem Kernteam den Ablauf.

Noch während des dritten Prozesses gegen Högel nimmt die Soko am 10. November 2014 ihren Dienst auf. 15 Beamte sollen in den kommenden Monaten das unvorstellbare Wirken des ehemaligen Krankenpflegers umfassend und vollständig überprüfen. Es werden am Ende drei Jahre harte und sehr belastende Arbeit. Schmidt wird in seiner Zeit als Chefermittler rund 30 Stunden lang in der Justizvollzugsanstalt Oldenburg mit Högel sprechen. Die schwierige Arbeit der Soko fasst Schmidt nach Abschluss der Ermittlungen in mehreren Aufsätzen zusammen.

Wie soll die Soko unterhalb der Leitungsebene organisiert werden? Schmidt und sein Team entscheiden sich für »eine Mixtur aus Regionalität und Funktionalität«. Die drei regionalen Ermittlungsabschnitte ergeben sich aus den Verdachtsfällen: Wilhelmshaven, Oldenburg, Delmenhorst. Auch auf der funktionalen Ebene schälen sich drei Bereiche heraus: »Auswertung/Daten/Analyse/Zentrale Aktenführung«, »Kriminaltechnik/Tatortaufnahme« und »Angehörigenbetreuung«.

Die Ermittlungsteams für die jeweiligen Krankenhäuser, Rettungsdienste oder Altenpflegeheime arbeiten weitgehend eigenständig. Das Kernteam in Oldenburg koordiniert die Ermittlungen, sortiert Hinweise und Spuren, legt Akten an. Alle Erkenntnisse werden im elektronischen Fallbearbeitungssystem SAFIR gespeichert.

SAFIR hilft der Kriminalpolizei in Niedersachsen bei der Sachbearbeitung, Analyse und Auswertung komplexer Fälle. Die Benutzer müssen allerdings gut geschult sein, um effektiv damit arbeiten zu können. Es besteht aus einer zentralen Datenbank, die allen Berechtigten zur Verfügung steht, und einem oder mehreren Programmen auf den Arbeitsplatzrechnern der Nutzer.

Das erste Problem: Welche Todesfälle in den Kliniken soll man untersuchen? Schmidt entscheidet, alle Sterbefälle bis zu zwölf Stunden nach den Dienstzeiten Högels in den Blick zu nehmen. Man beschränkt sich auf Erdbestattungen, geht darüber hinaus Anzeigen nach. Damit haben die Ermittler ein Raster.

Die Soko beginnt mit den Verdachtsfällen in Delmenhorst, obwohl diese in der zeitlichen Reihenfolge am Ende der Tatserien liegen. Für Delmenhorst haben die Ermittler aber bereits eine valide Datenbasis. In allen bisherigen Prozessen gegen Högel ging es um Fälle aus dem dortigen Klinikum.

Das Soko-Team versucht, mit aufwendigen Grafiken die Sterbefälle im Klinikum Delmenhorst in Bezug zu den Dienstzeiten von Högel zu setzen. Die hohe Anzahl von Toten ist zwar auffällig, es ergibt sich aber kein Muster. Im ersten Arbeitsjahr 2003 hat Högel offenbar eher während der Nachtdienste zugeschlagen, für 2004 und das erste Halbjahr 2005 lässt sich dagegen keine klare Aussage treffen. Geschlecht, Alter oder Gesundheitszustand scheinen für die Opferauswahl keine Rolle zu spielen.

Gab es möglicherweise Mittäter? Auch diese Frage stellt sich der Polizei. Sie wird von außen immer wieder befeuert, unter anderem von dem Sprecher der Opfer-Angehörigen, Christian Marbach. So viele Morde könnten nicht auf das Konto eines Einzeltäters gehen. Wer aber könnte verdächtig sein? Högels Freund Torsten J.? Der Krankenpfleger war Högel immerhin vom Klinikum Oldenburg nach Delmenhorst gefolgt. Kann J. jahrelang an der Seite eines Mörders gearbeitet habe, ohne etwas zu merken? Es gibt einen Verdacht, aber nie Beweise.

Doch die Kreuzdiagramme, mit denen die Polizei die Pflegedienste mit den Sterbefällen abgleicht, kann die Mittäterthese nicht bestätigen. Auch einen weiteren Einzeltäter, der parallel zu Högel tötet, schließt die Soko aus. Der Wert der Sterbefälle pro Schicht ragt beim Angeklagten weit über die Werte der anderen Pfleger hinaus. Doppel- und Dreifachsterbefälle während einer Schicht gibt es fast nur, wenn Högel im Dienst ist.

Der Soko fällt auf, dass im Klinikum Delmenhorst bereits in den ersten 16 Arbeitstagen von Högel auf der Intensivstation Ende 2002 viele Patienten sterben. In vielen Verdachtsfällen können die Ermittler bei den späteren Exhumierungen den Wirkstoff Ajmalin nachweisen.

Ein ähnliches Bild ergibt sich für das Klinikum Oldenburg. Mit einem roten Balken im Diagramm kennzeichnen die Ermittler die Sterbefälle während der Dienstschichten von Högel. Im Jahr 2000 etwa sind es rund 20. In Oldenburg hat Högel mehr als doppelt so viele Sterbefälle pro Schicht zu verzeichnen wie der Pfleger mit dem zweithöchsten Wert.

Mit dieser Methode kann die Soko auch schnell mögliche Lügen von Högel erkennen. Gegenüber seinem psychiatrischen Gutachter hat Högel im Prozess 2014/15 beteuert, in Oldenburg keine Taten begangen zu haben. Wer die Diagramme sieht, kann das nicht glauben. Bei allen Verdachtsfällen einer Manipulation mit Kalium war nur ein Pfleger immer im Dienst: Niels Högel.

Soko-Chef Schmidt hält Högel vor, dass es in der zweiten Jahreshälfte 2000 eine Zunahme von Sterbefällen in seiner Anwesenheit gegeben habe. »Haben Sie da eine Erklärung für uns?«, fragt Schmidt im Verhör. Högel kann oder will in diesem Moment dazu nichts sagen: »Ich weiß es nicht.«

Statistiken zeigen Auffälligkeiten, überführen aber keinen Täter. Es braucht handfeste Beweise. Die liefern vor allem die toxikologischen Nachweise von tödlichen Medikamenten. Jeder einzelne Verdachtsfall muss von einem medizinischen Gutachter überprüft werden – auch anhand der Krankenakten der Patienten. Die Kernfrage lautet: Ist ein Mordanschlag ausgeschlossen, möglich oder sehr wahrscheinlich?

Für die toxikologischen Gutachten müssen 134 Leichen exhumiert werden. Der Aufwand dafür ist immens. Die Standesämter und Bestatter müssen angeschrieben werden. Wer übernimmt die Kosten für die Ausgrabung, für den neuen Sarg, für die frisch angelegte Grabstelle? Die Exhumierungen werden von Mitarbeitern der Soko und Kriminaltechnikern begleitet. Am Anfang sind auch Rechtsmediziner dabei. Später nicht mehr, weil die Soko zeitweise drei oder vier Gräber gleichzeitig öffnet. Das ist personell für die Rechtsmedizin nicht zu leisten. Auch psychologisch geschulte Beamte sind vor Ort, um Angehörige zu betreuen.

Schon früh morgens ist die Polizei an den Eingängen der jeweiligen Friedhöfe mit Fahrzeugen und Einsatzkräften präsent, sperrt das Areal ab und baut einen Sichtschutz um die betroffenen Gräber auf. So soll verhindert werden, dass Schaulustige oder Journalisten Fotos vom Geschehen auf dem Friedhof machen.

Bei jeder Exhumierung muss zunächst die Friedhofsgärtnerei die Grabstelle abräumen. Die erste Erdschicht wird von einem kleinen Bagger abgetragen. »Oberhalb des Sargdeckels haben wir übernommen«, sagt Borchers. In Delmenhorst steigt er selbst in Grabstellen und versucht, erste Leichenteile freizulegen. Neben den Gewebeproben sollen auch Erd- und Holzproben vom Sargboden aus den Gräbern gesichert werden.

Die Polizei lässt jeden Leichnam noch am Tag seiner Ausgrabung aus der Pathologie wieder auf den jeweiligen Friedhof zurückbringen. Der neue Sarg wird dann abermals ins Grab eingelassen. Eine Gärtnerei bepflanzt das Grab zunächst provisorisch. Wenn sich alles gesetzt hat, soll später der Grabstein wieder aufgestellt werden.

Die Oldenburger Außenstelle der Medizinischen Hochschule Hannover (MHH) liegt im feinen Dobbenviertel zwischen Bürgervillen, fußläufig zum Polizeipräsidium im ehemaligen Staatsministerium. Die Pathologen entnehmen die notwendigen Gewebeproben und schicken sie per Kurier in die Landeshauptstadt. Dort werden sie von einem Toxikologen präpariert und chemisch untersucht. Schmidt schildert bei seiner Zeugenaussage im Januar 2019, wie die Anforderungen an die Ermittler stetig steigen.

Zunächst suchen die Toxikologen nur nach dem Wirkstoff Ajmalin. Bald gibt es weitere Verdachtsmomente.

Nutzte Högel auch Sotalol? Xylocain? Cordarex? Wie weist man das nach? Ist das überhaupt möglich? Die Gutachter schalten die Universität Lausanne in der Schweiz ein, dort gibt es eines der führenden toxikologischen Institute Europas. Die MHH schafft ein neues Massenspektrometer an, parallel mit den Ermittlungen macht auch die Wissenschaft Fortschritte.

Fast alle Tests müssen wiederholt werden, tatsächlich finden die Gutachter nun in zwei Fällen Nachweise, in denen ihnen das beim ersten Mal nicht gelungen war. Mit neuen technischen Methoden gelingt es schließlich, neben Ajmalin auch Wirkstoffe wie Sotalol oder Lidocain nachzuweisen, mit denen Högel ebenfalls Patienten tötete.

Aber die Beweislage ist nicht in allen Fällen eindeutig. Um die Lücken zu schließen, will Soko-Chef Schmidt so schnell wie möglich mit den Vernehmungen von Högel beginnen. Doch wer soll diese führen? Erfahrene Kriminalbeamte wie Borchers, die bereits in den Jahren vorher Kontakt zu Högel hatten? Oder Ermittler, die den Beschuldigten nicht kennen und ihm neutral, unbelastet gegenübersitzen könnten? Die Wahl fällt auf Schmidt selbst und Oberstaatsanwältin Daniela Schiereck-Bohlmann, die seit 2013 gegen den Ex-Pfleger ermittelt. Den Ausschlag hätten Högels »persönlichkeitsspezifische Merkmale« gegeben, notiert Schmidt: Die Wahl des hochrangigen Vernehmungsteams soll dem narzisstisch veranlagten Ex-Pfleger seine Wichtigkeit widerspiegeln, dadurch will man ihn zum Reden bringen.

Warum sollte der Tatverdächtige mit uns sprechen?, fragt der Chefermittler sich selbst. Was sollte oder könnte ihn dazu bewegen, die Dinge preiszugeben, die nach seiner Vorstellung nicht durch die Ermittlungen verifiziert werden können? Es sind Fragen, die Schmidt und sein Team immer wieder diskutieren. Wie vernimmt man einen möglichen Serienmörder, dessen Taten womöglich alle Dimensionen des bisher Erlebten sprengen?

Immerhin, die Vernehmungsstrategie steht schnell. Das lässt Schmidt etwas zuversichtlicher auf die Aktenberge schauen, die vor ihm liegen. Die Ermittler wollen die Vernehmungen so »gesprächsfördernd« wie möglich gestalten. Högel soll nicht lange warten müssen, soll rauchen und auch etwas trinken dürfen. Der Vernehmungsraum soll reizarm möbliert sein, die Beamten wollen dem Beschuldigten »kompetent, unvoreingenommen und empathisch« begegnen. Die Ermittler wollen Högels Interesse an einem möglichst offenen Gespräch wecken. Nein, aus Leidensdruck oder wegen eines schlechten Gewissens wird er nicht mit ihnen reden, da sind sie sich sicher.

Die von der Polizei vermuteten Taten reichen bis 1999 zurück. Das ist ein langer Zeitraum. Schmidt überlegt wieder: Woran wird er sich überhaupt noch erinnern können? Was könnte der Erinnerung eines ehemaligen Krankenpflegers auf die Sprünge helfen? Fragen über Fragen. Und für jede muss die richtige Antwort gefunden werden.

Ein Vernehmungscoaching soll Schmidt und Schiereck-Bohlmann dabei helfen. Einen Tag lang spielen die beiden mit Mitarbeitern des Sachgebiets Operative Fallanalyse (OFA) des Landeskriminalamts unterschiedliche Szenarien der Vernehmung durch. Chefermittler und Staatsanwältin wollen unterschiedliche Aussage- und Verhaltensmuster von Högel schnell erkennen und darauf reagieren können. Vernehmungstaktische Spielchen, wie man sie aus Fernsehkrimis kennt, soll es nicht geben. Gute Staatsanwältin – böser Polizist? Nein, da ist man sich schnell einig.

Am 26. Februar 2015 wird Högel wegen der im dritten Prozess angeklagten fünf Patiententötungen im Klinikum Delmenhorst verurteilt. Erst 15 Monate nach dem Urteil und damit eineinhalb Jahre nach Gründung der Soko können Schmidt und Schiereck-Bohlmann ihn zum ersten Mal gemeinsam vernehmen. Ab Mai 2016 geht es in den Verhören um 100 tote Patienten in Oldenburg und Delmenhorst und weitere Verdachtsfälle in Pflegeheimen und im Rettungsdienst.

KAPITEL 20

DAS VERHÖR

**Polizeiinspektion Oldenburg-Stadt/Ammerland,
Montag, 25. Mai 2016**

Der Oldenburger Stadtteil Bürgerfelde ist wie die meisten anderen geprägt von Einfamilienhäusern. In einem der wenigen mehrstöckigen Häuser im Westen der Stadt, wo die Autobahn Richtung Ostfriesland und Holland abbiegt, residiert die Polizeiinspektion, die für die Stadt Oldenburg und den angrenzenden Landkreis Ammerland zuständig ist. »Wir sorgen für die Sicherheit von fast 280 000 Bürgerinnen und Bürgern auf einer Fläche von 830 Quadratkilometern«, heißt es auf der Homepage. Die Adresse Friedhofsweg 30 ist im Fall des Klinikmörders eine makabre Randnotiz.

Am 25. Mai 2015 beginnen hier Kriminaldirektor Schmidt und Oberstaatsanwältin Schiereck-Bohlmann in einem Raum im dritten Obergeschoss mit der Vernehmung von Högel. Es ist Pfingstmontag, in der Polizeiinspektion ist wenig los. Die große Uhr an der Wand zeigt 10.21 Uhr.

Högel sitzt an einem kleinen quadratischen Tisch. Er trägt ein grüß-weiß kariertes Hemd offen über einem

T-Shirt. Die dunklen Haare sind kurz geschnitten, ein Bart umrahmt die Kinnpartie. Högel wirkt nervös, knetet ständig die Finger, verzieht seinen Mund, als würde er nach Luft schnappen.

Seine Anwältin Ulrike Baumann, die rechts neben ihm sitzt, lächelt entspannt, schüttet sich Zucker in den Kaffee und rührt mit einem Löffel um. Baumann befindet sich bereits im Gespräch mit Schiereck-Bohlmann, die gegenüber von Högel Platz genommen hat, als Schmidt den Raum betritt und sich links neben Högel setzt. Im Hintergrund steht ein Tisch mit zwei Kannen. Ein buntes Gemälde sorgt dafür, dass die Wände nicht zu kahl wirken.

Ein Analyseteam der Soko soll die Vernehmung verfolgen können. Die Gespräche werden dafür live in einen Nebenraum übertragen. Der Plan ist, Hinweise Högels sofort zu überprüfen und zu konkretisieren. Bei einem Tatzeitraum von mehr als fünf Jahren und weit über 100 Verdachtsfällen ist das ein wichtiger Faktor, glaubt Schmidt.

Schiereck-Bohlmann klärt Högel und dessen Anwältin vor Beginn des Verhörs über den Technik- und Übertragungsraum auf. Die klassische Spiegelwand, wie sie in Verhörszenen zahlreicher Kriminalfilme zu sehen ist, gibt es hier nicht. Am Bildschirm nebenan sitze Professor Dr. Koppert, sagt Schiereck-Bohlmann.

Wolfgang Koppert ist Sachverständiger der Medizinischen Hochschule Hannover (MHH). Er soll verhindern, dass Högel die medizinischen Laien des Ermittlungsteams mit Begriffen und Abläufen der Intensivmedizin verwirrt. Oder wie es Schmidt ausdrückt: »verbal überrennt«. Högel und seine Verteidigerin wissen das.

Auch ein Teil des Überwachungspersonals sitzt im Nebenraum, dazu drei oder vier Mitglieder der Soko. Letztere recherchieren etwa in Zeugenaussagen, wenn Schmidt oder Schiereck-Bohlmann Unterstützung brauchen. Er sei etwas aufgeregt, sagt Högel.

In der ersten Runde soll es vor allem um die Verdachtsfälle im Klinikum Delmenhorst zwischen Ende 2002 und Mitte 2005 gehen. »Wie viele Ergebnisse haben wir denn schon insgesamt?«, will Anwältin Baumann wissen. Schmidt zählt auf: 99 Exhumierungen, 87 toxikologische Ergebnisse, 27 positive. Das heißt, die Experten der MHH haben bei der Untersuchung der sterblichen Überreste 27 Mal den Wirkstoff Ajmalin nachgewiesen. 27 Mal Mordverdacht gegen Högel.

Das erscheint wenig nach so vielen Monaten Ermittlung. Es liegt daran, dass Högel weiterhin hartnäckig leugnet, in Delmenhorst mit anderen Medikamenten als Gilurytmal getötet zu haben. »Ich habe nie ein anderes Medikament verwendet«, erklärt Högel. Es ist ein Muster im Aussageverhalten des Mörders. Nie hat er etwas zugegeben, was nicht unwiderlegbar bewiesen war.

Doch die Ermittler lassen nicht locker, haken Fall für Fall ab, unterbrochen nur von kleineren Rauchpausen für Högel und seine Anwältin. Es ist schon fast 15 Uhr, als Schmidt und Schiereck-Bohlmann den Ex-Pfleger erstmals in die Enge treiben. Sie nutzen dabei einen Fehler von Högel, der zugibt, dass er regelmäßig Patienten in Not gebracht hat.

»Wir haben ganz große Zweifel. Ich sag das jetzt ganz offen und ehrlich.« Schmidt blickt Högel durchdringend an. »Drei Tote in einer Schicht gab es in den ganzen Jahren der Intensivstation Delmenhorst immer nur, wenn Sie im Dienst waren.«

Worauf der Soko-Chef hinauswill, wird schnell deutlich. Wenn es so viele verdächtige Todesfälle während der Dienstzeit von Högel gegeben hat, wenn aber nur bei einem Drittel davon Ajmalin nachgewiesen werden konnte, wenn es im ersten Halbjahr sogar gar keinen Gilurytmal-Fall gab, dann muss der Ex-Pfleger auch andere Medikamente verwendet haben. Dass Högel seine Taten über einen längeren Zeitraum unterbrochen haben könnte, glauben die Ermittler nicht.

»Also hier passt was nicht zu den Verläufen«, sagt Schmidt. Er listet die Ergebnisse der Ermittlungen detailliert auf. 2003 sind es 17 Doppelsterbefälle in einer Schicht, Frühdienst, Spätdienst oder Nachtdienst. Also 34 Tote in 17 Schichten, in denen Högel im Dienst war. Nur in einer einzigen Schicht, in der zwei Patienten sterben, ist Högel nicht im Dienst. Die Ermittler haben 2003 zudem neun Dreifachsterbefälle während Högels Dienstzeiten gezählt. »Das gab es davor und danach nicht«, sagt Schmidt. Im Jahr 2004 sind es 19 Doppelsterbefälle während Högels Schichten, drei solche Doppelereignisse außerhalb. Im ersten Halbjahr 2005 gibt es vier Doppelsterbefälle mit Högel, keinen ohne ihn.

Högel wirkt immer nervöser, er kommt ins Schwimmen. Erst betont er noch einmal, er sei sich sicher, kein anderes Antiarrhythmikum benutzt zu haben. Um schon im nächsten Satz einzuräumen: »Manchmal bin ich mir nicht mehr sicher, weiß ich auch nicht.«

»Können Sie sich daran erinnern, in einer Schicht zwei Patienten weggespritzt zu haben?«, fragt Schmidt sofort.

»Ausschließen kann ich das auch nicht«, sagt Högel. Auch dass er das dreimal in einer Schicht gemacht hat, will er nicht mehr »zu 100 Prozent« verneinen.

Eine dürftige Erklärung angesichts der Vielzahl von Todesfällen. Die Ermittler gehen nicht davon aus, dass es Högel zu diesem Zeitpunkt der Tatserie noch um erfolgreiche Reanimationen ging. Sie halten pure Mordlust für wahrscheinlicher.

Die erste Vernehmung dauert etwa sieben Stunden, mit Pausen. Högel betont zwar mehrfach, an der vollständigen Aufklärung der Sachverhalte mitwirken zu wollen. Doch Schmidt und Schiereck-Bohlmann entgehen nicht die erheblichen Widersprüche zur Beweislage.

Högel beharrt auch weiterhin auf seiner Unschuld im Klinikum Oldenburg. Nein, er habe dort keine Patienten manipuliert. Warum auch, die Tätigkeiten auf der Station 211 seien von Natur aus so spannend gewesen, dass er keine Reizsteigerung gebraucht habe. Die Ermittler glauben Högel nicht, halten ihm Zeugenaussagen und Beweise vor. Doch der Beschuldigte leugnet vorerst hartnäckig.

Schmidt hat keine Zweifel: »Niels Högel lügt! Er lügt bewusst und geplant«, schreibt Schmidt in seinen Aufsätzen über den Fall. »Seine Intelligenz, sein spezifisches Fachwissen und die Natur seiner narzisstischen Persönlichkeit versetzen ihn in die Lage, nicht nur die Unwahrheit zu sagen, sondern diese Unwahrheit auch gekonnt auszuschmücken und damit die vermeintliche Wahrhaftigkeit seiner Angaben zu untermauern.« Er gibt nur zu, was man ihm unzweifelhaft nachweisen kann.

Mehrfach behauptet Högel, sich an seine erste Mordtat erinnern zu können. Das klingt aus Sicht der Ermittler logisch. Sie wissen um den Erinnerungseffekt bei der ersten Straftat, bei ersten Malen überhaupt. Doch gerade in diesem Punkt erweist sich der Angeklagte als flexibler Lügner und Taktierer.

Högel erzählt dem Gutachter Konstantin Karyofilis bei der psychiatrischen Begutachtung während des Prozesses 2014/15, der Mord an Brigitte A. im März 2003 sei die erste Tat gewesen. Doch nachdem ihm die Ermittler Beweise im Todesfall Johann W. am 22. Dezember 2002 vorhalten, erinnert sich Högel wiederum an diesen Fall als den ersten.

Am 1. Juni 2016, folgt die zweite Vernehmung. Wieder ist es ein Montag. Diesmal dauert das Verhör sechs Stunden. Schmidt und Schiereck-Bohlmann stellen jetzt die Todesfälle in Oldenburg in den Mittelpunkt, legen Högel Grafiken, Übersichten und Statistiken der Sterbefälle auf der Station 211 in seiner Dienstzeit vor. Und siehe da: Langsam bröckelt die Fassade. Högel stammelt etwas von »Entmenschlichung« in der hochtechnisierten Medizinwelt. Der Missbrauch von Alkohol und Schmerzmitteln habe zu »gedanklicher Vernebelung« geführt, zu Erinnerungslücken.

»Es war alles so schlimm, und ich stand neben mir«, sagt Högel. Kein kategorisches Nein mehr. Jetzt erhöhen die Ermittler den Druck. Sie verweigern Högel den Wunsch, die Vernehmung abzubrechen.

Er sei der Einzige gewesen, der immer Dienst gehabt habe, wenn die Menschen auf der 211 gestorben seien, hält Schmidt dem Ex-Pfleger vor; es gebe viele auffällige Todesfälle, bei denen Kalium nachgewiesen worden sei.

»Bei dieser Faktenlage glaubt Ihnen kein Mensch, dass Sie da nichts gemacht haben. Auch Ihre Eltern nicht. Auch Ihre Frau nicht und irgendwann auch Ihre Tochter nicht.«

Schmidt wechselt die Tonlage, er versucht es mit einem sanften Appell. Högel habe jetzt noch einmal die Chance, der zu sein, der er eigentlich sein wolle. Derjenige, der aufarbeitet. Derjenige, der mithilft. Derjenige, der dazu beiträgt, dass so etwas möglichst nicht noch einmal passiert. »Sie können aber jetzt auch den anderen Weg gehen. Nämlich der Niels Högel sein, der immer noch nicht die Türen aufmacht.«

Trotz des Fortschritts bei den Vernehmungen ist Schmidt nicht ganz zufrieden. Neue bohrende Fragen stellen sich. Högel hat Taten gestanden, weil er behauptet, sich nach dem Studium der medizinischen Unterlagen, die ihm die Soko zur Verfügung gestellt hat, wieder erinnern zu können.

Aus Sicht des Chefermittlers ist das Laptop entscheidend, auf dem sich die Arztbriefe aus der Krankenakte und die Kurvenblätter mit den körperlichen Werten befinden. Das ist ein heikler Punkt bei der gesamten Verhörtaktik. Hat man die richtigen Unterlagen zur Verfügung gestellt? Und was ist mit den zugegebenen Taten aufgrund dieser Akten? Sind das möglicherweise auch Lügen?

Aber warum sollte jemand Morde eingestehen, die er nicht begangen hat? Völlig abwegig erscheint Schmidt jedoch auch das nicht. Högel hat nichts mehr zu verlieren, das Urteil »Lebenslang mit Feststellung der besonderen Schwere der Schuld« ist schon lange gefällt und rechtskräftig. Andererseits: Geht es Högel vielleicht darum, als größter Serienmörder Deutschlands berühmt zu werden? Legt Högel bewusst falsche Geständnisse ab?

Trotz aller Bedenken scheint die Taktik der Ermittler langsam aufzugehen. Nach und nach räumt der Ex-Pfleger die eine oder andere Manipulation in Oldenburg ein, liefert schließlich konkrete Details zu Tötungsversuchen mit Kalium. Der Chefermittler und die Oberstaatsanwältin haben ein erstes Ziel erreicht, durchaus schneller als erwartet.

Genau sechs Mal innerhalb von 15 Monaten verhören Schmidt und Schiereck-Bohlmann Högel, insgesamt rund 30 Stunden lang. Viele Fälle müssen immer wieder besprochen werden, weil es neue Nachweise von Tötungen gibt, weil Högel mehr Taten zugibt und immer mehr Details nennt.

Am 3. Juli 2017, es ist wieder ein Montag, treffen sich die vier Protagonisten zum letzten Mal im Vernehmungsraum der Polizeiinspektion Oldenburg-Stadt/Ammerland im Friedhofsweg 30. Diesmal dauert das Gespräch nur drei Stunden. In mehr als 60 Fällen gibt es zu diesem Zeitpunkt einen toxikologischen Nachweis. In mehr als 70 Fällen ist Högel damit mordverdächtig.

Die Ermittlungen laufen nach wie vor auf Hochtouren. Die Soko schickt weitere Patientenakten an die beauftragten Toxikologen. Die medizinischen Institute in Lausanne und Hannover haben inzwischen auch Untersuchungsmethoden für die Wirkstoffe Lidocain und Amiodaron entwickelt, deren Verwendung Högel lange geleugnet hat und für die es kein standardisiertes Messverfahren gab.

Man sei schon bei 70 Fällen angelangt, sagt Schmidt am Ende des Vernehmungsmarathons zu Högel. 70 Fälle, die zur Anklage kommen sollen. Doch es werden noch weit mehr.

»Also, ich habe alles, aus meiner Sicht alles getan und gesagt, was ich konnte«, antwortet Högel. Er werde weiterhin mitarbeiten, uneingeschränkt, behauptet er. Und stets versuchen, alles abzurufen, was er könne.

Um 13.16 Uhr beendet Schmidt das Verhör.

Eineinhalb Jahre nach dem Ende der Ermittlungen ist Soko-Chef Arne Schmidt im vierten Prozess gegen Högel einer der wichtigsten Zeugen. Am 3. Januar 2019 fasst er vor dem Landgericht Oldenburg seine Erkenntnisse zusammen. »Am Ende ging es bei Herrn Högel nur noch darum zu töten. Am Anfang habe wohl noch der Versuch im Vordergrund gestanden, Anerkennung für erfolgreiche Reanimationen zu erlangen.« Doch das Motiv hat sich gewandelt, ist sich Chefermittler Schmidt sicher. Irgendwann ging es nur noch ums Töten.

VII

DIE LEIDEN DER ANDEREN

»Wir saßen da, ich blickte in die fragenden und ängstlichen Gesichter. Und hoffte so sehr darauf, dass wir eine Antwort finden können. Wir haben in vielen Punkten eine Antwort gefunden, aber wir haben nicht in allen Punkten eine Antwort gefunden.«

Richter Sebastian Bührmann

KAPITEL 21

AUF DEM FRIEDHOF

**Ein katholischer Friedhof in Niedersachsen,
Donnerstag, 23. März 2017**

Emil G.* litt unter einer Herzmuskelschwäche, die Bypass-Operation galt als seine letzte Chance. Den Eingriff überstand er gut, noch am Abend konnte der Beatmungsschlauch entfernt werden. Aber kaum eineinhalb Tage später starb er, am 21. November 2001 um 5.35 Uhr. »Herzversagen« steht als Ursache auf seinem Totenschein. G. wurde nur 60 Jahre alt.

15 Jahre und 101 Tage später fährt Polizeihauptkommissar Thorsten L. von Oldenburg gut 100 Kilometer Richtung Süden, um der Witwe von G. mitzuteilen, dass das Amtsgericht Oldenburg die Exhumierung und Obduktion des Leichnams ihres Mannes angeordnet hat. Er ahnt, dass es ein schwieriger Termin werden wird. Am Telefon hatte ihn die Tochter der Witwe darauf vorbereitet, dass ihre Mutter nie über den Tod des Vaters hinweggekommen sei. Sie wisse gar nicht, wie sie ihr die Exhumierung beibringen solle, sagte die Tochter.

Soll in einem Mordverfahren eine Leiche untersucht werden, haben die Angehörigen des Toten kein Mitspracherecht. Sie müssen lediglich informiert werden. Paragraf 87 in der Strafprozessordnung regelt die Exhumierung: »Zur Besichtigung oder Öffnung einer schon beerdigten Leiche ist ihre Ausgrabung statthaft«, heißt es dort nüchtern in Abschnitt drei. Und weiter in Abschnitt vier: »Wird die Ausgrabung angeordnet, so ist zugleich die Benachrichtigung eines Angehörigen des Toten anzuordnen, wenn der Angehörige ohne besondere Schwierigkeiten ermittelt werden kann und der Untersuchungszweck durch die Benachrichtigung nicht gefährdet wird.« Die Strafjustiz steckt voller Zumutungen für Kriminalitätsopfer und ihre Angehörigen.

Die Tochter empfängt den Polizeihauptkommissar und teilt ihm mit, dass sie ihre Mutter inzwischen über die bevorstehende Exhumierung informiert habe. »Beigebracht« hat sie es ihr nicht. Verweint und aufgelöst sitzt Frau G. am Tisch, eine Begrüßung des Polizisten per Handschlag lehnt sie zornig ab.

Trauer ist ein Raubtier. Es lauert im Unterholz und wartet auf ein Signal, ein Wort wie »Exhumierung« vielleicht, dann greift es an. Es beißt und kratzt, Es nimmt seinem Opfer die Luft. Wer so angefallen wird, der muss sich wehren. Er schreit vor Schmerz und schlägt um sich.

»Nein!«, schreit Frau G., »mein Mann wird nicht exhumiert! Können Sie das Gefühl nachvollziehen, wie es ist, wenn ein naher Angehöriger vergiftet und ermordet wird? Dieses Leid?« Thorsten L. verneint. »Ich hoffe, dass auch Sie in so eine Situation kommen, dann können Sie es nachvollziehen!« Frau G. kippt ihre ganze Verzweiflung als Wut über dem Polizisten ab.

Die Familie droht L. mit der *Bild-Zeitung*, sie kündigt

an, gerichtlich gegen den Exhumierungsbeschluss vorzugehen, Frau G. wütet und schimpft. »Ich musste jahrelang schuften, um meine Kinder durchzubringen! Ich will jetzt in Ruhe gelassen werden! Ich habe mir ein wenig Lebensfreude geschaffen, das lasse ich mir durch die Exhumierung nicht kaputtmachen!« Für Erklärungen des Polizisten bleibt kein Platz zwischen all der Wut.

Am Ende lässt L. den Exhumierungsbeschluss und das dazugehörige Merkblatt der Soko Kardio auf dem Tisch liegen. In seinem Bericht notiert er, dass er die emotionale Ausnahmesituation für die Familie nachvollziehen könne, die Äußerungen ihm gegenüber empfinde er dennoch als ehrverletzend. Außerdem hält er fest: »Die Erlangung von Angaben zum Sterbefall war nicht möglich.« Gezeichnet: L., PHK.

Der Tod kommt fast immer zu früh. Aber die, die zurückbleiben, schaffen es meist trotzdem irgendwie weiterzuleben. Sie haben einen Alltag, gemeinsam werden sie 15 Jahre älter. Zuletzt kommt das Raubtier kaum noch aus dem Unterholz. Vielleicht hören die, die zurückgeblieben sind, in den Nachrichten von dem Prozess gegen den Pfleger, der fünf Patienten verletzt und getötet haben soll. Vielleicht sprechen sie sogar darüber, dass der Vater, die Mutter, der Mann, die Frau damals doch auch in diesem Krankenhaus starb. Aber mit uns wird das schon nichts zu tun haben. Dann klingelt plötzlich ein Polizist an der Tür und weckt das Raubtier. Der Polizist spricht von Gerichtsbeschluss und Recht und Gesetz. Das Recht ist wichtig, aber hier geht es um Wichtigeres: um den Vater, die Mutter, den Mann, die Frau.

Kurt A.* starb am 28. Dezember 2003 um 1.25 Uhr,

er wurde 75 Jahre alt. »Hypoxischer Hirnschaden« steht als Ursache auf der Todesbescheinigung, »als Folge von Reanimation«.

An einem Freitag im Februar 2015 klingelt Kriminalhauptkommissar Manfred Borchers an einer Haustür im Landkreis Oldenburg. Er will der 80-jährigen Frau A.*, Witwe des vor fast zwölf Jahren verstorbenen Kurt A.*, mitteilen, dass ihr Mann möglicherweise ein Mordopfer des Krankenpflegers Niels Högel ist und dass das Amtsgericht Oldenburg deshalb die Exhumierung des Leichnams verfügt hat.

Frau A. reagiert zunächst einigermaßen gefasst. Dann erklärt sie Borchers, dass sie nicht glaube, dass ihr Mann ein Opfer des mörderischen Krankenpflegers sei. Er sei ja zu Hause zusammengebrochen damals und ins Krankenhaus eingeliefert worden. Nein, die Exhumierung der Leiche sei nicht erforderlich. Nein, nein, sie sei damit nicht einverstanden, sie sehe darin keinen Sinn. Ihr Mann solle weiter in Frieden ruhen können.

Frau A. wiederholt sich. Sie bittet. Sie fleht. Sie sagt, sie werde alles versuchen, die Exhumierung zu verhindern.

Ein paar Tage später meldet sich die Tochter von Frau A. bei der Polizei in Delmenhorst und sagt, ihre Mutter sei sehr beunruhigt und psychisch schwer belastet durch die Situation.

Noch ein paar Tage später meldet sich Frau A. selbst bei Borchers und erklärt, dass sie darauf bestehe, dass die Exhumierung abgesagt werde. Andernfalls könne man sie direkt neben ihrem Mann beisetzen, das Grab sei dann ja bereits geöffnet. Sie würde sich nämlich umbringen, das Leben habe für sie keinen Sinn mehr. Entsprechende Vorbereitungen habe sie bereits getroffen, ihr Hausarzt und der Pastor wüssten Bescheid.

Eine Suizidandrohung. Die Polizei schaltet die Familie ein, den Arzt, die Kirche. Frau A. kann aufgefangen werden, sie tut sich nichts an. Am 23. März 2015 wird der Leichnam von Kurt A. exhumiert und obduziert.

Egon J.* starb am 17. November 2001 um 14.15 Uhr, er wurde 72 Jahre alt. Drei Zeilen umfasst die Todesursache auf seinem Totenschein, der Arzt notierte Kammerflimmern, eine Elektrolytstörung, eine Blutvergiftung.

16 Jahre später reagiert sein Sohn »fassungslos«, so notiert es die Polizei am 20. Dezember 2017, als er auf der Polizeiwache vom Mordverdacht im Fall seines Vaters erfährt und von der bevorstehenden Exhumierung. »Was sollen bloß die Leute denken?«, fragt er. Der Rest ist Gemurmel und unverständliches Selbstgespräch, auf Fragen antwortet er in umständlichem Monolog, das heißt: Er spricht, aber er antwortet nicht. Die Polizisten händigen ihm den Gerichtsbeschluss und das Papier mit den Hinweisen zur Exhumierung aus. Mehr können sie nicht tun im Moment, alles Weitere muss auf einen späteren Termin verschoben werden, wenn Herr J. sich wieder beruhigt hat. Am Morgen des 10. Januar 2017 wird der Leichnam von Egon J. exhumiert.

Immer wieder hören die Polizisten: Ich will keine Exhumierung, ich lehne das ab, ich verweigere meine Zustimmung. Es ist nicht die Mehrheit der aufgesuchten Angehörigen, die so reagiert, aber es sind einige. Manche weinen nur, viele nicken auch und fügen sich. Andere reagieren nahezu erfreut. Der Sohn von Heins

R. zum Beispiel, der Vater starb am 27. Januar 2003 um 23.17 Uhr im Klinikum Delmenhorst, hatte selbst Strafanzeige erstattet und die Rechtsanwältin Gaby Lübben kontaktiert. »Ich hatte immer das Gefühl gehabt, dass der Tod meines Vaters ungewöhnlich war«, sagt er der Polizei. Oder der Sohn von Theodor B., verstorben am 25. Dezember 2000 um 1.45 Uhr im Klinikum Oldenburg, der der Polizei erklärt, schon seine Mutter habe gesagt: »Da ist etwas faul!« Und die Familie von Johann U., verstorben am 11. April 2001 um 4.48 Uhr im Klinikum Oldenburg, die der Polizei sagt, sie habe diese Entwicklung erwartet. »Für uns war der plötzliche Tod nie nachvollziehbar.«

Aber immer wieder beißt das Raubtier zu. Carlo I.* starb am 12. Mai 2004 um 18.30 Uhr mit 80 Jahren im Klinikum Delmenhorst. »Asystolie« steht als Ursache in seinem Totenschein: Herzstillstand. Seine Tochter ist kaum zu beruhigen, als ihr die Polizei den Gerichtsbeschluss zur Exhumierung vorliest, sie weint, sie will die Exhumierung verhindern. Zweieinhalb Stunden brauchen die Ermittler und ihr Ehemann, um sie von der Unausweichlichkeit zu überzeugen. Die Särge ihrer Eltern, sagt die Tochter, sie liegen doch übereinander, bitte passen Sie auf! Und die Grabbeigaben, die ich in den Sarg meines Vaters gelegt habe: Bitte sorgen Sie dafür, dass sie auch in den neuen Sarg kommen! Am Morgen des 24. Mai 2016 wird der Leichnam von Carlo I. exhumiert.

Gerhard G.* starb am 7. Juni 2003 um 20 Uhr mit 87 Jahren. »Linksherzdekompensation« ist als Ursache auf seinem Totenschein vermerkt, Folge eines »septischen Schocks«. Soko-Leiter Arne Schmidt nimmt eine Kollegin und einen Pastor mit, als er zwölf Jahre später zum Sohn des Toten fährt, um ihn über die bevorstehende Exhumierung zu informieren. Schmidt weiß um die »sehr intensive emotionale Betroffenheit« des Sohnes: In dem Familiengrab ist neben dem Vater auch die Frau des Sohnes bestattet worden, die bei der Geburt des gemeinsamen Kindes starb. Auch das Kind überlebte nicht. G. ist der Friedhofsverwalter in der Gemeinde, wie zuvor schon sein Vater. Im nüchternen Polizeideutsch notiert Schmidt: G. wird in diesem Amt »nur sehr eingeschränkt zur Verfügung« stehen können. Am Morgen des 12. Januar 2016 wird der Leichnam von Gerhard G. exhumiert.

100 Namen von toten Patienten stehen in der Anklageschrift, als Högel 2018 der Prozess gemacht wird. Es sind 100 Trauergeschichten. Fast ebenso viele Exhumierungsbeschlüsse gab es zuvor und damit fast ebenso viele zweite Trauergeschichten. Umgesetzt wurde der Beschluss in jedem Fall, unabhängig von der Reaktion der Angehörigen, unabhängig von der individuellen Trauer.

An einem Donnerstag im März 2017 beginnt die Polizei, auf einem katholischen Friedhof rund 100 Kilometer von Oldenburg entfernt das Grab von Emil G. zu öffnen. Wird sich seine Witwe mittlerweile beruhigt haben? Wird sich ihre Wut gelegt haben? Ein Kleinwagen fährt vor, zwei Frauen steigen aus, viel zu dünn bekleidet für die Witterung. Die ältere der beiden Frauen schießt Fotos, dabei ergeht sie sich »in kaum zu unterbrechenden Schimpfkanonaden«, wie später der Polizeibericht notiert. Das Raubtier Trauer kratzt und beißt immer noch. Wortfetzen wehen über den Friedhof:

»Jeder Mörder«... »besser behandelt«... »Verlust der Menschenwürde«... »kommt jetzt in eine Asozialen-Kiste«... »Zerstörung«... »mühevoll eingebrachte Bepflanzung«... Die Beruhigungsversuche der Polizei gestalten sich schwierig, das Raubtier wütet.

Der Leichnam von Emil G. wird trotzdem exhumiert, obduziert und am späten Nachmittag wieder eingesegnet.

Mordermittlungen stecken voller Zumutungen für die Hinterbliebenen. Die größte Zumutung ist vermutlich die Akte, oft Hunderte Seiten dick. Exhumierung und Dokumentation müssen gerichtsfest dokumentiert werden, jeder Ausgrabungsschritt ist vermerkt, Erdschicht um Erdschicht. Fotos zeigen das geöffnete Grab, die Vermessung des Sargs, schließlich den Leichnam von allen Seiten. Oder besser, was davon übrig ist, nach zehn oder 15 Jahren in der oft nassen Erde. Jeder Nebenkläger hat das Recht, die Akte zu lesen. Wenn er einen guten Anwalt hat, lautet dessen erster Rat meist: »Schauen Sie besser niemals rein.«

KAPITEL 22

IM UNGEWISSEN

Weser-Ems-Halle Oldenburg, Dienstag, 11. Dezember 2018

Wie ein Buchhalter arbeitet Richter Sebastian Bührmann die in der Anklageschrift aufgelisteten Sterbefälle ab, am vierten Prozesstag geht es um die Toten 51 bis 83. Am späten Nachmittag ist Burhan S.* dran, sein Name steht an 78. Stelle. Im Festsaal der Weser-Ems-Halle sitzt seine Frau, ihre Hände drücken ein Papiertaschentuch zusammen.

Burhan S. starb an einem Dienstagmorgen im Juni. Er war erst 47 Jahre alt. Er hinterließ zwei kleine Kinder, fünf und sechs Jahre alt, und eine Frau, 30 Jahre alt.

Als er selbst 30 war, verließ er die Türkei und kam nach Deutschland. Er durfte hier nicht in seinem alten Job als Lehrer arbeiten, deshalb fuhr er Taxi. An einem Taxistand in Bremen traf ihn an einem warmen Frühsommertag der Schlag, er kippte einfach um. Seine Kollegen wählten den Notruf. Ein Rettungswagen brachte Burhan S. ins Krankenhaus Bremen-Mitte. Der diensthabende Arzt wurde nicht schlau aus dem Fall, auf den Diagnosezettel schrieb er »Hyperventilationssyndrom« und ein paar weitere unleserliche Wörter. Der Arzt schickte

Herrn S. nach Hause nach Delmenhorst. Aber es ging ihm nicht gut. Er hatte Sehstörungen, ihm war schwindlig, alles kribbelte, das Sprechen fiel ihm schwer. »Das ist nicht mein Mann«, sagte seine Ehefrau.

Die Familie brachte ihn ins nahe städtische Klinikum. Herr S. wollte nicht, er wehrte sich, »lasst mich«, rief er, »fahrt mich nicht dahin!«. Die Ärzte im Klinikum untersuchten ihn, sie diagnostizierten einen Schlaganfall. Herr S. kam auf die Intensivstation. Drei Tage und Nächte wachte seine Frau an seinem Bett, dann fuhr sie nach Hause, sie wollte etwas essen und ein wenig schlafen. Am nächsten Tag klingelte in den frühen Morgenstunden ihr Telefon. Das Klinikum war dran, Herr S. hatte einen Herzstillstand erlitten. Er starb am 15. Juni 2004 um 5.57 Uhr, »trotz aller Bemühungen«, wie das Klinikum später in seinem Bericht festhielt.

Was macht eine junge Familie, wenn plötzlich der Ehemann und Vater fehlt? Sie macht weiter, irgendwie. Die Kinder gehen zur Schule, sie machen ihren Abschluss, die Mutter arbeitet, sie findet einen guten Job am Flughafen. Bis zehn Jahre später das ganze Gerüst zusammenbricht, weil die alten Fragen wieder da sind und neue hinzukommen. Warum starb Burhan S.?

Es ist kein Polizist, der an der Tür klingelt und die Frage in die Familie S. trägt. Es ist Dila S. selbst, die sich die Frage stellt und das Raubtier Trauer weckt. Sie hat die Berichte gesehen über den Pfleger, der in Oldenburg vor Gericht steht, weil er Patienten auf der Intensivstation getötet haben soll. Hat er auch mit dem Tod von Burhan S. zu tun? Hätte Herr S. nicht sterben müssen? War er gar nicht so schlimm krank? Wurde er ermordet?

Am Montag, 10. November 2014, ruft Dila S. unruhig bei der Polizei in Delmenhorst an. Am Wochenende waren die Zeitungen und das Internet wieder voll mit Berichten über den Pfleger. Im 1. Fachkommissariat nimmt Manfred Borchers das Telefonat entgegen. Dila S. erzählt ihm von ihrem Mann und von seinem plötzlichen Tod am frühen Morgen des 15. Juni 2004. Borchers schaut direkt in den Dienstplänen nach. Ja, sagt er dann: Högel hatte Dienst in jener Nacht, bis 6.25 Uhr am Morgen war er im Einsatz. Er verspricht der Witwe: »Wir werden den Tod Ihres Mannes untersuchen.«

Ist Herr S. ein Mordopfer? Die Frage ist gestellt, aber bis zur Antwort ist es ein weiter Weg. Der Fall S. ist einer von Hunderten, den die Soko Kardio prüfen muss. Eineinhalb Jahre dauert es, bis der Exhumierungsbeschluss des Amtsgerichts vorliegt. Am 11. Mai 2016 geht endlich Post ein bei der Staatsanwaltschaft Oldenburg:

In dem Ermittlungsverfahren gegen
    Niels Högel, geb. 30.12.1976,
    aktuell: JVA Oldenburg,
    wegen des Verdachts des Mordes
    wird auf Antrag der Staatsanwaltschaft Oldenburg die Ausgrabung und Öffnung des Leichnams des Verstorbenen
    Burhan S.* geb. 1957, verstorben 15.06.2004;
    Grabstelle: Friedhof in Hatay, 1. Kapi, Grabnummer nicht existent,
    angeordnet.

Die Polizisten um Manfred Borchers wissen seit 2005, wie schwierig es sein kann, einen Exhumierungsbeschluss zu erwirken. Im Fall S. erfahren sie nun, wie schwierig es sein kann, mit dem Beschluss eine Exhumierung zu erwirken.

Zwei Blätter Papier, oben drüber steht das Wort »Beschluß« in Fettdruck, alte Rechtschreibung. Papier ist geduldig, heißt es. Menschen sind es nicht. Zwölf Jahre nach dem Tod ihres Mannes kreisen die Gedanken von Dila S. nur noch um die Frage: Ist mein Mann ein Mordopfer? Ich glaube nicht daran, sagt sie allen. Es kann nicht sein. Eigentlich. Ich war doch da. Aber was, wenn es doch so ist? Ich muss es wissen!

Ein Jahr später weiß sie es noch immer nicht. Ihr geht es schlecht, sie kann nicht mehr zur Arbeit gehen. Hilfesuchend wendet sie sich an die *Nordwest-Zeitung*. Das tut sie von nun an regelmäßig, 2017, 2018. Haben Sie schon etwas gehört?, fragt sie den Reporter am Telefon oder per Whatsapp. Gibt es Neues? Konnten Sie etwas herausfinden? Aber es gibt nichts Neues. Als die Soko Kardio ihre Ermittlungen abschließt und die Staatsanwaltschaft im Januar 2018 nach 2006 und 2014 zum dritten Mal Anklage erhebt gegen Niels Högel, zunächst wegen Mordes in 97 Fällen, fehlt der Name Burhan S. in der Anklageschrift. Sein Fall bleibt ein offenes Strafverfahren gegen Högel, denn es fehlt der Beweis.

Es gibt drei gängige Möglichkeiten, einen Mord nachzuweisen. Möglichkeit eins: Der Mörder wurde auf frischer Tat ertappt, Zeugenaussagen überführen ihn. Aber Zeugen gibt es im Fall S. nicht. Möglichkeit zwei: Der Mörder gesteht den Mord. Aber Högel kann sich angeblich nicht an Burhan S. erinnern, das sagt er 2017 jedenfalls der Polizei. Möglichkeit drei: Die Polizei findet die Tatwaffe.

Högel tötete seine Opfer mit Medikamenten, im Klinikum Delmenhorst spritzte er ihnen häufig eine Überdosis des Wirkstoffs Ajmalin. Der menschliche Körper baut Ajmalin schnell wieder ab, das wissen die Ermittler inzwischen. Nur wenn ein Patient bald nach der Ajmalin-Vergiftung stirbt, bleiben Rückstände im Gewebe nachweisbar, auch viele Jahre nach dem Tod. Bei Burhan S. setzte die Herzstörung um 2.30 Uhr ein, dreieinhalb Stunden später war er tot. Sollte Ajmalin die Herzstörung ausgelöst haben, wäre ein Nachweis wahrscheinlich, wissen die Toxikologen. Nur: Für den Nachweis brauchen die Toxikologen menschliche Gewebeproben, die sie untersuchen können.

Ein halbes Jahr bevor Burhan S. am Taxistand umfiel, starb ein Freund von ihm, auch er ein Türke. Der Freund wurde auf eigenen Wunsch in der Türkei bestattet. »Warum macht er das? Was soll das?«, empörte sich Dila S.

Ihr Mann blickte sie lange an. Dann sagte er: »Wenn mir etwas passieren sollte, möchte ich auch in der Türkei beerdigt werden.« Im Familiengrab in der Region Hatay, das liegt im Süden der Türkei, nahe an der Grenze zu Syrien.

Ein halbes Jahr später ist er tot, und Dila S. sagt: »Es ist sein Wunsch.« Noch am Todestag wird der Leichnam in die Türkei überführt, am nächsten Tag wird er beigesetzt.

Die Umsetzung eines richterlichen Exhumierungsbeschlusses ist eine hoheitliche Aufgabe. Im Fall von Burhan S. soll sie aber in einem fremden Hoheitsgebiet erfolgen. Dafür muss die Staatsanwaltschaft ein Rechtshilfeersuchen erstellen. Ersuchen – in dem Wort steckt die Suche, nicht das Finden, die Frage, nicht die Antwort. Das Ersuchen kann unkompliziert funktionieren, in einem Land wie Polen zum Beispiel, Mitglied der Europäischen Union: Auch dort ist ein mutmaßliches Högel-Opfer begraben. Die deutsche Staatsanwaltschaft ersuchte, die polnischen Behörden exhumierten und schickten schnell Gewebeproben nach Deutschland. In der Türkei, außerhalb der EU, ist die Sache komplizierter. Dort gilt der »diplomatische Geschäftsverkehr«, eine Kommunikation nach festen Regeln. Das geht so: Die Staatsanwaltschaft setzt ein Schreiben »an die zuständigen Behörden in der Türkei« auf mit der Bitte, »die Ausgrabung und Leichenöffnung des verstorbenen Burhan S. (...) zu genehmigen und vorzunehmen«. »Eilt!!«, schreibt der Staatsanwalt oben drüber, er bittet »höflichst um eine bevorzugte Behandlung«. Das Schreiben geht an das Niedersächsische Justizministerium in Hannover. Das Justizministerium schickt es an das Bundesamt für Justiz in Bonn. Das Bundesamt gibt es weiter an das Auswärtige Amt in Berlin. Das Auswärtige Amt übermittelt es an die deutsche Botschaft in Ankara. Die deutsche Botschaft übergibt es dem türkischen Justizministerium in Ankara. Die deutschen Behörden bieten den türkischen Behörden an, sämtliche Kosten zu tragen. Sie bieten ihnen an, deutsche Beamte zur Unterstützung zu schicken. Sie bieten an, die rechtsmedizinische Untersuchung der Gewebeproben zu übernehmen. Ob die Angebote ankommen, ob jemand darüber nachdenkt, sie anzunehmen, das wissen die deutschen Behörden nicht. Sie können nur höflich nachfragen, ob es Neues gibt. Wie häufig nachgefragt werden darf, auch das ist geregelt.

Der Fall S. ist kein typischer unter den 332 Mordverdachtsfällen, denen die Soko Kardio nachgeht, denn nur einige wenige der möglichen Högel-Opfer sind im Ausland bestattet worden. Das Leiden der Witwe S. ist aber ein typisches: Von den Patienten im Klinikum Delmenhorst, die während einer Högel-Schicht starben, wurden mehr als 130 feuerbestattet. Sie können nicht mehr untersucht werden, ihre Angehörigen werden niemals erfahren, ob diese im Krankenhaus eines natürlichen Todes starben oder ermordet wurden. Was geht in den Köpfen dieser Angehörigen vor, die im Ungewissen leben?

»Ich hatte immer im Kopf, da stimmt was nicht«, sagt Dila S. »Aber ich dachte, die hätten in Bremen etwas falsch gemacht!«

Das ist auch richtig, im Krankenhaus Bremen-Mitte gab es eine Fehldiagnose. Aber sie kostete Burhan S. allenfalls indirekt das Leben: weil er so nach Delmenhorst kam.

Während der diplomatische Geschäftsverkehr läuft, platzt Dila S. nahezu der Kopf. Ich war es, die ihn nach Delmenhorst geschickt hat! Ich war es, die zum Duschen und Essen nach Hause gefahren ist! Ohne mich könnte mein Mann noch leben! Die Schuldzuweisungen sind Unfug, aber so denken trauernde Menschen, und jetzt ist es Dila, die einfach umfällt. Ihre Nerven versagen. Sie ist arbeitsunfähig, sie braucht Unterstützung, sie nimmt

Medikamente. Jedes Gespräch, jeder Zeitungsbericht wirkt auf sie wie ein Verstärker. Jemand rät ihr, zur Opferhilfe zu gehen. Dort wird sie gefragt: Sind Sie denn ein Opfer? Können Sie das beweisen? In den Medien ist die Rede von den rund 100 Nebenklägern, die im großen Mordprozess mit 97 Anklagen von der Delmenhorster Rechtsanwältin Gaby Lübben vertreten werden – Frau S. kann nicht als Nebenklägerin am Högel-Prozess teilnehmen. In ihrer Not schreibt sie sogar einen Brief an Niels Högel, möglicherweise der Mörder ihres Mannes, und bittet ihn um Hilfe: Sagen Sie mir, was geschah mit meinem Mann? Sie erfährt es nicht.

Die *Nordwest-Zeitung* hört, dass das Rechtshilfeersuchen am 15. August 2017 bei der Staatsanwaltschaft in Antakya eingegangen sei, der Hauptstadt der Region Hatay. Ein türkischer Rechtsanwalt berichtet der Zeitung, dass es offenbar ein Problem bei der nachgeordneten Behörde in Reyhanli gibt: Angeblich ist die genaue Lage der Grabstelle von Burhan S. unbekannt. Gibt es etwas Neues? Haben Sie etwas herausgefunden? Frau S. schreibt per Whatsapp. Die inoffizielle Nachricht aus Reyhanli ist ein kleiner Hoffnungsschimmer für sie. Sie setzt ein Schreiben auf mit der exakten Beschreibung der Grabstelle und schickt es in die Türkei.

26. September 2017, der Rechtsanwalt aus der Türkei meldet sich erneut bei der Zeitung. Heute Morgen habe der Staatsanwalt das Grab von Burhan S. öffnen lassen, Gewebe und Knochen seien zum Institut für Forensische Medizin gebracht worden.

Frau S. informiert die deutsche Staatsanwaltschaft. Die größte Sorge ist jetzt, dass im langsamen diplomatischen Geschäftsverkehr Gewebeproben verloren gehen. Beweise.

Mehmet, Sohn des Ahmet und der Durdu. Isa, Sohn des Abdurrahman und der Makbule. Hasan, Sohn des Mehmet und der Sükran. Yahjya, Sohn des Ahmet und der Döne. Ibis, Sohn des Hasan und der Serife. So heißen die vereidigten Arbeiter, die das türkische Protokoll der Exhumierung aufweist. Der Rechtsanwalt hat recht, am 26. September 2017 öffnete die Generalstaatsanwaltschaft Reyhanli das Grab. Mit Datum vom 17. Juli 2018 teilt das Niedersächsische Justizministerium über die Generalstaatsanwaltschaft Oldenburg der Staatsanwaltschaft Oldenburg mit, dass das Rechtshilfeersuchen erledigt sei.

Die türkischen Behörden haben Spuren von Lidocain in den Haaren des Toten gefunden. In Deutschland überprüfen Gutachter der Medizinischen Hochschule Hannover den Befund. Sie kommen zu dem Ergebnis, dass der tödliche Verlauf bei Burhan S. zu einer »nicht indizierten Gabe von Lidocain« passe. Im August 2018 erfährt auch Dila S. davon. Ist das die Antwort auf ihre Frage? Mitte September erhebt die Staatsanwaltschaft Oldenburg im Fall Burhan S. Anklage gegen Niels Högel. Es ist die 99. Anklage, vereinzelt kommen Fälle hinzu, am Ende stehen 100 Mordvorwürfe in der Anklageschrift. Ermittler, Journalisten und die Öffentlichkeit kommen immer wieder durcheinander mit den Zahlen, wenn sie über den Fall Högel sprechen. Aber hinter jedem einzelnen Fall steckt eine Geschichte wie die von Familie S.

Die deutschen Behörden erfahren nicht, mit welchen Analyseverfahren die türkischen Gerichtsmediziner gearbeitet haben. In Deutschland sind die Ergebnisse immer zuverlässiger geworden mit der Ausweitung der Untersuchungen. Von Ermittlern ist zu hören, dass sie den Fall S. für den juristisch wackeligsten der mittlerweile 100 Fälle halten.

Am 11. Dezember 2018, vier Jahre und einen Monat nach dem Anruf von Dila S. bei Manni Borchers von der Polizei Delmenhorst, fragt Richter Sebastian Bührmann den Angeklagten Högel, ob er sich an den Patienten Burhan S. erinnern könne. Alle Blicke in der Halle richten sich auf das überlebensgroße Högel-Gesicht auf der Videoleinwand. Und Högel hebt an: Nein, sagt er, am Anfang habe er sich nicht erinnern können. Aber jetzt, sagt er, ja, jetzt könne er sich an Burhan S. erinnern, besser noch an dessen Familie. Er könne sich an »diesen familiären Zusammenhang« erinnern, »so manche Familie könnte sich davon eine Scheibe abschneiden«. Und deshalb sei er sich auch sicher: »Eine Manipulation meinerseits kann ich ausschließen.« Ja, er sei sich der Tragweite seiner Aussage hier bewusst, »insbesondere gegenüber Frau S., aber ich kann das ausschließen«. Högel leugnet den Mord an Burhan S.

Frau S. sitzt im Saal, in der Hand das zerknüllte Papiertaschentuch, sie schüttelt den Kopf. Dann steht sie auf und verlässt die Halle, sie kehrt an diesem Tag nicht mehr zurück. Seit vier Jahren kreist eine Frage in ihrem Kopf, eine Antwort darauf hat sie nicht bekommen.

KAPITEL 23

NARZISS UND LÜGNER

Weser-Ems-Halle Oldenburg, Donnerstag, 16. Mai 2019

Narzissten wollen heller strahlen als ihr Gegenüber. Dafür ist ihnen meist jedes Mittel recht: Manipulation, Beschimpfung, dreiste Lügen.
　Es ist still im Gerichtssaal, als Rechtsanwältin Gaby Lübben die Toten vorstellt – mit Fotos auf den Großbildschirmen und in warmen Worten. Hier und da hört man ein unterdrücktes Schluchzen. Günter M., 70 Jahre alt, der die goldene Hochzeit mit seiner Frau nicht mehr feiern konnte. Heinrich H., 68, dessen Enkel am Todestag geboren wurde. Regina P., 33, deren zwölfjähriger Sohn plötzlich allein war. Friedrich W., 92, der sechs Jahre russische Kriegsgefangenschaft überlebt hat. Renate R., 67, deren Halbschwester sich nach der Todesnachricht das Leben nahm. Ismail T., 47, der noch um 23 Uhr seine Tochter anrief. »Ich weiß nicht, was er mit mir machen will. Ich verstehe die Sprache nicht. Vielleicht will er mich umbringen«, soll T. gesagt haben. »Um ein Uhr ist er gestorben«, sagt Lübben. »Sie alle wurden, ohne Abschied nehmen zu können, aus dem Leben gerissen.«

Es sind nur sechs von mehr als 100 Schicksalen, sechs von vermutlich mehr als 100 Opfern des Klinikmörders. Fast eine Stunde lang würdigt Lübben an diesem 16. Mai 2019 die ermordeten Angehörigen ihrer Mandanten. Es ist das erste Plädoyer der Nebenklage am 21. Prozesstag vor dem Landgericht Oldenburg. Es ist ein ungewöhnliches und unjuristisches Plädoyer der Anwältin. Eines, das berührt.

Högel habe ausgeführt, dass er im Gefängnis von den Seelen besucht werde, sie aber nicht zuordnen könne. »Deshalb stelle ich sie ihm jetzt vor«, sagt Lübben am Anfang. »Ich hoffe, Herr Högel, dass Sie diese Bilder niemals vergessen werden«, sagt Lübben am Schluss. »Ich kann Ihnen versprechen: Die Toten werden nunmehr Ruhe finden. Und Sie werden hinter verschlossenen Türen von toten Seelen verfolgt alt werden. Und Ihren Namen wird man vergessen.« Högel hört sich das fast reglos an, wie immer.

Die Anwältin macht am Ende noch einmal deutlich, wie sie das Verhalten des Angeklagten im Prozess bewertet. »Die Hoffnung der Angehörigen, dass wir ernst gemeinte und ehrliche Worte der Reue hören, wurde enttäuscht.« Dennoch ist der Prozess für die Anwältin in einigen Punkten ein Erfolg: »Die Klarheit, die sie hier erlangen konnten, hilft den Angehörigen, um alles zu verarbeiten und Ruhe zu finden.«

Der emotionale Auftritt der Opfer-Anwältin steht im krassen Gegensatz zum Plädoyer von Daniela Schiereck-Bohlmann. Rund fünf Stunden lang schildert die Oberstaatsanwältin jeden der 100 angeklagten Mordfälle in den Kliniken Oldenburg und Delmenhorst – so nüchtern wie möglich, so juristisch korrekt wie nötig. In 97 Fällen lautet ihre Forderung: »schuldig«. Bei all diesen Patienten hält es die Staatsanwaltschaft für erwiesen, dass Högel sie auf den Intensivstationen ermordet hat; arglose Menschen, die in den Krankenhäusern Hilfe gesucht und den Tod gefunden hätten. Högel habe heimtückisch und aus niederen Motiven getötet, sagt die Oberstaatsanwältin.

Schiereck-Bohlmann fordert eine lebenslange Haftstrafe für Högel und die Feststellung der besonderen Schwere der Schuld. In drei Todesfällen plädiert die Oberstaatsanwältin auf Freispruch, weil diese Taten Högel nicht zweifelsfrei nachzuweisen seien. Der Vorwurf der gefährlichen Körperverletzung scheide hier wegen Verjährung aus. »Mir ist bewusst, dass das bei Angehörigen zu Unverständnis führen kann«, sagt Schiereck-Bohlmann.

In den übrigen 97 Fällen hat die Staatsanwaltschaft dagegen »keinerlei vernünftige Zweifel«, dass die Patienten von Högel ermordet wurden – wie Schiereck-Bohlmann 97 Mal betont. Kaliumvergiftung, Manipulation mit Lidocain, missbräuchliche Gabe von Sotalol.

Högel hat 43 der 100 Taten in den Jahren 2000 bis 2005 eingeräumt und fünf bestritten. An die übrigen konnte er sich nach eigenen Angaben nicht erinnern. Er schloss aber nicht aus, diese Patienten getötet zu haben. Aus Sicht der Staatsanwaltschaft hat Högel nur sehr bedingt dazu beigetragen, die ihm vorgeworfenen 100 Morde aufzuklären. Es gebe aber keine grundsätzlichen Zweifel an der Glaubhaftigkeit der abgelegten Geständnisse, sagt Schiereck-Bohlmann.

Auch die Zeugenaussage von Soko-Chef Arne Schmidt im Prozess ist eine Art von Plädoyer. Fast drei Stunden schildert er die akribischen Ermittlungen über fast drei Jahre, sachlich, nüchtern, schonungslos. »Es war eine große Herausforderung«, sagt er. Schmidt bringt den Tod als Statistik in den Gerichtssaal. Grafik nach Grafik flimmert über die beiden großen Bildschirme. Tabellen, Diagramme, X- und Y-Achsen. Blaues Kästchen heißt: Högel hatte Spätdienst. Grünes Kästchen: Frühdienst. Rote Kästchen zeigen die Sterbefälle während seiner Dienstzeit an. Högel habe viele Patienten aus purer Mordlust totgespritzt.

Nicht nur für die Angehörigen der Opfer im Saal sind es harte Stunden. Schmidt nennt Högel einen Lügner, der »durchaus geplant und inszeniert« vorgeht. Er zerlegt Behauptungen des Mörders, legt Widersprüche offen. »Herr Högel sagt nicht durchgehend die Wahrheit.« Er gebe immer nur das zu, was die Polizei ihm nachweisen könne – und könne sich dann detailreich erinnern. »Diese Aussagen dürften dann auch den Tatsachen entsprechen.«

Schmidt spricht von »flexiblem Aussageverhalten«. Bei der Auswahl seiner Opfer und bei den verwendeten Medikamenten etwa habe Högel immer wieder andere Varianten angegeben. Schmidt erkennt darin ein dreistufiges Modell: leugnen, erinnern, zugeben. Ein Beispiel für das skrupellose Lügen: »Er hat beim Leben seiner Tochter geschworen, dass er in Oldenburg keine Taten begangen hat«, sagt Schmidt. Högel verfolge mit seinen Aussagen einen Plan: »Ich persönlich bin davon überzeugt, dass der Angeklagte auch heute noch ein

Stück weit seinen Narzissmus auslebt«, sagt der Soko-Chef. So wie er sich früher zum Herrn über Leben und Tod aufgespielt habe, so halte er es jetzt eben mit Wahrheit und Unwahrheit.

Der frühere Chefermittler bezweifelt, dass Högel die Patienten nur aus Geltungsdrang getötet hat. Am Anfang sei es ihm vielleicht um Anerkennung für erfolgreiche Reanimationen gegangen. Doch das Motiv habe sich gewandelt. »Am Ende ging es bei Herrn Högel nur noch darum zu töten.«

Schmidt wirft den Kliniken in Oldenburg und Delmenhorst schwere Versäumnisse vor. Nach der Vernehmung von mehr als 100 Zeugen ist er überzeugt davon, dass es in beiden Krankenhäusern einen Verdacht gegen Högel gegeben hat, die Beweise jedoch unterdrückt wurden. Er betont, dass den Verantwortlichen in Oldenburg bereits Ende 2001 eine Liste über die Häufung von Todesfällen während der Dienstzeiten von Högel vorlag. Der Pfleger sei aber nur intern versetzt und später mit einem guten Zeugnis weggelobt worden.

In Delmenhorst, sagt Schmidt, haben Mitarbeiter nach einer Manipulation durch Högel verdächtige Spritzen gefunden. Die ungewöhnlich hohe Bestellmenge eines Medikaments sei aufgefallen, der Zugriff für Pfleger aber sogar noch erleichtert worden.

Die Soko hat auch Högels Arbeit als Rettungsassistent beim Roten Kreuz im Landkreis Oldenburg überprüft und ein Dutzend verdächtiger Fälle gefunden. Patienten, ohne schwerwiegende Probleme, die plötzlich nicht mehr atmen konnten und intubiert werden mussten. Schmidt nennt das »besonders grausam«. Zum Glück sei niemand gestorben. Ein möglicher Vorwurf wegen Körperverletzung gegen Högel sei allerdings verjährt.

»Ich persönlich gehe davon aus, dass es viel mehr Taten waren, als jetzt angeklagt sind«, sagt Schmidt. »Es bleiben Lücken, die wir nie schließen können.«

Richter Sebastian Bührmann appelliert während des Prozesses mehrfach eindringlich an Högel, die »ganze Wahrheit« über seine Taten in den beiden Kliniken zu erzählen. Bührmann macht dabei erneut deutlich, dass er große Zweifel an der Glaubwürdigkeit des Angeklagten hege. »Es ist bis zum Ende der Hauptverhandlung nicht zu spät. Denken Sie darüber nach und seien Sie sich Ihrer Verantwortung bewusst.« Wenn er noch etwas Gutes tun wolle, müsse er die Wahrheit sagen, fordert der Richter. »Es ist nur die Wahrheit, die uns hilft.«

Bührmann bezweifelt vor allem, dass Högel, wie von ihm selbst behauptet, im Jahr 2002 in seiner Zeit in der Anästhesie im Klinikum Oldenburg keine Patienten getötet hat. Zwischen Januar und November 2002 haben die Ermittler keine Verdachtsfälle gefunden. In Oldenburg habe Högel in zunehmendem Maße getötet, erklärte Bührmann. In Delmenhorst sei es schon kurz nach dem Wechsel Ende 2002 wieder losgegangen und habe »suchtartige Züge« angenommen. Die Vorstellung, dass Högel 2002 in Oldenburg stillgehalten hat, falle schwer.

Die These vom Narzissten und Lügner unterstreicht auch das Gutachten des Berliner Rechtspsychologen Prof. Dr. Max Steller, der im Auftrag des Landgerichts die Glaubhaftigkeit des Angeklagten untersucht. Steller erhält Einsicht in Gerichtsakten und hat im August und Oktober 2018 zwei Mal Gelegenheit, für jeweils etwa drei Stunden mit Högel in der Justizvollzugsanstalt Oldenburg zu sprechen.

Stellers Persönlichkeitsanalyse ergibt eine Disposition von Högel für »bewusste Falschaussagen«, wie der Experte in seinem Gutachten schreibt. Er sieht deutliche Hinweise darauf, dass diverse Änderungen oder Erweiterungen von Högels Aussagen seit der ersten Vernehmung durch die Polizei im Juli 2005 »bewusst Falschaussagen« sind. Högel, so Steller, war und ist vor allem um seine Selbstdarstellung bemüht.

Am 20. Prozesstag sitzt am Zeugentisch Professor Dr. Henning Saß, 74 Jahre alt, Psychiater, Hochschullehrer, Gutachter unter anderem im NSU-Prozess. Saß soll die Schuldfähigkeit Högels beurteilen, er ist kurzfristig für den erkrankten Gutachter Dr. Konstantin Karyofilis eingesprungen. Nun muss er unter erschwerten Bedingungen arbeiten: Högel hat sich geweigert, ein weiteres Mal mit einem Psychiater zu sprechen. Saß muss sich deshalb auf die Akten verlassen, auf Urteile, ältere Gutachten, Vernehmungsprotokolle. Saß kennt das. Auch die Hauptangeklagte im NSU-Prozess, Beate Zschäpe, sprach nicht mit ihm persönlich. Saß befand sie anhand der Akten für schuldfähig.

Jetzt also Högel. Das Material ist »umfangreich«, so Saß, »ausreichend«. In scharfen Konturen zeichnet er daraus das Bild eines Mannes, der gestörte und krankhafte Züge hat, aber keineswegs ein »gravierend psychisch kranker Mensch« ist. Nach links schaut Saß während seines Vortrags nicht. Dort sitzt der Angeklagte im unvorteilhaften Querstreifen-Shirt und stiert mit ausdruckslosem Blick ins Leere.

Saß geht mit Högel streng ins Gericht. Dass er ein notorischer Lügner ist, haben vorher schon andere Gutachter festgestellt. Saß bescheinigt ihm nun auch noch eine ethische Verwahrlosung und menschliche Verrohung; ein guter Patient sei für ihn ein Patient, »wenn ein grünes Tuch über ihm liegt«. Er attestiert Högel ein »Fehlen von Scham und Reue« und sieht einen »bemerkenswerten Mangel an Empathie«. Getötet habe er aus einem ganzen Motivbündel, so Saß weiter. Er nennt Högels Geltungsbedürfnis vor Kollegen, eine Rivalität mit den Ärzten auf der Station, den Wunsch nach Selbsterhöhung als »Herr über Leben und Tod«, die Suche nach der stimmungshebenden Wirkung von Notfall-Einsätzen. Högel, so Saß, zeige Merkmale einer Persönlichkeitsstörung, schwer krank sei er aber nicht. Kurz: Högel ist schuldfähig; Gründe, ihn in die Psychiatrie oder in eine Entzugsklinik einzuweisen, sieht der Experte keine.

Nein, dieser Täter gehört ins Gefängnis.

KAPITEL 24

DAS URTEIL

Weser-Ems-Halle Oldenburg, Donnerstag, 6. Juni 2019

Es ist kurz nach zehn Uhr an diesem warmen Junitag, als die 5. Strafkammer des Landgerichts Oldenburg nach 24 Prozesstagen zum letzten Mal den Festsaal betritt und sich hinter der Richterbank aufstellt: rechts Richter Ruben Riethmüller, links Richter Frederik Franz, in der Mitte Sebastian Bührmann, der Vorsitzende Richter. Die Zuschauer springen auf, Bührmann spricht kein Wort zur Begrüßung, in die stehende Menge hinein beginnt er: »Im Namen des Volkes ergeht folgendes Urteil.«

»Es wird würdevoll sein«, das hatte die Gerichtssprecherin neun Monate zuvor versprochen, als es um die Frage ging, ob sich aus einem Festsaal ein Gerichtssaal machen lässt. Sie hat recht behalten: Es ist würdevoll, wie die Richter in schwarzen Roben und mit ernster Miene hinter der hohen Richterbank stehen, vor ihnen die respektvolle Öffentlichkeit, ebenfalls stehend. Niemand im Saal zweifelt daran, dass die Kammer Recht sprechen und Högels Schuld feststellen wird. Die Frage lautet allein: In wie vielen Fällen wird sie ihn schuldig sprechen? In allen angeklagten 100 Mordvorwürfen? In

97 Fällen, wie es Oberstaatsanwältin Daniela Schiereck-Bohlmann drei Wochen zuvor in ihrem Plädoyer gefordert hat? In weniger Fällen? Wird die Kammer vielleicht 31 Lidocain-Fälle ausklammern, so wie es Högels Verteidigung in ihrem Plädoyer gefordert hat?

Um den Wirkstoff Lidocain, eines von fünf Mordmitteln, mit denen Högel nachweisbar tötete, hatte es viele Prozesstage lang Diskussionen gegeben. Ulrike Baumann und Kirsten Hüfken, die Pflichtverteidigerinnen des Angeklagten, hatten nicht viele Anträge gestellt während des laufenden Prozesses. Jetzt aber hatten sie herausgefunden, dass Lidocain manchen Gels und Sprays beigemischt wird, die beim Einführen von Magensonden oder Kathetern verwendet werden, um den Schmerz zu betäuben. Fast jeder der Patienten auf der Intensivstation wurde intubiert, bekam einen Blasenkatheter gelegt oder eine Magensonde. Könnte es sein, dass Lidocain-Spuren, die nach der Exhumierung in einem Leichnam gefunden wurden, nicht von Högels Todesspritze, sondern von einem solchen Gel stammen? Eigentlich nicht – so lautete kurz zusammengefasst die Antwort des vorgeladenen Toxikologen. Aber mit hundertprozentiger Gewissheit ausschließen könne er es auch nicht, es fehle an entsprechenden wissenschaftlichen Studien.

Der stehende Richter hält sich kurz. Högel wird in 85 Fällen wegen Mordes verurteilt. »Im Übrigen ist er freigesprochen«, sagt Bührmann. Die Journalisten im Saal tippen die Zahlen in ihre Laptops.

Die Strafe für Högel lautet lebenslänglich, das Gericht stellt die besondere Schwere der Schuld fest, es verhängt ein lebenslanges Berufsverbot, aber das kennt die Öffentlichkeit bereits, das alles gab es bereits im dritten Högel-Prozess 2014/15. Högel sitzt seit vielen Jahren im Gefängnis, er hat schon einmal die höchste Strafe erhalten, die das deutsche Recht vorsieht, mehr geht nicht. Vier Urteilssprüche insgesamt, zweimal lebenslänglich, das ist so ungewöhnlich wie alles in diesem Prozess: die unfassbare Zahl der Mordvorwürfe, akribisch ermittelt durch die Soko Kardio; die weitläufige Festhalle als Gerichtssaal; Dutzende Nebenkläger im Saal; das Plädoyer der Nebenklagevertreterin Gaby Lübben, die am 23. Prozesstag Fotos der ermordeten Klinikpatienten zeigte und aus deren Leben erzählte; der längst bestrafte und weggesperrte Angeklagte. Ungewöhnlich ist auch der Vortrag, zu dem der Richter nun anhebt.

Bührmann ist sichtlich bewegt, traurig, vielleicht auch zerknirscht. Immer wieder bebt ihm die Stimme. »Eine Hauptverhandlung ist dann erfolgreich verlaufen, wenn wir am Ende sagen, wir wissen, was passiert ist. Sie, verehrte Nebenkläger, müssen wir zum Teil enttäuschen.« Es sei dem Gericht nicht gelungen, »den Nebel zu lichten«. Sinn des Verfahrens sei es gewesen, mit allen Kräften nach der Wahrheit zu suchen. »Aber«, sagt Bührmann, »die menschlichen Möglichkeiten sind da begrenzt.«

Lange vor dem Prozess war klar, dass die Möglichkeiten der Wahrheitsfindung eingeschränkt sein würden. Schon bald nach der Aufnahme der Ermittlungen hatte der Leiter der Soko Kardio, Arne Schmidt, gesagt: »Wir werden niemals alles wissen.« Weit mehr als 100 der während der Schichten von Högel verstorbenen

Patienten sind nach ihrem Tod feuerbestattet worden, ihre Leichen konnten nicht mehr nach Medikamentenrückständen untersucht werden. Wie viele unbekannte Mordopfer gibt es unter diesen Toten? Gibt es wissenschaftliche Lücken, die bei der Untersuchung der Leichen einen Nachweis verhinderten? Verwendete Högel weitere Medikamente, nutzte er unentdeckte Mordmittel? Und wie viele Patienten haben Högels Giftspritzen überlebt, wurden von ihm verletzt, ohne es je zu erfahren? Niemand weiß es, allenfalls der Täter. Aber einiges weiß nach 24 Verhandlungstagen auch die Öffentlichkeit. Das Gericht listet Högels Schuld auf:

Im Fall von Else S., Högels erstes bekanntes Opfer im Februar 2000: schuldig im Sinne der Anklage.

Im Fall von Renate R., Högels letztes bekanntes Opfer am 24. Juni 2005: schuldig im Sinne der Anklage.

Im Fall von Emil G., dessen Witwe sich wütend und schreiend gegen die Exhumierung stemmte: schuldig im Sinne der Anklage.

Im Fall von Kurt A., dessen Witwe der Polizei mit Suizid drohte: schuldig im Sinne der Anklage.

Im Fall von Egon J., dessen Sohn völlig die Fassung verlor: schuldig im Sinne der Anklage.

Im Fall von Carlo I., dessen Tochter die Polizei bat, auf die Grabbeigaben zu achten: schuldig im Sinne der Anklage.

Im Fall von Gerhard G., des Friedhofsverwalters: schuldig im Sinne der Anklage.

Im Fall von Burhan S., dem Mann von Dila S.: schuldig im Sinne der Anklage.

So geht es weiter, 85 Schuldsprüche lang. »Herr Högel«,

sagt Bührmann, »Ihre Schuld ist so groß, dass ich sie mit den Armen nicht umfassen kann. Sie ist nicht umfassbar. Sie ist unfassbar.« Er beginnt zu rechnen, vielleicht helfen ja Zahlen beim Begreifen. In Deutschland verhängen Gerichte eine Gesamtstrafe unabhängig davon, ob es um eine Tat, um zwei Taten oder um 85 Taten geht. In den USA ist das anders, da werden die Strafen addiert. Bührmann rechnet vor, zu welcher Strafe sich die Strafen für den Angeklagten addieren ließen, bekäme er für jeden einzelnen Mord 15 Jahre Gefängnis, die Mindestdauer einer lebenslangen Haftstrafe in Deutschland. »85 mal 15«, sagt Bührmann: »Herr Högel, das wären 1275 Jahre!«

Es gibt aber auch 15 Freisprüche für Högel. Bührmann listet auch die Namen dieser Toten auf. Der dritte Name lautet: Bernhard Brinkers. Frank Brinkers, der Sohn, sitzt mit weit aufgerissenen Augen im Saal, wie immer vorn rechts.

Bührmann richtet das Wort an die Angehörigen. »Ich wäre genauso froh gewesen, wenn wir hätten sagen können: Herr Högel hat Ihren Angehörigen nicht umgebracht. Das Traurige ist, dass wir das in keinem der 15 Fälle sagen können.« Er erinnert an den Grundsatz in dubio pro reo, im Zweifel für den Angeklagten. »Es tut uns wirklich leid, aber wir vertreten den Rechtsstaat. Wir müssen Ihre Hoffnungen enttäuschen.« Es bleiben 225 Jahre mögliche Schuld.

Die Lidocain-Fälle sind kompliziert. Es gab neben den angeklagten Lidocain-Todesfällen 36 weitere von der Gerichtsmedizin untersuchte tote Patienten, bei denen nachweislich lidocainhaltige Gels oder Sprays verwendet worden waren. In keinem dieser Fälle gab es einen positiven Lidocain-Nachweis. Können die Lidocain-Spuren, die bei den angeklagten Todesfällen gefunden wurden, tatsächlich von einem Gel oder Spray stammen? Das Gericht weiß es nicht, im Zweifel für den Angeklagten. Einen Moment lang sieht der Richter hilflos aus.

Der Fall des Niels Högel zeigt trotzdem, was die Justiz kann. Sie kann in mehrjähriger Ermittlungsarbeit lange zurückliegende Verbrechen aufklären, sie kann diese Verbrechen in einem beispiellosen Mordprozess ahnden. Sie kann, stellvertretend für die Angehörigen der Opfer, auf Antwortsuche gehen. Sie tut das alles ohne Rücksicht auf Aufwand und Kosten. Und sie tut das sogar, wenn der sonst so oft im Vordergrund stehende Aspekt der Strafverfolgung keine Rolle spielt: Der Täter Högel sitzt längst im Gefängnis. Und sogar an der Stelle, wo die Justiz eine Antwort schuldig bleiben muss, zeigt sie, was sie kann: Die 15 Freisprüche für Högel belegen, dass die Gesellschaft ihre selbst auferlegten Regeln ernst nimmt. Mord wird verfolgt, aufgeklärt und bestraft, egal wie lange es her ist, egal ob der Täter bereits verurteilt ist. Denn: Die Würde des Menschen ist unantastbar. Das gilt aber eben auch für die Würde des Angeklagten, selbst wenn der die Würde anderer Menschen mit Füßen getreten hat. Genau das sagt Richter Bührmann den Angehörigen: »Wir dürfen uns nicht auf die Stufe begeben, auf die sich Herr Högel begab und die Würde mit Füßen trat.« Das ist schwer auszuhalten bei einem Mann, der von sich selbst sagt, er habe über Jahre alle zwei bis drei Tage eine Tat begangen. Dennoch sind die Freisprüche letztlich eine gute Nachricht: Das Recht schützt uns alle.

Der Saal ist voll an diesem Morgen. Christian Marbach

ist gekommen, im Fall seines Großvaters wurde Högel bereits 2015 verurteilt. Eigentlich wollte auch Kathrin Lohmann den vierten Högel-Prozess verfolgen, sie hatte die Mordermittlungen ins Rollen gebracht. »Als Zuschauerin«, hatte sie 2015 gesagt, nachdem Högel wegen Mordes an ihrer Mutter verurteilt worden war. Dann änderte sie ihre Telefonnummer, sprach nicht mehr mit den Medien, blieb dem Prozess doch lieber fern. In ihrem Leben soll Högel keinen Platz mehr haben.

»Ich hoffe, dass dieses Verfahren für Sie jetzt eine erneute Möglichkeit ist, Abschied zu nehmen, abzuschließen«, sagt Richter Bührmann. »Und machen Sie das bitte nicht vom Ergebnis abhängig.« Das Gericht erhebt sich. »Damit ist das Verfahren hier beendet.«

Draußen auf dem Europaplatz vor der Halle scheint die Sonne. Kamerateams umringen Menschen, halten ihnen Mikrofone vor das Gesicht. Familie W., der Vater war Högels erstes Opfer in Delmenhorst, ist wie immer mit dem Wohnmobil gekommen. Im Fall von Johann W., Högels erstes Opfer im Klinikum Delmenhorst, wurde Högel ebenfalls schuldig gesprochen. Seine Familie empfindet vor allem Erleichterung. »Wir trinken jetzt einen Eierlikör«, sagt Tochter Andrea zu einem Zeitungsjournalisten, man kennt sich jetzt seit 24 Tagen. »Möchten Sie auch einen?«, sie zeigt aufs Wohnmobil. Der Journalist lehnt dankend ab. Er muss seinen Text abliefern.

Anwältin Gaby Lübben, die mehr als 100 Nebenkläger vertreten hat, spricht in die Mikrofone: »Ich hatte wahnsinnige Angst, dass wir mit noch mehr Freisprüchen rechnen müssen, und war erleichtert, dass wir zumindest

85 Verurteilungen nun erkämpfen konnten. Ich denke, man muss an dieser Stelle auch mal positiv denken: Wir haben gekämpft und das Bestmögliche herausgeholt. Mit diesem warmen Gefühl, dass die Angehörigen Ruhe finden können, sollten wir in die Pfingstfeiertage gehen.«

Weiter rechts steht Frank Brinkers zwischen Fernsehkameras. Er ringt um Worte. »Man ist jetzt knappe zweieinhalb Jahre durch die Hölle gegangen«, sagt er. »Es ist sehr, sehr bitter. Es ist im Moment schwer erträglich.« Ist der Fall für ihn abgeschlossen mit dem Freispruch? »Ich bin mir da im Moment noch nicht sicher«, sagt der Sohn von Bernhard Brinkers. »Ich weiß noch gar nicht, wie ich richtig... also...« Er bricht ab. Er hat keine Worte mehr.

Drinnen im Gebäude beginnen die Techniker mit ihrer Arbeit. Sie rollen die Aktenschränke raus, bauen den Richtertisch ab, nehmen das Amtsschild mit dem Niedersachsenross ab. Der Gerichtssaal wird wieder zur Allzweckhalle. Aus den Übertragungswagen vor der Halle wird das Högel-Urteil ins Land gesendet. Ein paar Meter abseits steigt Frank Brinkers fassungslos in seinen Opel und fährt 120 Kilometer zurück nach Lingen, zum 24. und vorerst letzten Mal.

KAPITEL 25

DIE ÜBERLEBENDEN

**Gemeinde Ganderkesee, Bergedorfer Straße,
Freitag, 21. Juni 2004**

In den Abendstunden des 21. Juni 2004 kommt es auf der Bergedorfer Straße in Ganderkesee zu einem Verkehrsunfall: Zwei Kleinwagen, der Ford Ka eines Pizzalieferdienstes und ein Smart, stoßen frontal zusammen. Der Pizzabote bleibt unversehrt, der Smartfahrer sitzt schwer verletzt im Auto.

Ein Rettungswagen des Deutschen Roten Kreuzes, Kreisverband Oldenburg-Land, ist schnell vor Ort. Für die Helfer ist Einsatz Nr. 4158 allerdings kein gewöhnlicher Einsatz, denn das schwer verletzte Unfallopfer ist ein Kollege aus dem Rettungsdienst: Matthias Corssen, 28 Jahre alt.

Corssen hat eine blutende Platzwunde am Kopf, aber er ist ansprechbar. Die Kollegen ziehen ihn aus dem Fahrzeugwrack und legen ihn auf eine Trage. Dort bekommt er plötzlich Atemnot, er trübt ein, wird bewusstlos. »In einem Bruchteil von Sekunden«, so erinnert sich später einer der Retter an die Notfallsituation. Ein zweiter Kollege intubiert den Verletzten, »in Windeseile«, wie der Zeuge sagt. Matthias Corssen überlebt, der Rettungshubschrauber »Christoph 6« fliegt ihn in eine Oldenburger Klinik.

Zehn Jahre später klingelt bei Matthias Corssen das Telefon, die Polizei ist dran.

»Sind Sie Herr Corssen?«, fragt eine Polizistin.

»Das kommt darauf an«, antwortet Corssen mit einem Scherz.

»Sie sind Bestandteil einer Ermittlung«, informiert ihn die Polizistin, »und zwar als Opfer eines Mordversuchs.« Der Kollege, der Corssen 2004 intubierte, soll ihm vorher heimlich ein Medikament gespritzt haben, um so Atemstillstand und Bewusstlosigkeit bei ihm auszulösen.

»Kennen Sie Niels Högel?«, fragt die Polizistin.

»Dieser Anruf«, sagt Corssen heute, »hat alles auf den Kopf gestellt.« Er sucht in der Erinnerung nach einem passenden Vergleich, ein bekannter Hollywoodfilm fällt ihm ein: »Zurück in die Zukunft« aus dem Jahr 1985. Der Film erzählt die Geschichte des Teenagers Marty McFly, der mithilfe des sogenannten Fluxkompensators in der Zeit zurückreist und die Vergangenheit repariert. »Es ist, als hätte Marty McFly eine Schraube am Fluxkompensator verdreht, und plötzlich ergibt die Vergangenheit einen neuen Sinn. Nur dass es bei mir nicht ›Zurück in die Zukunft‹ heißen sollte, sondern ›Zurück in die Scheiße‹.«

Nach dem Anruf der Polizistin rotiert es im Kopf von Matthias Corssen. Nicht der Unfall hätte ihn beinahe getötet, sondern ein Kollege? Niels Högel? Mit dem er in manchen Dienstnächten Tränen lachte, mit dem er sogar eine Zeit lang zusammen wohnte? Der sich nach dem Unfall so rührend um ihn gekümmert hatte? Der zu ihm sagte: »Du kannst froh sein, dass wir da waren – und nicht irgendwelche Amateure.«

Wer über den Fall Högel spricht, spricht über Morde. Über Tote. Über die Angehörigen der Toten. Niels Högel ist in drei Prozessen wegen insgesamt 91 Taten verurteilt worden, womöglich beging er noch Dutzende weitere Morde, die nie entdeckt werden. Aber Högel mordete, um wiederbeleben zu können. Den Tod seiner Opfer nahm er billigend in Kauf, wie es in den Anklageschriften heißt, sie waren ihm egal – aber ihr Tod war nicht sein Ziel. Er wollte mit seinen Reanimationskenntnissen beeindrucken, er wollte angeben, ausprobieren, Nervenkitzel verspüren. Und er galt als kompetent; als jemand, der sehr gute Reanimationskenntnisse hat. Wenn hundert Menschen starben, die er reanimierte – wie viele überlebten dann wohl? Wie oft war Högel erfolgreich beim Wiederbeleben? Wie viele Högel-Überlebende gab es, gibt es vielleicht noch?

Dokumentiert sind nur wenige Fälle. Es gibt nachgewiesene Mehrfachreanimationen, zum Beispiel am »schwarzen Wochenende« im September 2001: Patienten überlebten eine Reanimation und starben nach der zweiten oder dritten. Auch Marga G., die Högel 2006 anzeigte, ist mit größter Wahrscheinlichkeit eine Überlebende. Sie ist die Patientin, in deren Fall die Polizisten Oliver Lenz und Manfred Borchers ermittelten, nachdem sie Högel anhand seines »Schweineohrs« identifiziert hatte, wie sie es nannte. Sie überlebte die Reanimation und erinnerte sich, den Pfleger Högel an ihrem Bett gesehen zu haben, der ihr ein Medikament spritzte. Lenz und Borchers konnten die Tat aber nicht nachweisen, sie mussten die Ermittlungen einstellen.

Die Sonderkommission Kardio hat ab 2014 an allen ehemaligen Arbeitsstellen Högels ermittelt. Allein für den Rettungsdienst Oldenburg-Land überprüften die Ermittler unter Federführung von Borchers, inzwischen Soko-Ermittler, 578 Einsatzprotokolle. Zwischen Mai 2003 und Juli 2005 war Högel an 374 Einsätzen beteiligt. In zwölf Fällen leiteten die Soko-Ermittler Verfahren ein, zunächst wegen Mordverdachts. Im Fall von Matthias Corssen stellte ein Gutachter fest: »Mit an Sicherheit grenzender Wahrscheinlichkeit« habe Högel ihm ein Muskelrelaxans injiziert, um damit die Krisensituation hervorzurufen.

Wenn ein Mensch einen Mordversuch überlebt, was macht das mit ihm? Wie lebt er weiter?

Marga G. ist mittlerweile nach langer Pflege verstorben. Ihre Töchter möchten nicht öffentlich über die schwierige Erfahrung des Überlebens sprechen. »Es ist wie ein Albtraum, der nicht endet«, sagen sie.

Matthias Corssen ist Fluggerätbauer, Heavy-Metal-Fan, tätowiert, er scheint immer einen lockeren Spruch auf den Lippen zu haben. 2014 sagt er bei der Polizei aus. Einmal, ein zweites Mal. »Und dann«, sagt er, »ging es plötzlich bergab.« Er schläft nicht mehr, er wird depressiv, in seinem Kopf rattert es. Nachts läuft er stundenlang durch die Gegend, er muss sich krankschreiben lassen. Die Erinnerungen schlagen wie Blitze ein in seinen Kopf.

Einmal, das muss so 2010 gewesen sein, lange vor

dem Anruf der Polizistin, läuft er durch Bremerhaven. Plötzlich meint er, Niels Högel zu sehen. Kann das sein? Högel in Bremerhaven? Sitzt der nicht im Gefängnis? Corssen wundert sich kurz, dann denkt er nicht weiter darüber nach. In der Nacht erleidet er einen Krampfanfall.

Ein andres Mal wacht er nachts auf, voller Panik, er lässt sich kaum beruhigen: »Mich will jemand umbringen!«

Ein zweiter Verkehrsunfall, 2013 auf der Autobahn. Er geht zum Glück glimpflicher aus für Corssen als der Unfall auf der Bergedorfer Straße im Jahr 2004. Als ein Arzt ihm einen Zugang in die Vene legen will, bekommt Corssen eine weitere Panikattacke.

2017 fällt ihm beim Heimwerken eine Leiter auf den Kopf, die Wunde muss genäht werden. Im Krankenhaus soll er eine Spritze bekommen, örtliche Betäubung. Corssen überfällt wieder die Panik. »Nähen ja – aber ohne Spritze!«, bestimmt er. Er hält lieber die Schmerzen aus, als sich eine Spritze setzen zu lassen.

Warum reagiert er so? Vor seinem Unfall kannte er so etwas nicht: Krampfanfälle, Panikattacken, Angst vor Spritzen. Wie viele Unfallopfer kann sich Corssen an seinen Unfall von 2004 nicht erinnern. Aber die Zeugen haben ja gesagt, er sei zunächst ansprechbar gewesen. Was hat er erlebt? Was geschieht da in seinem Unterbewusstsein? Wirken da irgendwo Högel, die Spritze mit dem Medikament, die Atemnot? Langsam fügen sich für Matthias Corssen die Bilder zusammen. Wie im Film »Zurück in die Zukunft« dreht jemand am Fluxkompensator, die Vergangenheit verändert sich. Aber anders als im Film verändert sie sich nicht zum Guten, sondern zum Schlechten. Corssen begibt sich in Behandlung, er beginnt eine Traumatherapie.

Im Mordprozess 2018/19 wendet sich das Gericht an die Hinterbliebenen der Toten. Sie sollen Antworten bekommen und Anerkennung erfahren: Ja, Högel hat ihren verstorbenen Angehörigen und ihnen Leid angetan. Viele Hinterbliebene nehmen als Nebenkläger teil an dem Verfahren.

Die Überlebenden sind kein Teil des Prozesses. Juristisch verkompliziert Überleben das Strafverfahren. Matthias Corssen überlebte die Tat – und wenn niemand stirbt, kann kein Mord geschehen sein. Zwar ist auch der Versuch des Mordes strafbar, dem steht aber im Fall Corssen und im Fall weiterer mutmaßlicher Högel-Überlebender Paragraf 24 des Strafgesetzbuches gegenüber, Überschrift »Rücktritt«. Dort heißt es: »Wegen Versuchs wird nicht bestraft, wer freiwillig die weitere Ausführung der Tat aufgibt oder deren Vollendung verhindert. Wird die Tat ohne Zutun des Zurücktretenden nicht vollendet, so wird er straflos, wenn er sich freiwillig und ernsthaft bemüht, die Vollendung zu verhindern.« Juristen sprechen gern von einer »goldenen Brücke«, die der Gesetzgeber dem Täter baut, damit er im letzten Moment auf den Pfad der Tugend zurückkehren kann. Angenommen, ein Täter sticht auf ein Opfer ein, er will es töten. Plötzlich hält er ein und denkt: Das ist falsch, ich muss mein Opfer retten! Er versorgt die Wunden, er ruft den Rettungswagen, das Opfer überlebt. Der Täter ist vom Versuch des Mordes zurückgetreten. Er bleibt straffrei.

Högel hat Corssen nach der Spritze erfolgreich intubiert, damit ist er rechtlich vom Versuch des Mordes zurückgetreten. Weil er Corssen mit der unerlaubten Medikamentendosis vergiftet hat, bleibt der Vorwurf der gefährlichen Körperverletzung bestehen, auch das ist eine Straftat. Anders als für Mord oder Mordversuch gilt für Körperverletzung aber eine Verjährungsfrist. Und die ist abgelaufen, als die Polizei Ende 2014 im Fall Corssen zu ermitteln beginnt. Man kann sagen: Weil die Staatsanwaltschaft ab 2005 die Ermittlungen verschleppte, kann Matthias Corssen keine Genugtuung erfahren. Im Dezember 2015 bekommt er Post von der Polizei. »Aufgrund der Verjährungsfrist ist diese Tat nicht mehr verfolgbar«, heißt es in dem Schlussbericht der Ermittler. Die Akte Corssen wird geschlossen, ebenso wie die der anderen elf Verdachtsfälle im Rettungsdienst.

Matthias Corssen nennt das »den Witz des Jahrhunderts«.

Es ist nicht das erste Mal, dass dem Mörder Högel die »goldene Brücke« des Paragrafen 24 gebaut wird. Im Fall von Hans S., dem Großvater von Christian Marbach, verstorben am 22. September 2003 im Klinikum Delmenhorst nach wiederholter Reanimation, stellte das Landgericht Oldenburg in seinem Urteil im Februar 2015 ebenfalls fest, dass Högel vom Versuch des Mordes zurückgetreten sei. Es verurteilte ihn deshalb lediglich wegen gefährlicher Körperverletzung, im Fall von S. griff die Verjährungsfrist noch nicht. Der Enkel, Christian Marbach, weigert sich bis heute, die Tat an seinem Großvater eine Körperverletzung zu nennen. Er sagt bei jeder Gelegenheit, Högel habe seinen Opa umgebracht. Sogar gleich zweimal, es gab ja zwei Reanimationen.

Denn Högel, der schlafenden Patienten eine tödliche Medikamentendosis spritzte, um sie aus niederen Beweggründen wiederbeleben zu können, und der dabei ihren Tod billigend in Kauf nahm, tat eines gewiss nicht: Er trat nicht von seinem Vorhaben zurück, wenn er die Patienten reanimierte. Er handelte nach Plan.

Für Matthias Corssen ist Niels Högel nicht nur der lustige Kollege aus dem Rettungsdienst, der sich um ihn kümmert nach seinem schweren Unfall. Als Högel 2005/06 selbst in Schwierigkeiten gerät, lässt Corssen ihn eine Weile bei sich wohnen. Ein Patient war im Klinikum Delmenhorst gestorben, Högel war festgenommen und aus der Untersuchungshaft entlassen worden. Ihm steht ein Prozess wegen des Todes des Patienten Dieter M. bevor, außerdem hat sich seine Ehefrau von ihm getrennt, er vermisst seine Tochter. Corssen hat ein Gästezimmer. »Komm zu mir, dann könnt ihr beide mal den Kopf freikriegen«, sagt er zu Högel. Er will seinem Lebensretter Dankbarkeit zeigen. Der Prozess, die Ehekrise, das wird sich schon irgendwie aufklären.

Der neue Mitbewohner Högel bleibt nächtelang wach, er trinkt viel, ständig hört er traurige Musik, die Ballade »You're Beautiful« von James Blunt läuft bei ihm in Dauerschleife. Corssen versucht ein paarmal, mit ihm über das zu sprechen, was mit Dieter M. auf der Intensivstation geschehen sein soll. Es geht nicht.

Corssen, so erinnert er sich heute, kümmert sich. Der aus dem Klinikum entlassene Högel hat kein Einkommen mehr, Corssen organisiert ihm ein Vorstellungsgespräch für einen Job als Nachtwächter in einem Hotel. Högel lässt den Termin verstreichen, Corssen ruft beim Hotel an und bittet um eine zweite Chance für den Mitbewohner, »der Mann hat es schwer im Moment«. Högel jammert: »Wie soll ich da hinkommen?«, Corssen leiht ihm sein Auto. Högel fährt lieber auf einen Feldweg und betrinkt sich im Auto, Corssen fährt ihm in einem anderen Auto hinterher, weil er auf Högel aufpassen will.

Als 2018 der Mordprozess gegen Högel in der Weser-Ems-Halle beginnt, ist die Rolle des Überlebenden die des Zuschauers. Zweimal fährt Corssen von Ganderkesee nach Oldenburg und reiht sich mit den anderen Zuschauern in die Warteschlange vor der Sicherheitskontrolle ein. Er ist nicht Teil des Falls Högel. Keine amtliche Stelle bestätigt ihm: Ihnen wurde Leid angetan, wir erkennen das an. Kein Gericht stellt fest, dass Högel an Corssen ein Verbrechen begangen hat. Corssen kann nicht als Nebenkläger auftreten, er kann kein Schmerzensgeld oder Schadenersatz einfordern, er wird als Högel-Opfer nicht mitgezählt. Seine Traumatherapie bezahlt er selbst.

Etwas Geld bekommt er vom Deutschen Roten Kreuz, dem er über eine Anwältin seine Geschichte schildert. Man zahlt ihm eine mittlere vierstellige Summe, »zur Abgeltung sämtlicher etwaiger Ansprüche aus oder im Zusammenhang mit den Umständen, auf welche Sie sich in Ihrem Schreiben (…) beziehen«, wie der Rechtsanwalt des DRK es in einem Brief an Corssens Rechtsanwältin formuliert. Bedingung: Das DRK erkennt keinerlei Rechtspflicht an – Corssen hingegen muss sich verpflichten, die Vereinbarung und ihren Inhalt geheim zu halten. Damals, 2015, willigte Corssen ein. Heute, 2021, kocht er vor Wut, wenn er nur daran denkt. Wie den

Kliniken in Oldenburg und Delmenhorst scheint es auch dem DRK vor allem wichtig zu sein, keinerlei öffentliche Aufmerksamkeit auf mögliche Straftaten eines Mitarbeiters zu ziehen. Corssen soll nicht sprechen über das Erlebte, aber genau das will er ja. »Das war ein Schweigegeld«, sagt er im Rückblick.

Heute hat er keine Lust mehr zu schweigen. Was Corssen trotzdem nicht bekommt, sind Antworten. Er schreibt Högel einen vierseitigen Brief, handschriftlich, ohne Anrede, in dem er ihn um Antworten bittet. Högel antwortet nicht. Bis im Dezember 2018 der Unfall von Matthias Corssen doch kurz Thema wird im Prozess.

»Okay, jetzt können wir ja mal darüber sprechen.« Högel holt tief Luft, es ist der fünfte Sitzungstag. Ein psychiatrischer Gutachter hat Högel überraschend nach dem Unfall von Corssen gefragt, zwischen den Zehntausenden Aktenseiten finden sich auch die Rettungsdienstermittlungen. »Wie war das damals?«

Högel nennt Corssen »einen guten Freund und sehr guten Arbeitskollegen«. Er schildert den Rettungseinsatz auf der Bergedorfer Straße. Wie Corssen das Bewusstsein verlor, wie sie ihn aus dem Auto zogen. Högel sagt, er wisse von dem »merkwürdigen« medizinischen Gutachten; Corssen habe ihm ja einen Brief ins Gefängnis geschickt. In dem Gutachten sei von einer »Manipulation« die Rede. Und dann sagt Högel: »Das ist absolut nicht wahr.«

Er habe überlegt, Corssen einen Brief zu schreiben, um ihm alles zu erklären, behauptet Högel vor Gericht. Er habe aber Angst gehabt, dass der Brief in der *Nordwest-Zeitung* landet.

An jenem Tag sitzt Corssen nicht im Zuschauerraum. Er sagt, er brauche keine Antwort mehr von Högel, dem gutachterlich überführten Lügner. »Es ist egal, was er sagt. Es hat keinen Wert.«

Aber wenn die Aussagen des Täters keinen Wert haben, wer gibt Corssen dann die Antworten, die er sucht? Er hat einen Antrag auf Anerkennung nach dem Opferentschädigungsgesetz gestellt. Wer Leistungen nach dem OEG erhält, muss ja Opfer sein. Die Bearbeitung läuft schleppend, was allerdings nicht ungewöhnlich ist bei den OEG-Verfahren. »Mein Therapeut hat mittlerweile zum dritten Mal den gleichen Brief bekommen von der dritten Sachbearbeiterin«, sagt Corssen lapidar.

Hoffnung für sein OEG-Verfahren schöpft er aus einem weiteren Verfahren, aus dem inzwischen ein Feststellungsbescheid bei ihm eingegangen ist: Im Dezember 2020 hat das Niedersächsische Landesamt für Soziales, Jugend und Familie in Hildesheim, Außenstelle Oldenburg, eine Behinderung anerkannt bei Corssen. Der Grad seiner Behinderung liegt rückwirkend bei 30 Prozent seit 2015 und bei 20 Prozent seit 2019. Grund: eine depressive Anpassungsstörung. Finanziell wird Corssen davon nicht groß profitieren können, aber mental: »Mir bedeutet das sehr viel, wenn offiziell anerkannt wird, dass mir etwas angetan wurde. Dass es mir schlecht ging deswegen.« Wenn er im Bekanntenkreis über seinen Fall sprach, erntete er oft Unverständnis und hörte Sätze wie: Na ja, so schlimm war das doch nicht. Fremde Menschen wiederum warfen ihm vor, sich wichtigzumachen, wenn er mit Journalisten über seinen Fall sprach. »Mir hilft es, darüber zu sprechen«, sagt Corssen.

Bei ihm zu Hause in Heide, Gemeinde Ganderkesee, gibt es eine alte Korkpinnwand. Erinnerungsstücke hängen daran: ein Stoffkänguru, ein kleines Flugzeug, Armbänder, alte und neue Konzertkarten. Ganz vorn steckt ein Zettel mit einer handschriftlichen Telefonnummer, es ist die von Arne Schmidt, Chef der Soko Kardio. Corssen traf ihn im Oldenburgischen Staatstheater, als dort »Überleben« Premiere feierte, ein Stück über den Fall Högel. Arne Schmidt weiß, was Matthias Corssen angetan wurde. Er weiß auch, wie wichtig es Corssen ist, dass von Amts wegen anerkannt wird, was ihm angetan wurde. »Rufen Sie mich an«, sagte der Soko-Chef. Corssen hat die Nummer nie gewählt. Aber er weiß, dass er es tun kann. »Diese Wertschätzung bedeutet mir unheimlich viel«, sagt er. Neulich rief ihn dann der Soko-Chef an. Was ist denn mit unserem Treffen?, wollte Schmidt wissen. Die beiden haben jetzt einen Termin.

EPILOG

Oldenburg-Donnerschwee, ein Freitag im Oktober 2020

Er ist wieder viel zu früh dran. Lange vor der vereinbarten Zeit sitzt Frank Brinkers vor dem kleinen Café an der Donnerschweer Straße und nippt an seinem Latte macchiato. Die Sonne scheint ihm ins Gesicht, er schließt die Augen. Es ist ein heller und milder Oktobertag, ganz anders als der Oktobertag vor zwei Jahren, als er zum ersten Mal hier war.

Oldenburg hat sich verändert. Den Bäckerladen darf man nur noch mit Maske betreten, auf dem Gehweg halten die Menschen Abstand voneinander. Corona. Was wäre aus dem Högel-Prozess geworden, wenn die Pandemie zwei Jahre früher begonnen hätte?

Nicht nur Oldenburg hat sich verändert, auch Brinkers' Blick auf die Stadt ist ein anderer. Was kann die Stadt für einen Mörder? Er ist durch die Fußgängerzone geschlendert, eine der ältesten und größten in Deutschland, und durch den nahen Schlossgarten. »Es ist wirklich nett hier«, sagt er.

Vor wenigen Tagen hat der Bundesgerichtshof in Karlsruhe die beiden Revisionen gegen das Urteil des Landgerichts Oldenburg verworfen, die des Angeklagten und die von Frank Brinkers. »Was für ein Scheißtag«, schrieb Brinkers noch am selben Tag in einer E-Mail, adressiert an die Autoren dieses Buches. Er war einer der wenigen Angehörigen, die zu jedem Prozesstag nach Oldenburg gefahren waren. Warum? Weil er Antworten wollte! »Was ich hören möchte, das ist die Wahrheit«, sagte er damals. Aber Högel wurde freigesprochen im Fall von Bernhard Brinkers.

Hält Frank Brinkers Högel trotzdem für den Mörder seines Vaters? »Ich weiß es nicht«, sagt er vor dem Bäckerladen, »ich bin genauso schlau wie vorher.«

Nach dem Urteilsspruch ist es ihm schlecht ergangen. Er suchte Rat beim WEISSEN RING, er brauchte therapeutische Hilfe. In einem Zeitungsinterview hatte er während des Prozesses gesagt: »Das ist der letzte Dienst, den ich für meinen Vater tun kann.« In der Therapie verstand er, dass es tatsächlich vor allem um diesen letzten Dienst ging, nicht um Antworten und um die Wahrheit. Die Ablehnung der Revision weckte noch einmal das Raubtier Trauer in ihm und wühlte die alte Wut auf. »Aber jetzt ist es vorbei«, sagt er, »und ich bin froh, dass da ein Haken dran ist.« Er blickt auf, fast trotzig. »Ich kriege das hin mit dem Haken!«

Wenn man ein Buch über eine Mordserie schreiben will, überlegt man lange, wer von den vielen Angehörigen der Toten, mit denen man in den vergangenen Jahren gesprochen hat, am besten geeignet ist, den Leser durch die emotionalen Höhen und Tiefen eines Mordprozesses mit 100 Anklagen zu führen. Unsere Wahl fiel auf Frank Brinkers, weil er von Beginn an offen wie kein anderer öffentlich über seine Gefühle und Gedanken gesprochen hatte und mit uns in regelmäßigem Kontakt stand. Als dann der Freispruch im Fall seines Vaters folgte, erschraken wir kurz: Passt das jetzt noch?

Es passt. Sogar sehr gut. Weil zum Fall Högel die ausbleibende Antwort gehört. Das Nichtwissen. Der Zweifel. Die Ohnmacht. Högel ist verantwortlich für den Tod von 91 Menschen, das wissen wir, das ist in mehreren Gerichtsverfahren rechtskräftig festgestellt worden. Wie viele Menschen er tatsächlich getötet oder verletzt hat, wissen wir nicht. Es gibt Überlebende, so wie Matthias Corssen und Marga G., vermutlich aber auch Dutzende andere Patienten, die seine Giftspritzenangriffe überlebt haben. Es gibt weit über hundert Patienten, die nach ihrem Tod auf der Intensivstation feuerbestattet wurden. Ihre Leichname konnten nicht mehr untersucht werden, sie spielten bei den Ermittlungen der Soko Kardio bis auf wenige Ausnahmen keine Rolle. Es starben Menschen im Rettungsdienst und in Altenheimen, als Niels Högel dort arbeitete. Hinweise, dass Högel mit ihrem Tod zu tun hatte, fand die Soko nicht; ausschließen konnte sie es aber auch nicht.

In der Justizvollzugsanstalt Oldenburg lebt Niels Högel in einem Standardhaftraum, 9,9 Quadratmeter groß, gefüllt mit Haftraumstandard: ein Multiplex-Holzbett mit zwei integrierten Regalböden; ein abnehmbares Wandregal, 40 mal 40 Zentimeter; ein Kleiderschrank, zwei Meter hoch und 50 Zentimeter breit; ein Sideboard für Lebensmittel; ein Stuhl; ein Fernsehtisch. Er weiß, dass er sehr lange hierbleiben wird, vielleicht sogar bis zu seinem Tod. Mit seinem Gutachter Konstantin Karyofilis hat er 2018 trotzdem über seine Zukunftsträume gesprochen. Wenn er noch einmal rauskäme aus dem

Gefängnis, sagte Högel, vielleicht mit Ende 50, würde er gern nach Wilhelmshaven ziehen, wo seine Eltern leben. Ein Einzimmerapartment mit Kochnische und separatem Badezimmer würde ihm reichen, träumte Högel. Vielleicht könne er sein Fachabitur nachmachen und irgendetwas studieren, zum Beispiel im Bereich Sozialpädagogik. Eine neue Partnerin wünsche er sich auch. Sein größter Traum wäre es, noch einmal Kontakt zu seiner Tochter zu bekommen. Mörderträume.

Nach dem Urteilsspruch im Juni 2019 interviewte die Wochenzeitung *Die Zeit* die Rechtsanwältin Gaby Lübben, die im Prozess 100 Nebenkläger vertreten hatte.

Frage: Halten Sie es für möglich, dass noch weitere Högel-Taten bekannt werden? Die Ermittlungsbehörden gehen ja von einer hohen Dunkelziffer aus.
Lübben: Ich halte es nicht für ausgeschlossen, dass er irgendwann sagt: Ach Mensch, übrigens, auf der Anästhesie, da war ja doch etwas.
Frage: Högel war 2001 im Klinikum Oldenburg von der Herzchirurgie in die Anästhesie versetzt worden, Ende 2002 trennte man sich ganz von ihm. Die Soko Kardio konnte Högel keine Mordtat in der Anästhesie nachweisen, Högel selbst beteuert seine Unschuld. Das Gericht hat im Prozess aber wiederholt Zweifel daran geäußert und ihn aufgefordert: Herr Högel, sagen Sie uns die Wahrheit, was ist in der Anästhesie passiert?
Lübben: Wir können davon ausgehen, dass es in Oldenburg einen Vertrauensverlust gegeben hat, der zur Versetzung führte. Und dann muss es ja einen weiteren

Vertrauensverlust gegeben haben, der zur Beendigung des Arbeitsverhältnisses führte. Irgendwas wird 2002 passiert sein. Ich könnte mir vorstellen, dass Högel da peu à peu etwas zugibt, um sich im Rampenlicht zu halten. Er will diese Aufmerksamkeit.

Endet der Fall Högel nie?

Die Angehörigen der Toten müssen weiterleben. Dila S. heißt gar nicht Dila S. Als sie 2017 Kontakt zur Presse aufnahm, erzählte sie ihre Geschichte unter richtigem Namen. Jetzt will sie nicht länger sichtbar sein. »Ich versuche, einen neuen Lebensabschnitt zu starten«, sagt sie. Ein Leben ohne Högel im Kopf.

Genug geredet. Vor dem kleinen Café in Oldenburg-Donnerschwee steht Frank Brinkers auf. Er schaut sich um und sagt: »Vielleicht laufe ich noch ein bisschen durch die Stadt.« Er hat sich freigenommen heute, Überstunden. Danach wird er in seinen Wagen steigen, er hat ihn an gewohnter Stelle in Hallennähe geparkt, und Richtung Autobahn fahren. Von der Huntebrücke aus wird er Oldenburg sehen, er will auf jeden Fall wiederkommen, er hat seinen Frieden geschlossen mit dieser Stadt.

ANHANG

»Was ich hören möchte, ist die Wahrheit.«

Frank Brinkers, Angehöriger

A. DIE KLINIKEN

Zum ersten Mal in der bundesdeutschen Kriminalgeschichte musste sich nach einer Serie von Patiententötungen nicht nur der Mörder selbst vor Gericht verantworten, es soll auch Kollegen und Vorgesetzten des Täters der Prozess gemacht werden.

VORWURF TOTSCHLAG

Bereits im November 2016 hatte die Staatsanwaltschaft Oldenburg Anklage gegen sechs Mitarbeiterinnen und Mitarbeiter des Klinikums Delmenhorst erhoben. Der Vorwurf: Tötung durch Unterlassen. Das Landgericht ließ aber nicht alle Anklagen zu. Im Februar 2018 wurde das Hauptverfahren gegen die vier verbliebenen Ex-Kollegen von Högel eröffnet.

Bei den Beschuldigten handelt es sich um die ehemaligen Oberärzte Kurt S. und Thorsten K., den damaligen Stationsleiter Dirk F. und seine Stellvertreterin Astrid W. Sie sollen im Anschluss an den Tod von Patienten »die Begehung weiterer Tötungsdelikte durch Niels Högel tatsächlich für möglich gehalten haben, aber nicht eingeschritten sein und somit – bis zu fünf – weitere Taten billigend in Kauf genommen haben«, so das Landgericht.

Die Staatsanwaltschaft wirft den vier Angeklagten vor, zwischen Anfang Mai und Ende Juni 2005 trotz eines Verdachts gegen Högel die Polizei nicht eingeschaltet zu haben. Sie hätten es versäumt, Högel zu stoppen. Unter anderem geht es um den Fall der Patientin Renate R., die sterben musste, weil Högel noch zwei Tage weiterarbeiten durfte, obwohl er aufgeflogen war.

Spektakulärer aber noch als die Anklage gegen die Delmenhorster Högel-Kollegen ist die Anklage im September 2019 gegen fünf ehemalige Mitarbeiterinnen und Mitarbeiter des Klinikums Oldenburg, denn damit betritt die Staatsanwaltschaft Oldenburg komplett rechtliches Neuland. Sie wirft den Angeklagten nicht nur den Tod von Patienten im eigenen Haus vor – sie macht sie zudem für die Högel-Opfer im Klinikum Delmenhorst mitverantwortlich.

Bei den Angeschuldigten handelt es sich um den damaligen Geschäftsführer des Klinikums, Rudolf M., um die damalige Pflegedirektorin Thiebe O., den damaligen Chefarzt der Herzchirurgie Prof. Dr. Otto D. und den Stationsleiter der herzchirurgischen Intensivstation, Bernd N. Angeklagt ist zudem der Chefarzt der Anästhesie, Prof. Dr. Andreas W. Den vier Erstgenannten wirft die Staatsanwaltschaft Totschlag durch Unterlassen im Fall von drei Patienten auf der herzchirurgischen Intensivstation vor, verstorben im November 2001 vor Högels Wechsel in die Anästhesie. Nach Ansicht der Staatsanwaltschaft hielten die vier Beschuldigten entsprechende Taten Högels spätestens seit Ende Oktober 2001 für möglich. Weil sie dennoch nichts unternahmen, habe Högel ungehindert seine Taten begehen können.

Geschäftsführer M. und Pflegedirektorin O. legen die Ankläger zudem die 60 Todesfälle in Delmenhorst zur Last, für die Högel als Mörder verurteilt worden ist. Ebenso angeklagt in diesen 60 Fällen ist Anästhesie-Chef W. Obwohl die drei erkannt hätten, dass Högel Patienten in Notsituationen brachte und deren Leben gefährdete, hätten sie nichts dagegen unternommen. Im Gegenteil: Sie hätten dafür gesorgt, dass der Pfleger mit einem guten Zeugnis geräuschlos das Klinikum verlassen konnte, damit die Öffentlichkeit nichts von dem schweren Verdacht gegen einen Mitarbeiter des Hauses erfährt. Mit dem guten Zeugnis habe Högel dann seine neue Stelle in Delmenhorst bekommen.

Als »rechtlich verfehlt« und »geradezu empörend« bezeichneten die Anwälte der Angeschuldigten die Anklageschrift umgehend in einer gemeinsamen Presseerklärung. »Es handelt sich um ein Konstrukt, das sich in reinen Mutmaßungen erschöpft und jeder Tatsachengrundlage entbehrt«, hieß es weiter in der Erklärung der namhaften Juristen Prof. Dr. Steffen Stern (Göttingen), Antje Klötzer-Assion, Alexander Gruner, Florian Schmidt-Tüshaus (alle Frankfurt) und Dr. Sven Thomas (Düsseldorf).

Wie erbittert der Rechtsstreit in den kommenden Monaten und möglicherweise Jahren geführt werden würde, zeigten die in der Presseerklärung erhobenen Anwürfe gegen die Oldenburger Justiz: Högel sei, nachdem er im Sommer 2005 in Delmenhorst auf frischer Tat ertappt wurde, nach nur kurzer Untersuchungshaft wieder auf freien Fuß gesetzt worden. Dort blieb er bis zum Haftantritt im Mai 2009, »obwohl schon wegen weiterer konkreter Tötungsdelikte ermittelt und er zwischenzeitlich sogar, wenn auch noch nicht rechtskräftig, wegen versuchten Mordes zu einer Haftstrafe von sieben Jahren und sechs Monaten und lebenslangem Berufsverbot verurteilt worden war«. Die Anwälte werfen den Oldenburger Juristen nun ebenfalls Unterlassung vor: Weder hätten sie wegen der weiteren bekannt gewordenen Mordverdachtsfälle einen neuen Haftbefehl beantragt, noch hätten sie wenigstens ein vorläufiges Berufsverbot beantragt, um mögliche Wiederholungstaten zu verhindern. So konnte Högel in Altenheimen und im Rettungsdienst arbeiten. »Es würde nicht verwundern, wenn Niels H. auch dort Heimbewohner oder Notfallpatienten zu Schaden oder gar zu Tode gebracht hätte«, schrieben die Anwälte in ihrer Erklärung. »Hätten sich dann, gemessen an den Maßstäben der vorliegenden Anklageschrift, nicht auch Staatsanwälte und Richter als Unterlassungstäter strafbar gemacht?«

Aber vor allem wird der Streit mit den Mitteln des Rechtsstaats geführt. Die Verteidiger beantragten, die Strafkammer unter Vorsitz von Richter Sebastian Bührmann aus gesetzlichen Gründen von dem Verfahren auszuschließen, weil sie durch ihr Vorwissen aus den anderen Verfahren auch als Zeugen in Betracht kämen. Ein Zeuge könne aber nicht zugleich Richter sein. Sie stellten zudem Befangenheitsanträge, telefonbuchdicke Dokumente gingen beim Gericht ein. Die Verteidiger stellen fast alles infrage, was die Staatsanwaltschaft als Beleg für die Anklage anführt. So nennen sie zum Beispiel die Befragung der Zeugen durch die Polizei teilweise »suggestiv«, die sogenannte Kalium-Konferenz bezeichnen sie als »Schimäre«, ein Zusammenhang zwischen den beiden Dokumenten der Strichliste des Leiters der herzchirurgischen Intensivstation sei »unter keinem denkbaren Gesichtspunkt ersichtlich«.

Die Ablehnungs- und Befangenheitsanträge waren nicht erfolgreich. Aber auch die Anklage ließ das Landgericht Oldenburg mit Beschluss vom 26. April 2021 »nur teilweise und mit abweichender rechtlicher Bewertung« zu, wie es in einer Pressemitteilung hieß. Den Vorwurf des Totschlags durch Unterlassung im Fall von 60 Patienten im Klinikum Delmenhorst ließ die Schwurgerichtskammer nicht zu. Es habe keine rechtliche Pflicht der Beschuldigten gegeben, einzuschreiten oder die Ermittlungsbehörden zu informieren. Juristisch gesehen fehle es an der erforderlichen »Garantenstellung«. Als Geschäftsführer, Pflegekräfte oder Ärzte seien die Angeschuldigten lediglich für das Wohl der ihnen anvertrauten Patienten im Klinikum Oldenburg verantwortlich gewesen. Weil der Chefarzt der Anästhesie allein wegen der Fälle in Delmenhorst angeklagt gewesen sei, lehnte die Kammer die Eröffnung eines Hauptverfahrens gegen ihn ab. Gegen die vier anderen Beschuldigten eröffnete die Kammer das Hauptverfahren wegen des Todes der drei Patienten im Klinikum Oldenburg – allerdings nicht wegen Totschlags durch Unterlassen, sondern wegen Beihilfe zum Totschlag durch Unterlassen.

Die Staatsanwaltschaft Oldenburg legte umgehend Beschwerde wegen der Nichtzulassung der Anklage im Fall der verstorbenen Delmenhorster Patienten ein. Wie die Behörde in einer Presseerklärung mitteilte, gebe es kein Beschwerderecht gegen die abweichende rechtliche Bewertung der Anklage in den drei Oldenburger Fällen. Sie betonte aber, dass sie an ihrer bisherigen rechtlichen Bewertung festhalte und diese voraussichtlich auch in einem Prozess vertreten werde. Das Oberlandesgericht bestätigte die Entscheidung des Landgerichts im Juli 2021. Chefarzt Andreas W. ist damit strafrechtlich entlastet. Die anderen Angeklagten müssen sich vor Gericht verantworten. Das Landgericht hat die Oldenburger und Delmenhorster Verfahren zusammengelegt. Verhandelt werden soll wieder in der Weser-Ems-Halle, geplant sind zunächst 40 Sitzungstage ab Anfang 2022.

VORWURF MEINEID

Nicht nur das Nichthandeln hat juristische Folgen für ehemalige Kollegen von Niels Högel, sondern auch das Nichtsagen. In insgesamt zehn Fällen hat die Staatsanwaltschaft Verfahren wegen des Verdachts des Meineids gegen Zeugen eingeleitet, die im Mordprozess 2018/19 ausgesagt und mutmaßlich nicht die Wahrheit gesagt hatten. Neun Verfahren sind zwischenzeitlich eingestellt worden. In einem Fall aber hat die Staatsanwaltschaft im Juni 2021 Anklage wegen Meineids erhoben. Bei dem Angeklagten, ein 50-jähriger ehemaliger Pfleger, handelt es sich um den einstigen Freund und Vertrauten von Frank Lauxtermann, der sich 2014 als erster Oldenburger Klinikum-Mitarbeiter von sich aus an die Staatsanwaltschaft gewandt hatte, um sich als Zeuge im Fall Högel anzubieten.

SICHERHEITSMASSNAHMEN

Als das Klinikum Oldenburg nach Bekanntwerden der Mordserie Högel 2014 den Maßnahmenkatalog »Patientensicherheit« entwickelt, stand ganz oben die Einrichtung eines Whistleblowing-Systems. Seit Mitte 2016 gibt es im Klinikum Oldenburg ein »Business Keeper Monitoring System«, kurz BKMS: ein Whistleblowing-System, auch bekannt als anonymes Hinweisportal oder geheimer Briefkasten. Solche Systeme sind Alltag in großen Konzernen wie zum Beispiel Siemens, MAN oder bei der Bahn. Das Klinikum Oldenburg war nach eigenen Angaben bundesweit das erste Krankenhaus, das ein solches System installierte, dicht gefolgt vom Universitätsklinikum Mannheim, das 2014 von einem Hygieneskandal erschüttert wurde.

Auch wenn das anonyme Meldesystem als Reaktion auf die Mordserie Högel eingerichtet wurde, legt das Klinikum Wert auf die Feststellung, dass es nicht darum gehe, Mordserien aufzudecken. »Das ist ein System, um Regelverstöße aller Art aufzudecken«, sagte der damalige Klinikvorstand Dr. Dirk Tenzer, »und keines, das in erster Linie Mordtaten entdecken soll.« Das System soll nicht nur Hinweise von Mitarbeitern aufnehmen, sondern auch von außen, etwa von Patienten, Angehörigen, Lieferanten, Geschäftspartnern.

Auch das Klinikum Delmenhorst wirbt inzwischen für sich mit dem Thema Patientensicherheit. Dazu gehören dort unter anderem ein Whistleblowing-System wie in Oldenburg und ein anonymes »Beinahe-Fehler«-Meldesystem. Die Ärzte sollen zudem bei einer Mortalitätskonferenz wöchentlich die Todesfälle besprechen.

Überdies hat das Krankenhaus in Delmenhorst als Reaktion auf die Högel-Morde Anfang 2017 eine qualifizierte Leichenschau eingeführt – und als bundesweit einmalig angepriesen. Externe Mediziner nehmen dabei eine zweite Begutachtung der Toten vor. Wie auch an anderen Krankenhäusern in Niedersachsen stellt ein Arzt den Tod fest und füllt einen Totenschein aus. Zusätzlich muss ein Dokumentationsbogen ausgefüllt werden, mit Informationen zum Verlauf der Krankheit und zur Todesursache. Gab es beispielsweise untypische Komplikationen im Krankheitsverlauf? Anschließend wird der Tote in die Leichenhalle gebracht. Ein externer Mediziner vom Ärztlichen Beweissicherungsdienst muss die Leiche dann noch einmal begutachten. Er prüft die Angaben des ersten Arztes und stellt eine zweite Bestätigung aus, die in die Patientenakte eingeht. Erst danach wird die Leiche vom Bestatter abgeholt.

Der Umgang mit der Leichenschau sei bewusster geworden, sagte der damalige Klinikchef Thomas Breidenbach bei der Einführung. Die Überprüfung durch die externen Mediziner werde nicht als Vorverurteilung, sondern als Qualitätsbestätigung gesehen. »Die Patientensicherheit hat sich auf alle Fälle erhöht.«

B. DIE POLITIK

Der Auftakt des dritten Prozesses gegen Niels Högel Anfang September 2014 war vielen Medien allenfalls eine Randnotiz wert. Auch in der niedersächsischen Landespolitik spielte die Mordserie im Nordwesten keine große Rolle. Das sollte sich in den folgenden Monaten ändern. Spätestens als Högel Anfang Januar 2015 die Tötung von 30 Patienten und 60 weitere Tötungsversuche im Klinikum Delmenhorst einräumte, stand das Thema in Hannover ganz oben auf der Tagesordnung.

Die FDP-Fraktion im Landtag beantragte am 19. November 2014 unter Hinweis auf das laufende Strafverfahren in Oldenburg erstmals eine Unterrichtung des Ausschusses für Rechts- und Verfassungsfragen durch Justizministerin Antje Niewisch-Lennartz (Grüne) »über die Vorfälle, die Ermittlungsverfahren und das Handeln der jeweils zuständigen Behörden«. Zwei Mal berichteten Vertreter des Ministeriums in vertraulichen Sitzungen Ende November und Anfang Dezember dem Ausschuss die staatsanwaltschaftlichen Erkenntnisse.

Sowohl die damaligen Regierungsfraktionen von SPD und Grünen als auch die Opposition aus CDU und FDP waren sich schnell einig, dass die Mordserie politische Konsequenzen haben müsse. Am 20. Februar 2015, wenige Tage vor dem Urteil im dritten Högel-Prozess, nahm ein Sonderausschuss des Landtags mit 15 Mitgliedern seine Arbeit auf. »Konsequenzen aus den Krankenhausmorden ziehen – Sonderausschuss zur Stärkung der Patientensicherheit einsetzen«, lautete die Überschrift der entsprechenden Drucksache. Der Ausschuss trete für eine »zügige, umfassende und gründliche Untersuchung« der Verdachtsfälle ein, hieß es in dem Beschluss. Dass die Landespolitiker die Dimension der Mordserie zu diesem Zeitpunkt noch nicht überblickten, wird in dem Halbsatz deutlich, dass es in der Vergangenheit bundesweit immer wieder vergleichbare Fälle gegeben habe.

Der Sonderausschuss sollte untersuchen, wie es zu der Mordserie kommen konnte, und dazu die vorhandenen Kontrollmechanismen im Gesundheitswesen kritisch durchleuchten. Ziel sollten parlamentarische Initiativen sein, »um die Patientensicherheit zu gewährleisten und das Vertrauen Bürger in die medizinische Versorgung zu erhöhen«.

Der Ausschuss sollte folgende Fragen beantworten:
- Gab es Fehler in den betroffenen Kliniken, die die Mordserie begünstigt oder ihre frühzeitige Entdeckung erschwert oder verhindert haben?
- Gab es Fehler in der Staatsanwaltschaft Oldenburg, die zu der langen Dauer des Ermittlungsverfahrens führten?
- Welchen Bedarf gibt es, die Kommunikation und den Austausch zwischen den verschiedenen Institutionen (Kliniken, Seniorenpflegeheime, Rettungsdienste, Justiz) zu verbessern und zu systematisieren?
- Welchen gesetzgeberischen Änderungsbedarf gibt es

auf Landes- und Bundesebene, im Bereich des Krankenhausgesetzes, der Krankenhausaufsicht, des Heilkammergesetzes, der Arzneimittelkontrolle und Arzneimittelaufsicht, des Bestattungsgesetzes, der Strafprozessordnung und anderer Gesetze?

Nach mehr als einem Jahr legte der Sonderausschuss im April 2016 die Ergebnisse seiner Arbeit vor. Das Gremium meldete in dem 64-seitigen Bericht umfassenden Reformbedarf in vielen Bereichen an. So sollten beispielsweise an allen Kliniken anonyme Meldesysteme eingerichtet, Todesfälle gründlicher untersucht und die Arzneimittelgaben besser kontrolliert werden. Außerdem sollten die Mitarbeiter in Kliniken besser unterstützt und ausgebildet werden.

Doch die Landesregierung ließ sich mit der Umsetzung viel Zeit. Erst im Mai 2018, inzwischen regierte eine Große Koalition in Niedersachsen, legte Sozialministerin Carola Reimann (SPD) eine entsprechende Novelle des Krankenhausgesetzes vor. »Eine Mordserie, wie sie sich in Delmenhorst und Oldenburg ereignet hat, darf es in diesem schrecklichen Ausmaß nie wieder geben – kriminelles Handeln muss so früh wie möglich gestoppt und geahndet werden«, sagte Reimann. Patienten sollten sich in den Kliniken des Landes sicher fühlen.

Die Gesetzesreform sieht unter anderem vor:
- Alle Krankenhäuser sollen sich durch Stationsapotheker zu Fragen rund um Arzneimittel ausreichend beraten lassen. Für die Umsetzung ist eine Übergangsfrist von drei Jahren vorgesehen, sodass den Kliniken ausreichend Zeit für Vertragsanpassungen und Aus-

schreibungen eingeräumt wird. Einige Krankenhäuser verfügen bereits über Stationsapotheker.
- Alle Krankenhäuser müssen eine Arzneimittelkommission bilden, die eine Arzneimittelliste führt und das ärztliche und pflegerische Personal berät.
- Ein anonymes Meldesystem wird in jeder Klinik eingeführt. Dort können Mitarbeiter Verdachtsmomente für Fehlverhalten oder Straftaten innerhalb des Krankenhauses melden, ohne dass ihre Identität bekannt wird (»Whistleblowing-System«).
- Für alle Mitarbeiter werden regelmäßige begleitete Unterstützungsangebote zu berufsbedingten Belastungen und Erfahrungen geschaffen.
- In allen Krankenhäusern werden Morbiditäts- und Mortalitätsstatistiken geführt und entsprechende Konferenzen durchgeführt, in denen Todesfälle und besonders schwere Krankheitsverläufe erörtert werden. Eine Häufung von ähnlich eingetretenen Todesfällen fällt so schneller auf.
- Die Etablierung einer Fehlerkultur und die interdisziplinäre Zusammenarbeit im Krankenhaus sollen befördert werden. Durch die eingeleiteten Maßnahmen sollen Gefährdungsmuster frühzeitig erkannt und beseitigt werden.

Überdies hat Niedersachsen einen Landespatientenbeauftragten im Sozialministerium etabliert. In allen Kliniken des Landes sollten zudem Patientenfürsprecher eingesetzt werden.

Eine der vielleicht wichtigsten Reformen nach der Mordserie von Oldenburg und Delmenhorst wurde allerdings nur halbherzig umgesetzt. Der Sonderausschuss hatte eine qualifizierte Leichenschau gefordert, um unnatürliche Todesursachen besser erkennen und Krankenhausmördern auf die Schliche kommen zu können. Krankenhausärzte sollten bloß den Tod des Patienten feststellen, hieß es im Abschlussbericht, und weiter: »In jedem Falle bedürfte es bei Sterbefällen in Krankenhäusern einer Übertragung der äußeren Leichenschau auf externe Ärztinnen und Ärzte.«

Niedersachsen verzichtete auf diesen zweiten Blick. Eine Trennung von Todesfeststellung und Leichenschau sei in einem Flächenland nicht sinnvoll durchführbar, hieß es dazu aus dem Sozialministerium. Würde die anschließende Leichenschau von der Todesfeststellung entkoppelt, wäre zusätzliches ärztliches Personal gebunden. »Dieses Personal fehlt dann in der medizinischen Versorgung.«

Gerichtsmediziner und Kriminalpolizisten kritisierten das scharf. Der Bremer Rechtsmediziner Michael Birkholz betonte, dass erweiterte Meldepflichten beim Verdacht auf eine Straftat nur dann etwas brächten, wenn ein geschultes Auge wisse, auf welche Unstimmigkeiten es zu achten habe. »Morde in Krankenhäusern und Altenheimen sind im Regelfall Giftmorde durch Medikamentenüberdosierung. Das erkennt man im Rahmen einer äußeren Inspektion des Verstorbenen, also der herkömmlichen Leichenschau, nicht«, sagte Birkholz. Das neue niedersächsische Bestattungsgesetz sehe gerade das leider nicht vor.

C. NACHAHMER

Am 6. Januar 2021 hat die Staatsanwaltschaft Saarbrücken Anklage erhoben gegen einen 29-jährigen Krankenpfleger, der Vorwurf: versuchter Mord an fünf Patienten in der SHG-Klinik Völklingen und im Universitätsklinikum Homburg. Ein sechster Fall, ebenfalls Mordversuch, kam im Lauf des Jahres dazu und wurde mit dem anderen Verfahren verbunden.

Patiententötungen gab es vor Högel, es gab sie nach Högel. Nicht nur im Saarland machte eine mutmaßlich mörderische Pflegekraft in den vergangenen Monaten Schlagzeilen, sondern beispielsweise auch in Bremen und München. Das Besondere an der mutmaßlichen Mordserie im saarländischen Völklingen ist die frappierende Ähnlichkeit zur Mordserie in Oldenburg und Delmenhorst:
- Der Pfleger Daniel B. arbeitete wie Högel auf einer Intensivstation und soll den Patienten dort ohne ärztliche Anordnung Medikamente gespritzt haben. Er soll das, ähnlich wie Högel, in der Absicht getan haben, bei den Patienten »einen reanimationspflichtigen Zustand herbeizuführen und sich dabei mittels der eigenhändigen Durchführung von Reanimationsmaßnahmen unabhängig von deren Erfolg emotionale Befriedigung sowie Anerkennung von Kollegen und

Ärzten zu verschaffen«. So teilt es die Staatsanwaltschaft mit.
- B. soll, wie Högel in Oldenburg und Delmenhorst, Patienten mit dem Herzmedikament Gilurytmal getötet haben, Wirkstoff Ajmalin. Weitere Mittel sollen Flecainid sein, wie Gilurytmal ein Antiarrhythmikum, und Midazolam, ein relaxierend wirkendes Betäubungsmittel. Muskelrelaxanzien soll auch Högel eingesetzt haben, um Patienten im Rettungsdienst in eine Krise zu bringen.
- B. soll, ebenfalls wie Högel, eine Persönlichkeitsstruktur aufweisen, »die stark narzisstisch geprägt ist«. Das stellte das Amtsgericht Saarbrücken 2018 fest, als es B. wegen Diebstahls und Betrugs zu drei Jahren Haft verurteilte.
- Es gibt zudem eine zeitliche Nähe zum Fall Högel. Seine Taten soll B. im März 2015 begonnen haben, im August 2016 wurde er festgenommen. Am 26. Februar 2015 hatte das Landgericht Oldenburg Högel wegen fünf Taten zu einer lebenslangen Haftstrafe verurteilt; darüber wurde damals bundesweit berichtet.

Zudem gibt es offenbar eine fünfte Parallele: Wie die Kliniken in Oldenburg und Delmenhorst muss sich auch die SHG-Klinik den Vorwurf schwerer Versäumnisse gefallen lassen. B. war im August 2016 im Universitätsklinikum Homburg festgenommen worden, wo er erst seit Kurzem als Pfleger arbeitete. Er hatte sich dort fälschlich als Arzt ausgegeben. In Homburg hatte er angeheuert, nachdem er in Völklingen fristlos entlassen worden war – wegen des Diebstahls von 860,45 Euro aus der Gemeinschaftskasse, vor allem aber wegen »illoyalen Verhaltens«, wie die Klinik mitteilt. Bei der Trennung war aber auch sein Verhalten bei Reanimationen thematisiert worden: Kollegen hätten es als »suspekt« bezeichnet, sagte ein Kliniksprecher 2019 der *Nordwest-Zeitung*. B. habe Reanimationen bei Patienten vorgenommen, die bis dahin stabil gewesen seien. Die Kollegen hätten diese Verschlechterung des Gesundheitszustandes als überraschend empfunden. Die Klinik begann daraufhin eine interne Untersuchung, prüfte Patientenakten und verglich Todesfall-Statistiken. Die Prüfer kamen zu dem Ergebnis, »keinen konkreten Verdacht gegen den Pfleger formulieren zu können«, so der Sprecher – ähnlich wie 15 Jahre zuvor das Klinikum Oldenburg im Fall Högel, als es hieß, »dass die Beweislage auf keinen Fall ausreicht, um die Staatsanwaltschaft zu informieren«.

Es ist also möglich, dass es sich bei B. um einen Nachahmer von Högel handelt. Parallelen weist auch der Fall eines Krankenpflegers in einem Bremer Heim auf, ebenso ein Fall in einer Klinik in München. In allen Fällen ging es um die Vergabe einer Überdosis nicht indizierter Medikamente. In München wurde der Verdacht formuliert, der Pfleger habe sich mit Reanimationskenntnissen brüsten wollen.

Es gibt aber noch eine weitere Gemeinsamkeit all dieser Taten: die Kaltblütigkeit, mit der sie begangen wurden. Die Mörder handelten aus niedrigen Beweggründen, ihnen fehlte jegliche Empathie. Sie wollten angeben, sich profilieren, sie suchten einen Kick. Sie töteten keineswegs aus vermeintlich hehren Motiven wie Mitleid; sie wollten niemanden von seinem Leiden erlösen.

Dasselbe Muster zeigt ein weiterer Fall aus München: Im Herbst 2020 verurteilte das dortige Landgericht einen 38-jährigen Hilfspfleger zu einer lebenslangen Haftstrafe wegen dreifachen Mordes, Mordversuchs in einem Fall und vierfacher gefährlicher Körperverletzung. Der Mann hatte Patienten mit Insulin getötet, weil er sie bestehlen und von ihnen nicht mit Arbeit belästigt werden wollte. Oder, wie er es laut *Süddeutscher Zeitung* der Polizei sagte: »Ich wollte nur meine Ruhe haben.« Ruhe vor hilfsbedürftigen Menschen.

Für Prof. Karl H. Beine, Deutschlands führendem Experten zum Thema Patiententötungen, sollte die Legende von den »mitleidigen Todesengeln« eigentlich spätestens mit den psychiatrischen Gutachten im Fall von Michaela Roeder öffentlich ausgeräumt worden sein. Roeder war 1989 wegen des Todes von acht Patienten schuldig gesprochen worden.

Trotzdem greifen Medien auch heute immer wieder zu erklärenden, ja, entschuldigenden Vokabeln, wenn Pfleger oder Ärzte Patienten töten. Auch im Fall Högel fand sich zeitweise in Medientexten das Wort »Todesengel«. Mehrfach versuchten Journalisten zudem, einen Zusammenhang zwischen der Mordserie Högel und der Situation im Gesundheitswesen herzustellen: Pflegemangel, Überlastung, Überforderung.

Als im April 2021 eine Pflegerin in einem Heim in Potsdam mutmaßlich vier Menschen mit Behinderung tötete und eine fünfte Person schwer verletzte, spekulierten die Medien umgehend, ob die Frau ihre Opfer habe »erlösen« wollen. In anderen Berichten ging es schnell um eine mögliche Überlastung der Mitarbeiterin, Fragen nach den belastenden Zuständen in der Einrichtung wurden gestellt.

Bereits 2007 kritisierte Beine in einem Fachaufsatz für das *Deutsche Ärzteblatt* eine *Spiegel*-Reportage zum Prozess gegen den Krankenpfleger Stephan L., der 2003/04 in der Klinik Sonthofen 29 Patienten mit Giftspritzen tötete. Laut Beine werden darin »Vorurteile über die angeblich so seelenlosen Reparaturwerkstätten im Gesundheitswesen bedient«, er zitierte: »Menschen werden da ›zwecks Mobilisierung auf Nachtstühle verfrachtet‹, ›Nahrung in sie hineingestopft, die sie nicht mehr schlucken konnten oder wollten‹. Über Stephan L. heißt es in dem Artikel: ›Wäre er kaltschnäuziger gewesen oder abgestumpft oder weniger empathiefähig, hätte er die Taten vermutlich nicht begangen.‹« Beine schreibt: »Auslöser und Schuldige sind so schnell gefunden: Ein inhumaner Medizinbetrieb und abgestumpfte, kaltschnäuzige oder verrohte Vorgesetzte, die die Not des neuen Kollegen ignorieren: So wird der Täter zum Opfer.«

Beine ist überzeugt, dass die Täter in der Pflege nicht aus Mitleid mit den Patienten töten, sondern allenfalls aus Mitleid mit sich selbst. Aber solange Täter als Opfer äußerer Umstände gesehen werden und die Möglichkeit von kaltblütigen Morden aus dem Blick fällt, ist echte Prävention in den Kliniken und Pflegeheimen kaum möglich.

D. CHRONOLOGIE

Dezember 1976: Niels Högel wird in Wilhelmshaven geboren.

1994 – 1997: Ausbildung als Krankenpfleger im Sankt-Willehad-Hospital in Wilhelmshaven. Im August 1997 besteht Högel seine Abschlussprüfung. Schon sein Vater übte diesen Beruf aus.

1997 – 1999: Högel arbeitet noch zwei Jahre im Sankt Willehad. Er will Intensivpfleger werden und hat Angebote von zwei Kliniken in der Region.

Juni 1999 – Oktober 2002: Niels Högel arbeitet im Klinikum Oldenburg. Er ist zunächst auf der herzchirurgischen Intensivstation beschäftigt. Die vielen Reanimationen und Todesfälle während Högels Schichten fallen Kollegen auf. Er wird in die Anästhesieabteilung des Klinikums versetzt, drängt sich bei Wiederbelebungen jedoch weiterhin in den Vordergrund. Deswegen wird Högel Ende 2002 unter vollen Bezügen freigestellt. Er erhält ein gutes Arbeitszeugnis.

Dezember 2002 – Juni 2005: Der Pfleger arbeitet auf der Intensivstation im Klinikum Delmenhorst. Dort kursieren bald Gerüchte, dass die Zahl der Todesfälle während seiner Schichten hoch sei. Gleichzeitig steigt der Verbrauch des Herzmittels Gilurytmal siebenmal höher als in den Jahren zuvor.

Juni 2005: Eine Krankenschwester ertappt Högel, als er einem Patienten ein nicht verordnetes Mittel verabreicht. Der Patient stirbt, die Klinik lässt sein Blut untersuchen. Dennoch wird Högel nicht sofort entlassen. In seiner letzten Schicht tötet er eine weitere Patientin.

Dezember 2006: Das Landgericht Oldenburg verurteilt Högel wegen versuchten Totschlags zu fünf Jahren Haft. Der Bundesgerichtshof kippt das Urteil.

Mai 2008: Kathrin Lohmann äußert bei der Polizei den Verdacht, dass ihre Mutter im Klinikum Delmenhorst ermordet worden sei.

Juni 2008: Im Revisionsprozess verurteilt das Landgericht Oldenburg Högel zu siebeneinhalb Jahren Haft wegen Mordversuchs. Seinen Beruf darf er künftig nicht mehr ausüben.

Mai 2009: Högel tritt seine Haftstrafe in der Justizvollzugsanstalt Oldenburg an. Er war abgesehen von einer kurzen Untersuchungshaft im Sommer 2005 auf freiem Fuß. Högel arbeitete in dieser Zeit in zwei Alten- und Pflegeheimen sowie im Rettungsdienst. Es gibt erneut zahlreiche Verdachtsfälle, doch die Polizei kann Högel dort später keine Taten nachweisen.

Januar 2014: Die Staatsanwaltschaft erhebt erneut Anklage gegen Högel, der Prozess beginnt im September. Ihm werden fünf Tötungsdelikte im Klinikum Delmenhorst vorgeworfen.

November 2014: Die Polizei gründet in Oldenburg die Sonderkommission Kardio. Diese geht über 300 Verdachtsfällen nach. Der Tod von mehr als 100 Patienten kann nicht mehr aufgeklärt werden, weil sie nach ihrem Tod feuerbestattet wurden.

Januar 2015: Högel gesteht gegenüber einem Gutachter etwa 90 Taten. Bis zu 30 Patienten sollen gestorben sein. Vor Gericht schweigt er.

Februar 2015: Das Landgericht Oldenburg verurteilt Högel wegen zweifachen Mordes, zweifachen Mordversuchs und gefährlicher Körperverletzung an Patienten in Delmenhorst zu lebenslanger Haft. Es wird auch eine besondere Schwere der Schuld festgestellt. Die Staatsanwaltschaft Oldenburg kündigt später mehr als 100 weitere Exhumierungen an.

April 2015: Die Staatsanwaltschaft Osnabrück erhebt Anklage gegen einen früheren Oberstaatsanwalt, der für die Fälle zuständig war. Er soll die Ermittlungen verschleppt haben. Doch weder das Landgericht noch das Oberlandesgericht Oldenburg sieht einen hinreichenden Tatverdacht; es kommt nicht zum Prozess.

Juni 2016: Die Ermittler geben bekannt, dass Högel für weitere Todesfälle am Klinikum Delmenhorst verantwortlich sei. Er habe gestanden, auch in Oldenburg Patienten getötet zu haben. Das hatte Högel bis dahin vehement geleugnet. Der Ex-Pfleger wird sechsmal vernommen. Die Gespräche erstrecken sich über 30 Stunden.

August 2017: Die aktuellen Leiter des Oldenburger Klinikums werfen in einer Stellungnahme ihren Vorgängern vor, die Ermittlungsbehörden nicht rechtzeitig eingeschaltet zu haben.

August 2017: Die Sonderkommission Kardio beendet ihre Ermittlungen. 134 Leichen auf 67 Friedhöfen sind exhumiert und untersucht worden. Die Ermittler gehen mittlerweile von der größten Mordserie in der deutschen Nachkriegsgeschichte aus.

November 2017: Toxikologische Untersuchungen lassen die Ermittler annehmen, dass Högel für rund 100 Todesopfer in Delmenhorst und Oldenburg verantwortlich ist.

Januar 2018: Die Staatsanwaltschaft Oldenburg erhebt Anklage. Der Vorwurf lautet Mord in 97 Fällen. Im Lauf des Jahres werden noch drei weitere Verbrechen in die Anklageschrift aufgenommen. Knapp zwei Drittel der Taten, für die Högel nun vor Gericht steht, soll er im Klinikum Delmenhorst begangen haben. Die bekannten Opfer von Högel waren zwischen 34 und 96 Jahren alt.

März 2018: Das Oberlandesgericht Oldenburg lässt die Anklagen gegen zwei Oberärzte des Klinikums Delmenhorst, den Pflegedienstleiter der Intensivstation und seine Stellvertreterin zu. Sie sollen nicht eingeschritten sein, obwohl sie weitere Tötungsdelikte durch Högel für möglich gehalten haben.

Oktober 2018: In der aus Platzgründen angemieteten Weser-Ems-Halle in Oldenburg beginnt der vierte Prozess gegen Högel. Dem Verfahren haben sich 126 Angehörige als Nebenkläger angeschlossen. Die Staatsanwaltschaft hat 23 Zeugen und elf Sachverständige benannt.

Mai 2019: In den Plädoyers fordert die Staatsanwaltschaft lebenslange Haft mit anschließender Sicherungsverwahrung. 97 Morde wirft die Oberstaatsanwältin Högel vor, drei weitere könne man ihm nicht nachweisen. Högel hatte 43 der ihm vorgeworfenen Taten gestanden, bei 52 konnte oder wollte er sich nicht erinnern, fünf stritt er ab.

Juni 2019: Högel entschuldigt sich in seinem letzten Wort bei den Angehörigen der Opfer. Die Verteidigung fordert in 31 Fällen Freispruch. In 55 Fällen plädiert sie auf Mord und in 14 auf versuchten Mord. Als Strafmaß fordert sie lebenslange Haft.

Juni 2019: Am 24. Verhandlungstag verurteilt das Landgericht Oldenburg Högel wegen 85-fachen Mordes zu lebenslanger Haft. Zugleich stellt die Kammer die besondere Schwere der Schuld fest. Eine Sicherungsverwahrung ordnet das Gericht nicht an.

April 2021: Das Landgericht Oldenburg lässt die im September 2019 erhobene Anklage der Staatsanwaltschaft Oldenburg gegen fünf Verantwortliche des Klinikums Oldenburg nur teilweise und mit abweichender rechtlicher Bewertung zum Hauptverfahren zu. Die Staatsanwaltschaft Oldenburg legt Widerspruch ein. Im Juli 2021 bestätigt das Oberlandesgericht die Entscheidung des Landgerichts und macht damit den Weg frei für einen weiteren Prozess im Fall Högel.

Um die ganze Welt des
GOLDMANN-*Sachbuch*-Programms
kennenzulernen, besuchen Sie uns doch
im Internet unter:

www.goldmann-verlag.de

Dort können Sie
nach weiteren interessanten Büchern *stöbern*,
Näheres über unsere *Autoren* erfahren,
in *Leseproben* blättern, alle *Termine* zu Lesungen und
Events finden und den *Newsletter* mit interessanten
Neuigkeiten, Gewinnspielen etc. abonnieren.

Ein *Gesamtverzeichnis* aller Goldmann Bücher finden
Sie dort ebenfalls.

Sehen Sie sich auch unsere *Videos* auf YouTube an und
werden Sie ein *Facebook*-Fan des Goldmann Verlags!

www.goldmann-verlag.de
www.facebook.com/goldmannverlag